# 应用型高校本科专业
# 产教融合型课程体系改革与实践
## 服装与服饰设计专业

徐照芳　杨晓艳　安　静　编著

清華大学出版社
北京

## 内 容 简 介

本书以黄河科技学院服装与服饰设计专业的产教融合型课程体系的改革与实践为主线,以"学生的高质量就业"为核心,旨在打造更加适应市场需求的教育教学模式。本书内容从服装与服饰设计专业的教学与就业的紧密结合度出发,梳理就业岗位必备的专业知识和基本技能,并以此重塑项目化教学课程和专业基础课程,结合具体教学设计项目实践指导,为学生学习及教师教学提供以岗位技能为主线的教学设计思路参考。

本书在编写过程中侧重服装与服饰设计专业应用型人才培养的需求,产教融合深度发展的需求,学生高质量、零距离就业的需求和教师课上教学质量提升与学生课下有效学习的需求,从就业岗位任务、必备技能、所需知识、素质、能力出发,将岗位需求和专业教学内容紧密结合,增强学生的就业能力。为专业教学和学生培养提供参考,为培养学生具有扎实的专业知识和较强的实践能力筑牢坚实基础。

**图书在版编目(CIP)数据**

应用型高校本科专业产教融合型课程体系改革与实践.服装与服饰设计专业/徐照芳,杨晓艳,安静编著. -- 北京:清华大学出版社,2025.5. -- ISBN 978-7-302-69097-9

Ⅰ.G649.21

中国国家版本馆 CIP 数据核字第 2025WB0892 号

责任编辑:刘士平
封面设计:常雪影
责任校对:袁 芳
责任印制:刘 菲

出版发行:清华大学出版社
    网 址:https://www.tup.com.cn,https://www.wqxuetang.com
    地 址:北京清华大学学研大厦 A 座    邮 编:100084
    社 总 机:010-83470000    邮 购:010-62786544
    投稿与读者服务:010-62776969,c-service@tup.tsinghua.edu.cn
    质量反馈:010-62772015,zhiliang@tup.tsinghua.edu.cn
印 装 者:大厂回族自治县彩虹印刷有限公司
经 销:全国新华书店
开 本:185mm×260mm    印 张:12.75    字 数:246 千字
版 次:2025 年 7 月第 1 版    印 次:2025 年 7 月第 1 次印刷
定 价:47.00 元

产品编号:109532-01

# 序 一

课程是教育教学活动的基本依据,是实现教育目标的基本保证,是学校一切活动的中介。课程教学是师生共存的精神生活过程,自我发现和探索真理的过程,生命活动和自我实现的方式。具体而言,课程的重要性体现在 4 个结合点:第一,课程是学生和学校的结合点,学校提供课程,学生学习课程;第二,课程是学校和社会的结合点,社会对人才(学生)的不同要求通过课程结构和内容的改变来实现;第三,课程是教学和科研的结合点,科研促进教学,载体是课程;第四,课程是学生个体文化和社会文化的结合点,是学生社会化的重要渠道。课程是学校最重要的事,同时也是最容易被忽视的事。学校领导往往认为,课程教学是教师们的事;教师则容易将自己的研究、关注点放在学术上,忽视对课程的研究。实则,课程是一个开放体系,与政治、文化、经济、民族、语言、性别、制度、学科等紧密相连;课程教学是一项合作的事业,需要政府、社会、大学、领导、教师、学生、职员广泛参与。

黄河科技学院是一所高度重视课程建设的大学。我与该校董事长胡大白先生、执行董事兼校长杨保成教授有过多次交流。2024 年 10 月,我和我们院校研究团队师生到该校进行了为期两天的考察学习。同年 11 月,我指导的一位博士生又到该校进行了为期一周的调研学习。黄河科技学院的课程建设给我留下了极为深刻的印象。

黄河科技学院遵从党中央"全面提高人才自主培养质量"的要求,从"让每个学生都享有公平而有质量的教育,使具有不同禀赋和潜能的每一个人都得到充分发展"出发,积极开展课程改革。在课程改革中,学校立足为地方和产业发展培育应用型人才的人才培养目标,开展大样本、全覆盖的专业岗位需求调研。通过调研,抓住在应用型人才培养中存在的"产教融合不够深入、师资实践应用能力不够、课程体系与市场需求无法紧密衔接"等问题,探索能够满足中国式现代化发展需求,以提升学生的岗位胜任力、就业适应力和职业发展力为目标的应用型本科教育模式。在这一课程改革过程中,影响深远、成效显著的当属创造性地提出并推进项目化教学体系改革。

项目化教学以能力目标为导向,以企业岗位任务为课程载体,通过真实的项目来促进学生主动学习。项目化教学具有真实性、实践性、探究性和创新性。实施项目化教学有利于增强学生知识整合和应用能力,有利于提升学生综合能力,有利于培养学生职业能力。从我们的考察中了解到,黄河科技学院从 2018 年开始推动项目化教学体系改革。在改革的过程中,学校做了大量工作。

(1)营造课程建设和改革的制度环境。学校积极营造有利于课程建设和改革的制度环境,出台相关支持政策。首先,开展覆盖全校的课程立项工作,制定各类课程建设标准,每门课给予相应的立项经费支持,累计投入了 3000 多万元支持全校 1300 多门课程的建设和改革。其次,实行优课优酬的制度,根据课程评估结果,给予教师们最高五倍课酬的课时费。最后,给予学校教师横向项目 20％ 的配套经费,支持教师们将科研成果、横向项目转化落地、公司化、市场化,落地后给予 10 万～15 万元的经费支持,并鼓励教师们将这些成果积极转化,反哺到课程教学中。

(2)构建课程建设和改革的组织机构。大学产教融合课程体系的改革需要联合各个教学单位、职能管理部门和一线教师进行互动合作,逐步构建一个有利于产教融合型课程体系建设的组织机制。首先,学校进行了体制机制改革,在学校职能部门层面进行"大部制"改革,将原来的 13 个处级单位整合成教师中心、教育教学中心、学生中心三大中心,以及思政工作部、科技发展部、资源保障部等五个大部,实现了职能部门的扁平化管理,大大提高了职能部门服务课程建设和改革的效率。在教学单位进行"学部制"改革,将 12 个学院整合成工学部、艺体学部、商学部、医学部四个学部,打通了院系壁垒,整合了学科、专业、师资和平台等各类资源,为课程改革提供了有力支持。其次,学校创建了上下协同的组织机制。自上而下,主管校领导、教育教学中心组织项目化和产教融合型课程体系建设研讨会,激发和启蒙教师对于课程建设的热情和想法,鼓励教师投入课程改革实践,并通过咨询和课程指导推进课程改革的进行和完善。首批试点课程建设完成后,引导优秀教师利用教学学术思维进行研讨、反思和改进,并作为导师培训其他教师开展课程改革,起到了自下而上的效果。上下协同,推进产教融合型课程体系建设的良好发展。

(3)提供课程建设和改革的资源条件。资源条件包括软件条件和硬件条件。其中,软件条件是指利于课程建设和改革的"人"的资源,主要关注产教融合课程教学团队师资建设。聘请国家教育行政学院刘亚荣教授牵头的专家团队,主管校长亲自带队,通过多种方式对学校管理人员和教师进行培训,制定各类课程评估标准,掌握课程知识建模方法;定期组织课程改革交流工作坊,供教师们学习、研讨和互动;鼓励和动员教师到企业挂职锻炼,提高教师们的实践能力,更好地服务产教融合课程改革。硬件条件是指利于课程建设和改革的基础资源,主要包括项目实践场所、项目设计和实施物资以及产业和企业资源的支持。学校主动协调联系校内资源和企业资源,创办大学科技园、创客工厂、众创空间、各类工程实训中心等场所,并保证各类工具和物资的供应,为课程设计和实施提供条件。学校层面和学部层面都设有产教融合办公室,积极联系和对接企业,进行沟通合作,帮助教师们开拓更广泛的企业资源,保证课程植根于产业并最终走向社会。此外,学校还自主研发了集智能管理、智慧教学和数智评价于一体的数字化课程建设平台,为课程建设和改革提供了优质高效的数字化资源保障。

在实施项目化教学的同时,学校倒推整个课程体系的调整和改革,最终构建了"2+1+1"(基础+实践+应用)的产教融合型课程体系。在学校构建的产教融合型课程体系中,前两年的基础课阶段聚焦学生基本能力的养成,设置基础性课程,通过一些综合性项目,让学生"见过"和"做过";大三的实践阶段,通过项目化教学课程对接企业实践工作岗位的真实项目,培养学生实践创新能力,让学生能够"做成";大四的应用阶段,设置应用型课程,教师直接带领学生进入企业生产一线,通过企业委托项目,让学生能够"做好"。

黄河科技学院课程体系改革已经取得了丰硕成果,产生了广泛的社会影响。学校在教育教学改革后的师生满意度调查中,总体满意度高于 98%。在改革的过程中,全校师生积极参与,共同创造,凝聚改革共识,产教融合走向深入,教师、学生能力显著提升,人才培养与行业企业岗位需求的对接愈发紧密,课程教学质量有了明显提升。改革成果受到省内外高校和社会的广泛关注,130 多所高校、240 多家企事业单位到校交流;课程改革总体设计者、负责人杨保成教授,应邀在国内各类教育学术研讨会及多所高校介绍改革的做法和经验。

现在,学校以"应用型高校本科专业产教融合型课程体系改革与实践"为题,在清华大学出版社结集出版系列图书,十分有意义。一方面,为应用型高校深化教育教学改革、创新人才培养模式、优化课堂教学方式方法、开展常态化课程评价、全面提升育人水平提供了参考。另一方面,为专业负责人、任课教师如何改革课程结构、改进教学方法,特别是在项目化教学中如何将企业的真实任务或者项目与专业课知识真正融合,以构建一门与人才培养目标相匹配、内容适度的课程等提供了借鉴。综上,我十分高兴地向高校同人们推荐系列图书。

黄河科技学院的"应用型高校本科专业产教融合型课程体系改革与实践"属于规范的院校研究。他们在立足本校课程体系改革的院校研究中,体现出了热心教育、关爱学生的奉献精神;学习教育理论、探索教育规律的科学精神;"勇立潮头,敢于破局",在突破难点、痛点中不断奋进的坚韧不拔的精神,值得我们学习。期望高校同人像黄河科技学院那样开展院校研究,通过院校研究推进学校的建设和发展。

是为序。

华中科技大学原党委副书记
中国高等教育学会院校研究分会创会会长

刘献君

2024 年 12 月 8 日

# 序 二

党的二十大报告明确提出了"全面提高人才自主培养质量"的要求,党的二十届三中全会在此基础上审议通过的《中共中央关于进一步全面深化改革 推进中国式现代化的决定》进一步提出了"分类推进高校改革"的要求。为构建高质量的人才自主培养体系,教育部提出了具体的技术路径,包括编制学科专业知识图谱、能力图谱,推动项目式、情景式和研究式教学等深度探索,实现从"知识中心"到"能力中心"的转变。河南省教育厅出台的《河南省本科高等学校深化产教融合促进高质量发展行动计划》,紧密结合本省传统产业提质发展、新兴产业培育壮大、未来产业谋篇布局,全力推动人才培养供给侧和产业需求侧结构要素全方位融合,为加快构建河南现代产业体系,确保高质量建设现代化河南、确保高水平实现现代化河南提供强有力的人才和智力支撑。

作为高等教育体系的重要组成部分,应用型本科高校是形成产教良性互动、校企优势互补的产教深度融合发展格局的高等教育主要生力军,为全面建设社会主义现代化国家提供强大的人力资源支撑,在推进中国式现代化进程中扮演着至关重要的角色。然而,当前应用型本科人才培养体系改革存在很多堵点、痛点和难点,其中以下三个方面尤为关键。

其一,产教融合不够深入。高校与企业合作存在合作浅层化、利益差异化、供需不对接等问题,高校难以准确把握产业需求和企业的实际需求,服务产业发展和行业企业技术升级的能力不够,企业参与高校人才培养过程的积极性、主动性不够。

其二,师资实践应用能力不足。大部分教师毕业后直接到高校授课,理论知识丰富扎实,但缺乏行业经验和企业实践经验,难以紧跟行业最新发展趋势,在解决企业实际问题方面的实践应用能力不足。

其三,课程体系与市场需求无法紧密衔接。现有课程体系没有从市场导向出发进行系统设计,与市场需求衔接不紧密,课程教学目标、内容、测试方法不能有效促进应用型人才培养目标的实现,导致课程体系对人才培养目标的支撑力不够,学生能力与企业岗位任务要求出现脱节。

习近平总书记在 2024 年 9 月召开的全国教育大会上的重要讲话,向全党全社会发出了"建成教育强国"的动员令,系统部署了全面推进教育强国建设的战略任务和重大举措。习近平总书记指出,建设教育强国是一项复杂的系统工程。中共教育部党组在《人民日报》发表文章强调,面对新一轮科技革命和产业变革对全球秩序和发展格局带来的深远影响,能不能建成教育强国、为加快实现高水平科技自立自强提供支撑,能不能培养出世界一流人才和经济社会发展所需的大批高素质建设者,是摆在我们面前的重大课题。如何让每个学生都享有公平而有质量的教育,使具有不同禀赋和潜能的每一个人都能得到充分发展,是每一个教育工作者长期努力、不断改革的方向。

黄河科技学院作为全国第一所民办普通本科高校,肩负着为地方和产业发展培育应用型人才的使命。在新时代全面推进教育强国建设的背景下,学校清醒地认识到,要想真正实现面向未来培养人才,必须勇立潮头,敢于破局,重新规划未来学校发展定位,重构全新的产教融合人才培养体系,并且在专业层面、课程层面、课堂教学层面层层深入、彻底落实。教学改革改到深处是课程,改到痛处是教师。办学理念再好,体系设计再先进,没有教师的落地实施,人才培养成效是无法见真章的。为此,黄河科技学院从 2018 年开始,以英语课程和体育课程为破局起点,通过创新探索,让教师们初试初尝"以学生学习成长为中心"的课程和教学模式改革小成功的喜悦和红利;继而通过体制机制重构,全面触发和激励更深层次的人才培养体系创新和方法论创新;通过构建思想引路、问题导向、自我学习探索以及专家咨询等一系列行动学习式的有组织学习,推动全校所有专业所有教师,共同构建和实施了全新的人才培养体系。

人才培养是一个系统复杂的工程,体现在目的—目标体系的多层次和复杂性。具体而言,宏观层面必须以党和国家的意志和要求为根本遵循,即落实立德树人根本任务,培养德智体美劳全面发展的社会主义建设者和接班人;中观层面要体现区域需要,即精准对接国家战略和河南省"7+28+N"产业链群,深度聚焦发展新质生产力要求;微观层面,学校明确提出,要以学生的成长发展,提升学生的岗位胜任力、就业适应力和职业发展力为目标。

为实现上述目的—目标体系,学校以支撑目标实现的课程体系改革为突破口,构建了以能力逐级进阶提升为导向的"2+1+1"(基础+实践+应用)产教融合型课程体系(见图 1)。其中,立德树人的课程思政点作为每一门课的育人目标,纳入教学设计要求。课程体系中的"2"代表本科阶段的大一、大二聚焦学生"基本能力"养成,设置基础性课程。学生通过基础性课程学习专业基础知识和技能,实现"见过"和"部分做过",为后续学习与实践筑牢坚实的理论基础和技能基础。中间的"1"代表大三基于企业真实项目和市场评价标准,创设基于培养实践和创新能力的项目化教学课程,设置就业、创业、应用型研究三个方向,实施分类培养。学生可根据职业发展方向自由选择,实现个性化发展。学生在参与项目化教学课程的学习与实践中,将理论知识与实际项目紧密结合,有效提高实践能力和创新能力,实现"做成"。最后一个"1"代表大四开设应用型课程,教师带领学生直接进入企业生产一线,直接参与工作实践,在获取工作报酬的同时接受职业应用性评价,更深入地了解职业需求,为未来职业发展做好充分准备,进一步提升职业发展力,实现"做好",同时为即将步入职场的学生增强信心与竞争力,铺就应用型人才成长之路。学校创新课程体系的最终目的是实现应用型人才的高质量培养,助力学生实现高质量就业。

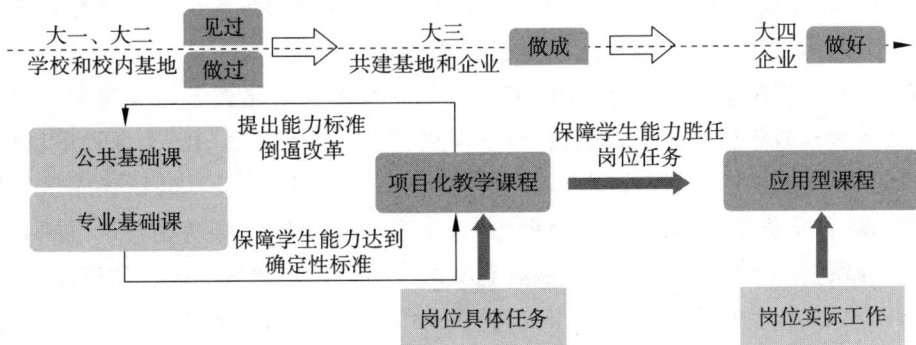

图 1　黄河科技学院"2+1+1"(基础+实践+应用)产教融合型课程体系

　　之所以进行这样的课程体系设计,是基于学校在多年产教融合的探索实践中发现,教师按照基于学习产出的教育(outcomes-based education,OBE)理念构建课程和课程模块,将能力作为课程目标,其背后的假设是"课程直接可以支撑能力目标",实际上在操作层面较难实现;而把行业企业的真实岗位任务或工程项目、技术研发项目转化为项目化的课程,其背后的假设是"能力内含在操作真实任务的过程中"。因此,将项目化教学课程作为能力培养的真实载体,教师更容易操作。教师可将自己做过的项目转化为课程,用任务承载真实能力训练,学生完成任务即受能力训练,且培养的能力可在任务结果中体现并进行评价。当然,其难点在于如何将企业的真实任务或者项目与专业基础课程知识真正融合,以构建一门与人才培养目标相匹配、内容适度的课程。在此实践逻辑基础上,学校以此类课程为起点,倒推整个课程体系的改革、调整和融合。产教融合型课程体系构建涉及学校及教职工的办学理念层面、工作系统方法层面、落实行为层面和办学效果评价反馈等,是一个复杂的系统工程。为构建这套全新的产教融合型课程体系,学校做了以下基础性改革工作。

## 一、抓住关键环节,重构人才培养体系

　　其一,大样本、全覆盖的专业岗位需求调研。由学校商学部人力资源专业团队牵头,专业设计调研方案,培训所有参与调研的专业负责人和教师。学校所有的专业负责人组队深入到学生就业的主要用人单位,开展产业、企业、岗位调研,利用调研数据进行工作分析,最终建立就业数据库:产业—行业—企业分类标准、产业链人才需求标

准、专业人才培养质量标准。学校编制了人才需求能力标签，构建了职位标签等，以便更精准地匹配人才与市场需求。学校紧跟产业需求，将这些标签全部纳入自主研发的数字化平台，形成产业、行业、用人单位就业信息数据库。这些标签都是企业人力资源部门熟悉的用人标签，用人单位后续能够在平台上更新和组合自己的就业数据标签，进而发布就业信息。开放的就业信息数据库能够吸引越来越多的用人单位进驻，逐步覆盖所有本科专业对应的岗位。各专业以此为基础，倒推形成自己的人才综合素质能力评价模型，为后续人才培养模式改革提供依据。

其二，采取课程立项的办法，全面推行大三年级的项目化教学课程建设工程。与项目式、案例式教学课程不同，项目化教学课程将企业真实项目"化"为课程项目任务，既可以无缝对接企业真实岗位要求，提升学生的岗位胜任力；又可以设计成学生是学习主体的项目化教学课程，让学生边做边学，成为学习的主人，成为课堂学习的共同设计者，充分激发学生的内在动力，开展有意义的学习。项目化教学课程的设计，以市场需求为导向，从岗位真实任务要求出发，先提取"职位群—岗位典型任务—工作项目"，然后优化这些项目所需要的专业知识图谱，将专业知识图谱与工作项目融合，形成一种新型的项目化教学课程的知识图谱。在此基础上，确定课程教学目标、项目任务、教学内容、课上课下学习任务等。学校制定了项目化教学课程的建设标准：一是强调项目"真实性"，必须是来源于企业的实际项目，可以是即时性项目或延时性项目，按照岗位任务逻辑，将项目任务、项目流程、项目能力、常见错误和解决办法编排成学习任务单元；二是建立对接企业行业的项目资源库，及时更新，确保项目的延续性和内容的有效性；三是制定以成果为导向、市场直接评价或仿真评价的三级评价标准，学生考核合格即能达到课程对应的岗位任务要求，胜任岗位工作。项目化教学课程是"2+1+1"产教融合型课程体系中的核心环节，具有承上启下的关键作用。这个环节不进行改革，其他课程改革都只是理念，无法真正落地实施。因此，学校将大三的项目化教学课程的改革作为整个课程改革的切入点，以分批立项的方式完成了大三所有的课程改革。

其三，依托数字化学习平台，基于知识建模、课程教学设计的技术方法全面重构课程体系。作为课程改革的突破口，学校在全面实施项目化教学课程后，开始倒逼前修专业基础课程改革，支撑大四的应用型课程建设。前修基础课程需在目标制定、内容选择、教学模式和评价考核等方面提供有力支撑，以确保知识的系统性和连贯性。同时，项目化教学课程也为大四学生直接参与用人单位的真实项目和工作，提供更具技术性和实用性的知识，以及解决实际问题能力和创新能力的基础。为此，学校邀请国家教育行政学院刘亚荣专家团队，以课程知识建模为基础，全面重构公共基础课程和专业基础课程。一是绘制所有课程的知识建模图。本科专业的全部课程绘制知识建模图为新型人才培养体系搭建坚实的知识体系基础。二是重构基础课程。从支撑项目化教学课程或后续专业基础课程的需要入手，倒推专业基础课和公共基础课的知识容量和结构，全面梳理项目化教学课程所需的知识、能力和素质，将知识点进行详细分解、重新组合，重塑现有的知识体系，对前修专业基础课程的知识、能力、素质主模块进行组合，形成新的专业基础课和公共基础课。三是明确课程建设标准，推动新版教学设计和课程大纲的制定。基于课程知识建模图，重新制定 1206 门本科课程的教学设计和课程大纲，每门课的教学设计都重新设计和匹配了"以学生学习为中心"的各种教学、学习资源，包括线上课程、作业练习、各种学习评价工具等。四是建设数字化学习平台系统。所有课程的教学、学习资源都实现了线上师生共享，有效满足了教师教学和学生学习对各种学习资源和工具即时性、便利性的需求；解决了公共基础课学生基数大、师生互动难等问题；也解决了教考分离、多维评价、客观证据翔实的教学和学习评价真实难题；真正实现了学生随时可学，不受限于学期和专业，学完即可结业的泛在学习理念。

其四，基于市场真实评价的应用型课程建设。作为学校"2＋1＋1"产教融合型课程体系的最后环节，应用型课程是对应用型人才培养效果的有效检验和直接体现。学校指导各本科专业开展高质量充分就业调研分析，通过定性与定量相结合，从知识能力素质要求、工作岗位经验、职业资格证书考取等维度对毕业生高质量充分就业的本质属性进行画像，提出高质量充分就业标准，并落实到应用型课程目标中。应用型课程的设计基于实际的产业发展和市场需求，由教师承接研发创新类等高质量真实市场项目，通过相应的教学设计（如学分、教学安排、课程考核等）赋予其课程要素，从而转换为课程。教师带领学生承接真实的市场项目，接受市场评价，产生经济与社会效益。在此过程中，教师的实践教学能力得以显著提高，逐步向"双师型"教师队伍转型。学生通过岗位任务从合格的入职者变成优秀的入职者，实现从"做成"到"做好"，直接实现高质量充分就业。

其五，建立优秀本科生荣誉体系。为引领学生积极进取、全面发展，持续提升学生德智体美劳综合素养，进而激励学生追求卓越、奋发向上，营造"逢一必争，逢金必夺"的优良校园氛围，学校以德智体美劳全面发展为导向重构本科生荣誉体系，促进学生成长成才。一方面，学校表彰在学习、创新创业等方面表现突出的学生。他们或项目成果获企业采纳，实现高质量充分就业目标；或创新创业能力强，勇启创业征程；或勤奋好学，有一定学术成果。学校为他们颁发"全能英才奖""创新创业奖""学业卓越奖"，激发学生的内在潜能和创新精神，促进学生更加积极主动地投入到学习和实践中，不断挑战自我，追求更高的目标。另一方面，学校表彰积极参与学校产教融合工作并做出努力和贡献的优秀毕业生。他们或积极牵线搭桥，为学校与企业搭建合作桥梁，不断拓展合作渠道；或参与学校课程设计，将企业实际需求与行业最新动态有机融入教学内容，助力学校构建贴合市场需求的人才培养模式；或为在校生创造大量实习与实践机会,促使学生在实践中茁壮成长。学校为他们颁发"杰出校友奖",对其做出的贡献和取得的成就给予充分肯定。同时,学校激励在校学生努力提升自己,力争成长为创新引领型人才。

黄河科技学院"2+1+1"产教融合型课程体系不同于传统学科逻辑下的本科人才培养体系,也不同于当前很多应用型大学倡导的校企合作的本科人才培养体系。三种人才培养体系对比分析见图2。传统高校人才培养体系根植于学科逻辑,偏重知识传授,为学生筑牢坚实的理论基础。然而,在对接企业实际工作所需的应用技能培养方面却极为薄弱,使得传统本科教育的毕业生大多呈现出"眼高手低"的特点,必须经过培训期后才能适应岗位任务要求。在知识匮乏、缺乏信息技术传播知识的时代,这种培养方式是大学的不二选择。但在信息技术时代,知识可以泛在获取,这种人才培养体系已经不能再作为任何大学人才培养的基本方式。

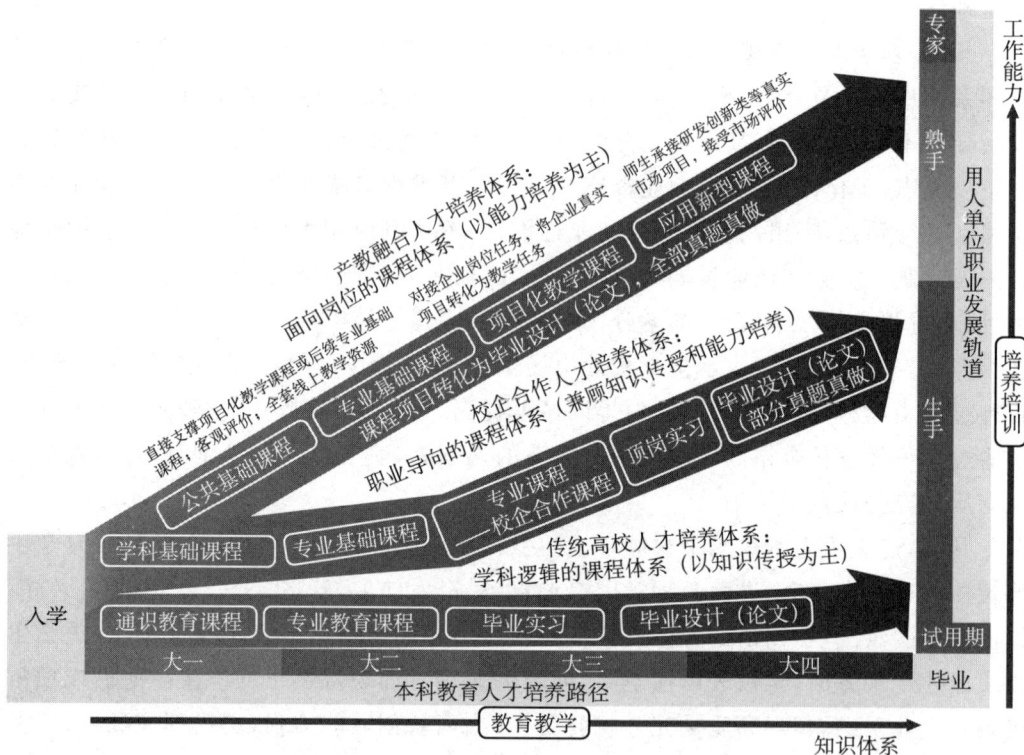

图 2　三种人才培养体系对比分析

校企合作人才培养体系以职业为导向,设置校企合作课程、顶岗实习及毕业论文真题真做等实践类课程和环节,既注重知识传授,又兼顾能力培养,尤其强调实践与应用,对提高学生实践能力和职业技能有较大帮助。但是也存在四方面的主要问题:一是课程体系内容衔接度不够。校企合作课程与前端的基础课程以及与企业真实岗位要求之间都缺乏有效衔接,导致课程体系连贯性欠佳,人才培养与市场需求不匹配。二是师资队伍实践应用能力不足。教师因缺乏行业经验与企业实践经验,难以有效解决企业实际问题。三是校企合作课程个性化程度不高。课程多由企业研发,雷同性强,与学校办学特色联系不紧密,无法满足学生的个性化发展需要和市场的多样化需求。四是校企合作课程覆盖领域不广泛。合作项目往往依托"订单式"人才培养开设,局限于企业所需的特定岗位,未能全面覆盖专业面向的所有岗位。

我校的产教融合人才培养体系,从锚定岗位需求出发,重新梳理了人才培养的学习逻辑。在未来的人才培养中,一旦产业中的工程师和学校的教师都具备课程领导力,便能够突破产业和学校的界限,随时将岗位的需求转化为培养的课程。届时,学校将成为任何产业人才随时获取学习机会的场所,也将成为产业孕育未来科技产品的场所。

## 二、强化支持保障,全面推进综合改革

人才培养体系改革是牵一发而动全身的系统工程,外部需要全社会方方面面的配合与支持,内部也涉及体制机制、数字化平台、课程建设、教学质量评价与持续改进等全要素多维度的支撑和保障。为此,学校主要从以下几方面进行了衔接配套改革。

其一,自主研发数字化平台,实现评价与建设全流程智能化。搭建集智能管理、智慧教学、数智评价于一体的课程建设数字化平台,统筹全校课程资源,对外实现各高校课程资源共建共享,对内实现课程数据与教师数据、学生数据互联互通,协同推进课程建设与评价、学生服务和师资培养;构建基于质量标准、全量化采集、大模型分析的智能化课程评价支持体系,通过统一规划、统一建设、统一管理、统一评价,优化课程结构、明确课程规格、分析课程目标达成度、智能化提供课程画像、过程性规范课程准入与退出,保障一流应用型课程的优质、高效、充足供给。

其二,评价牵引,推进课程高质量建设。学校与国家教育行政学院共同研创课程评价指标体系。分类研创教学设计、教学实施、教学产出评价标准,重点关注课程知识建模的完整性、教学活动目标与任务的一致性、师生交互过程的有效性、教学评价的客观性。聚焦教学设计、教学实施、教学产出三个关键环节,实现课程评估精准化。一是聚焦教学设计。考察 OBE 理念在每个任务和活动设计中的体现,强调选取活动的目标、交互、成果及评价标准的一致性,课程知识建模的完整性等。二是聚焦教学实施。评价教学过程与教学设计的一致性,重点考查学生是否进行高阶思考、是否积极参与各项学习活动、知识能力是否达到预期目标。三是聚焦教学产出。将课程考核评价标准、企业评价标准、企业采纳证明等纳入课程成果重点考察,将教师教学能力提升、课改论文发表等作为教师成果进行评价,将学生考核结果、学生作品、创作等作为学生成

果重点考察评价。学校充分利用大数据技术,将日常教学动态数据与专家评估相结合,建立线上线下相互支持,专业、学部、学校三级进阶式评价机制,实现常态化全覆盖"课程＋教师团队"评价。通过线上审阅课程资源和评审材料、深入课堂随机听课、组织课程答辩汇报、强化反馈改进四步骤,构建评价闭环,促进课程评价"反哺"课堂教学,推动全部课程锻优提质。评价结果打破职称定课酬惯例,实行优课优酬,最高给予5倍工作量奖励。

其三,深化体制机制改革,推动教学改革落地生根。学校充分利用体制机制灵活、行动决策迅速等优势,深入开展"大部制""学部制"体制机制改革,推动高校与产业、行业、企业资源共享、深度融合、协同发力、共同育人。在职能部门推行"大部制"改革,通过整合13个处级单位,成立教师中心、教育教学中心、学生中心三大中心,以及思政工作部、科技发展部、资源保障部等五个大部,提高职能部门服务教育教学工作的效能度和协同性。在教学单位积极推动"学部制"改革,打破原有的"校—院—系—教研室"多层级结构,将12个学院整合为工学部、艺体学部、商学部、医学部四个学部,依据专业集群下设科教中心,赋予其资源配置的自主权力。通过体制机制改革,充分汇聚学科、专业、师资、平台等各类优势资源,实现了以下三方面的提升。一是教师中心的成立,为教师提供了更专业的发展平台。鼓励教师深入企业实践,提升实践教学能力与专业素养,提供更多职业发展机会和激励机制,打造高素质、专业化、创新型教师队伍。二是教育教学中心的成立,有利于整合教育教学资源,推动产教深度融合。通过搭建教学平台,教师与企业专家共同设计与实施课程、共同制定并修订人才培养方案,促使专业设置紧密贴合产业需求,大幅提升专业与市场对接的精准度与紧密性。同时,引导教师将行业最新动态和技术及时引入课堂,促进教学方法创新,增强教学的针对性和实效性,为培养具有扎实专业知识和较强实践能力的应用型人才筑牢坚实基础。三是学生中心的成立,为学生提供了更多实践机会和职业发展指导。开展职业规划、职业咨询服务、优秀本科生表彰以及行业专家和成功校友经验分享等丰富多彩的活动,为学生在职业选择和发展中遇到的困惑提供个性化指导和建议,进而提升学生的就业竞争力和职业适应能力。

## 三、发挥改革效能,凸显人才培养成效

学校始终秉持"办一所对学生最负责任的大学"的办学愿景,全心全意为教师服务,全心全意为学生服务,人才培养新体系改革得到广大师生的高度认可和肯定。

学校采用调查问卷、访谈等多种形式开展了教育教学改革后的师生满意度调查。结果显示,总满意度高于98%。教师董菲菲分享村庄规划授课感悟时谈道:"当学生真正成为课堂的主人时,他们便不再是学习的被动承受者,而是积极投身于教学活动之中,化身为学习的主动探索者与协同合作者。他们的学习热情空前高涨,思维也更

加活跃。"教师杨颖分享道:"投身于学校课程改革实践,我深切认识到,卓越的教学绝非因循守旧,而在于大胆创新、勇于实践。身为一线教育工作者,我们不只是知识的传播者,更是变革的推进者。课改给予我宽广的舞台,使我能尝试新教学理念与方法。我将项目化、合作学习等理念融入课堂,激发学生兴趣与创造力,实现师生平等互动、共同发展。"学生崔锴洁分享了自己在服装与品牌设计课程中的体验:"在这门课程里,同学们模拟不同岗位,大家分工协作,展现出极强的团队协作精神和学习热情,我能深切地感受到有一股强大的力量推动着我在交叉创新的道路上不断向前。"学生司双颖谈道:"项目化教学课程风景园林规划与设计具有很强的实践性、应用性和挑战性。在一次次的项目构思与创作过程中,我被激发出全身心投入学习的热情,对这门课程产生了浓厚的兴趣。特别是当自己设计的园林方案被采纳并且最终得以建成的时候,之前所有的辛苦付出都转化为满满的成就感,那种激动和自豪难以用言语来表达,感觉所有的努力都是非常值得的!"

回顾6年的改革历程,学校聚焦人才培养模式改革、课程体系构建、课程开发、课程设计以及课程评价等关键环节,先后召开了主管教学部(院)长、科教中心主任、骨干教师等不同层面人员参与的研讨会300余场,投入3000余万元用于1300多门课程的建设。在此过程中,教师们对于人才培养模式改革理念、思路及步骤等有了更清晰、更深刻的认知。在全体师生的充分认可与深度参与下,全校上下已然凝聚起改革共识,产教融合持续走向深入,教师队伍的能力得到显著提升,人才培养与行业企业岗位需求的对接愈发紧密,课程教学质量有了明显提升。改革成果受到省内外高校和社会的广泛关注,130余所高校、240余家企事业单位等到校交流;受邀在中国高等教育学会、国家教育行政学院等举办的院校研究高端论坛,郑州大学、成都大学等高校做主题报告28次;成果在第61届、第62届中国高等教育博览会上展出,获得省内外高校教学管理人员和一线教师的高度好评;办学成效被中央电视台《新闻联播》、新华社、《光明日报》《中国教育报》等广泛报道。

斗转星移,岁月如梭,黄河科技学院在时光的长河中稳健前行。2024年5月,学校迎来了辉煌的四十华诞。值此之际,我们集结学校人才培养新体系改革成果,分专业出版"应用型高校本科专业产教融合型课程体系改革与实践"系列图书,为应用型高校深化教育教学改革、创新人才培养模式、优化课堂教学方式方法、开展常态化课程评价、全面提升育人水平提供有效借鉴和参考。这一本本沉甸甸的册子,凝聚着全校教师在课改历程中的智慧与汗水,折射出全体教师的睿智与灵性,更满溢着全体教师"以学生为中心"的教育理想与不懈追求。

此举,一为抚今追昔,以文字铭刻学校波澜壮阔的发展历程,为辉煌历史留存厚重见证;二为激励莘莘学子奋发图强,在知识的海洋中砥砺前行,以拼搏之姿努力成才,为未来铸就璀璨华章;三为鼓舞吾辈同人不忘初心,励精图治,以昂扬斗志勇攀高峰,在教育的新征程上再创佳绩，为国家培养更多栋梁之材，为时代书写更壮丽的教育诗篇。

　　回顾往昔，那些奋斗的足迹、拼搏的身影，皆是前行的动力源泉。展望未来，我们深感责任重大、使命光荣。我们定会牢记为党育人、为国育才的初心使命，不负重托，与时俱进，努力谱写无愧于前人、无负于时代的璀璨新篇章。

黄河科技学院执行董事、校长

杨保成

2024 年 10 月 16 日

# ◀ 前 言 ▶

随着中国服装产业经济的飞速发展和科技的进步，现代社会对服装人才的要求越来越高。中国服装设计教育已经历了 30 余年的发展历程，在这 30 余年中，中国服装设计教育实现了从无到有的飞跃，并且随着服装产业的发展变化，服装与服饰设计专业的教学体系的设置也越来越细化。在当今服装企业与学校深度合作的背景下，如何根据行业需求与就业导向培养出高质量的服装人才，如何合理构建岗位需求下的服装与服饰设计专业教学体系，是服装设计教育需要重点思考的关键问题。传统的教育模式已经难以满足现代社会对人才的需求，因此，应用型高校本科专业产教融合型课程体系改革与实践成为当务之急，本书将以此来完成"2＋1＋1"产教融合型课程体系构建。

本书旨在探讨应用型高校服装与服饰设计专业产教融合型课程体系的改革与实践，并通过相应的课程改革实践，达到人才培养目标。全书共分五章：第 1 章为服装与服饰设计专业概况，阐述了服装与服饰设计专业的发展历程、专业现状、服装教育状况、学科设置、专业发展趋势和展望；第 2 章为服装与服饰设计专业课程体系建设，包括服装与服饰设计专业的人才需求分析、岗位任务分析、专业人才培养需求、就业岗位职责、岗位职业能力需求具体分析、课程体系等；第 3 章为服装与服饰设计专业课程知识建模，包括项目化教学课程和专业基础课程的知识建模；第 4 章为基于 OBE 理念的教学设计，首先阐述以项目化教学为核心的教学设计思路，然后列举了具有代表性的两门项目化教学课程和四门专业基础课程的教学设计实例；最后为结语。

本书由黄河科技学院服装与服饰设计专业徐照芳、杨晓艳、安静、张庆、王梦倩、梁富新、邢春生（排名不分先后）共同编写，内容多为近两年服装与服饰设计专业教师对教学的思考和探究，同时也借鉴了国内外相关研究成果。希望本书能为广大服装教育工作者及从业人员提供有益的参考，在此对参与本书编写的所有人员的辛苦付出表示衷心的感谢，同时对全程给予支持和帮助的专家、学者和同行表示诚挚的敬意。书中内容若有不足之处，恳请广大读者批评、指正。

编著者

2025 年 4 月

# 目　录

# 第 1 章

# 服装与服饰设计专业概况

近年来,中国服装行业在面临国内外市场竞争和各种挑战之时,积极进行调整和转型,实现了持续稳定的发展,主要表现为行业整体规模持续扩大,品牌数量不断增加且品质逐渐提升,市场细分和消费升级趋势明显。中国服装行业已逐步从生产加工基地向时尚创意产业转变,中国正努力迈向全球服装强国的行列。

随着行业的发展,中国服装产业的布局也在不断优化。东部沿海地区凭借其产业基础和市场优势,继续扮演着行业发展的领军角色。中西部地区则利用政策扶持和成本优势,加快产业转移和集聚,形成了多个服装产业基地。此外,一些具有特色和优势的产业集群(如广东潮汕地区的内衣产业、江苏苏州的婚纱产业等)也在国内外市场崭露头角。

在国内服装市场,品牌竞争日益激烈。众多服装企业纷纷加大品牌建设投入,通过创新设计、提升品质、优化渠道、强化营销等手段,不断提高品牌知名度和美誉度。与此同时,一些新兴品牌凭借独特的风格和定位,成功吸引了年轻消费者的关注。行业整体品牌格局呈现多元化、个性化的特点。

随着国内消费者购买力的提升和消费观念的转变,服装市场消费需求日益多样化。消费者在关注价格和品质的同时,更加注重时尚感和个性化。这使各类服装品牌在国内市场有了更多的发展空间。此外,电商平台的兴起,也为消费者提供了更多的购买渠道和前所未有的便利。

中国服装行业正加速产业链整合,力求实现上下游产业的协同发展,这有助于提升中国服装行业的整体竞争力。企业在面料研发、生产加工、物流配送等环节不断优化,以降低成本、提高效率。同时,行业内部也在加强合作,实现资源互补和共赢。

技术创新是推动服装行业发展的关键。企业纷纷引入先进的设备和技术(如智能化生产线、三维打印技术、虚拟现实等),以提高生产效率和产品品质。此外,行业还在环保、节能、可持续发展等方面进行积极探索,以应对日益严峻的环境问题。

在全球市场,中国服装行业积极参与国际竞争和合作,逐步提高自身的国际化水平。企业通过并购、合资、参展等方式,拓展国际市场,提升品牌影响力。同时,行业也借助"一带一路"等政策机遇,加强与沿线国家的产业合作,实现互利共赢。

总之,中国国内服装教育在不断发展壮大,为行业提供了有力的人才支持。与此同时,中国服装行业在市场竞争中不断调整和转型,实现了产业升级。在面对新的机遇和挑战时,行业将继续加大创新、整合、国际化等方面的力度,为实现服装强国的目标而努力。

## 1.1　专业发展历程

黄河科技学院服装与服饰设计专业设立于 2007 年,前身是艺术设计专业(服装与服饰设计方向),后根据教育部 2012 年颁布的《普通高校本科专业目录》更名为服装与服饰设计专业,2017 年获批河南省高等学校"专业综合改革试点"专业,2018 年获批"河南省高等学校省级优秀基层教学组织"。2021 年,该专业中的创意立裁课程与服装效果图技法课程获批河南省第二批一流本科课程。

初期阶段(成立阶段):黄河科技学院在 2007 年设立服装与服饰设计专业,并开设相关的基础课程,如色彩学、设计基础等。这一阶段主要注重培养学生的专业基础知识和技能,为后续发展奠定基础。

课程调整与完善:随着时尚行业的快速发展和市场需求的变化,黄河科技学院逐渐调整和完善服装与服饰设计专业的课程设置。该专业开始引入更多与时尚产业相关的课程,如时尚史、流行趋势分析、创意设计等,以提升学生的创新能力和时尚敏感度。

师资队伍建设:在整个发展过程中,黄河科技学院逐步加强服装与服饰设计专业的师资队伍建设。学院引进了一批具备丰富教学经验和行业背景的教师,并提供进修和培训机会,以提高教师的教学水平和专业素养。

实践教学与产学研结合:为了让学生更好地了解行业真实需求和市场流程,黄河科技学院与相关企业合作,建立实践基地,为学生提供实习和实践机会。学院还积极建设产学研结合项目,与企业共同开展设计研发和市场调研等工作,促进学院教学和产业发展的有机结合。

国际化教育:近年来,黄河科技学院服装与服饰设计专业开始注重国际化教育,引入先进的国际时尚理念和技术。学院开设了国际化课程,并组织学生参加海外交流和实习,提升学生的国际视野和竞争力。

经历以上发展历程,黄河科技学院服装与服饰设计专业逐渐完善了教学体系和课程设置,加强了师资队伍的建设,并与行业合作开展了实践教学和产学研结合项目。未来,该专业将更加注重教学质量的提升和对行业需求的适应,为培养优秀的服装设计人才做出更大的贡献。

## 1.2　专　业　现　状

目前,服装与服饰设计专业共有 7 名专任教师,其中包括副教授 5 名,讲师 1 名,高级职称教师占教师总数的 71%。教师队伍中优秀中青年骨干教师 2 名,高级工艺美术师 4 名,中级工艺美术师 1 名,河南省教学标兵 1 名,郑州市十佳服装设计师 2 名,郑州市骨干教师 3 名,河南省骨干教师 1 名,师资队伍具有学缘结构合理、高级职称和高学历教师占比高、人员年轻化等特点。

近年来,在学校应用技术大学建设的总体方针的引导下,服装与服饰设计专业着重突出实践教学环节,强化市场育人的理念,共获得省级以上科研项目 10 余项,获得授权发明专利 15 余件,发表科研论文、教学改革论文 50 余篇,获得省部级及以上奖励 8 项,另外,科研成果的推广应用也取得了良好的经济效益和社会效益。

服装与服饰设计专业坚持立德树人的信念,以培养"懂理论、重实践、勇创新、有担当"的应用型高级专门人才为培养目标。服装与服饰设计专业高度重视校企合作,目前已与黛玛诗服饰集团等十余家服装企业建立了紧密的校企合作关系,通过共建实验室、项目化教学等手段强化产学研合作。历年来,受益学生逐年增加。通过多年的积淀,服装专业在服装设计、服装制版、服装工艺等领域形成了鲜明的学科特色,在省内具有较广泛的影响力,为地区与行业培养了大量具备较强服装与服饰设计创造能力、市场设计意识、市场竞争能力和终身学习能力的人才。

黄河科技学院服装与服饰设计专业旨在培养学生在服装领域的创造力和专业技能。该专业深入研究了服装设计理论、面料选择、裁剪与制作技术、时尚趋势研究,以及品牌管理等内容。在专业学习过程中,学生将通过课堂教学、实践项目和实习等方式,学习服装设计的基本原理和技巧、绘图、裁剪、缝纫,以及面料和材料的选择与运用。同时,学生也会学习时尚趋势和市场需求与消费者行为,以便能够提出具有商业竞争力的设计方案。

此外,该专业还注重培养学生的创意思维和设计表达能力。学生将通过创造性的设计项目和实践活动,锻炼自己的创新思维、审美眼光和设计技巧,并将这些能力应用于服装和配饰的设计过程。毕业后,学生可以选择从事各种与服装和时尚相关的职业,如服装设计师、品牌策划师、时尚购物顾问、时尚编辑、零售经理等。在这些职业中,他们可以应用所学的设计理念、技术和市场营销知识,创作出独特的服装品牌和时尚产品,以满足不同消费者的需求。

# 1.3  服装教育状况

随着中国服装行业的迅速发展,服装教育在国内也逐渐崛起。从 20 世纪 80 年代开始,我国服装教育逐步形成了从大专院校到职业培训多层次、多学科交叉的教学体系。服装教育不仅注重培养学生的创新设计和实际操作能力,还强调提升学生的市场洞察力和拓展学生的国际化视野。如今,国内服装教育已取得了显著的成果,为我国服装行业的发展提供了有力的人才支持。

在服装设计教育方面,国内高校和培训机构纷纷开设了服装设计专业或相关课程,涵盖了时装设计、内衣设计、鞋帽设计、配饰设计等多个领域。课程内容既有理论教学,也有实践操作,还包括国内外市场调研、品牌策划、时尚产业管理等环节。此外,学校还会组织学生参加各类国内外时装周、设计大赛等活动,以提高学生的综合素质和竞争力。

服装制版与工艺教育是服装产业的重要环节。国内相关院校和培训机构高度注重培养学生的制版、裁剪、缝制、熨烫等技能,同时教授先进的生产工艺和技术。为了使学生能够适应市场需求,学校还会开展项目实训,让学生在实际操作中不断提高自己的能力。

随着市场竞争的加剧,服装行业对营销和管理人才的需求越来越大。国内院校和培训机构在服装营销与企业管理教育方面,注重培养学生的市场分析、品牌策划、营销策略、渠道管理、企业运营等方面的能力。课程设置包括市场营销、消费者行为、企业战略、财务管理、人力资源管理等内容,旨在培养具有国际化视野和创新能力的服装行业管理者。

为了增强服装教育的实践性和针对性,国内院校和培训机构积极与企业开展产学研合作,共同开发课程、教材和实践项目。企业也可以通过与学校合作,选拔优秀学生实习、就业,以满足自身的人才需求。产学研合作的开展,有助于实现服装教育与行业发展的紧密对接,为行业输送更多高素质人才。

# 1.4　学科设置

学科设置与教学模式:服装与服饰设计专业在学校已有的视觉传达设计、环境设计等专业基础上逐步发展,同时得到了动画、摄影等周边专业的有力支持,因此其专业发展基础扎实,专业发展方向明确。

专业课程与教学模式:专业课程设置涵盖了服装设计基础、时尚趋势研究、服装制作技术、面料选择与运用、品牌管理、营销等内容。教学模式多样,既有传统的课堂教学和实验实训,又有注重实践项目和实习经验的教学方式。

实践环节和创新能力培养:一些学校注重实践环节的设置,通过实践项目、安排实习和开展校企合作等方式,培养学生的动手能力、积累实际工作经验。同时,也有一些学校鼓励学生进行创新设计,参加国内外时尚设计大赛、展览等活动,提升其创新能力和国际视野。

行业对接和就业情况:部分学校与行业进行深度合作,开展实践教学、师资交流和科研合作,以更好地满足市场需求。此外,一些人才培养基地和创意园区的建设也为学生提供了就业和创业的机会。尽管如此,毕业生就业压力仍然存在,部分学生可能仍需进一步提升自身的专业能力和市场竞争力。

黄河科技学院服装与服饰设计专业目前已经具备了一定的教学和科研基础,拥有了一批经验丰富的师资队伍和教学资源。在教学方面,该专业注重学生的专业基础知识和技能培养,设置了全面的课程体系,包括艺术基础、设计理论、缝制工艺、品牌策划、市场营销等课程。同时,该专业还注重实践教学,与相关企业合作建立了实践基地,为学生提供实习和实践的机会。

在发展趋势上,黄河科技学院服装与服饰设计专业将进一步加强创新和国际化教育。随着时尚产业的快速发展,服装设计行业对人才的需求也在不断变化,因此该专业将不断更新教学内容和教学方法,以适应行业发展的需求。同时,该专业还将积极引入国际先进的服装设计理念和技术,开设国际化课程,并组织师生参加海外专业考察和专业竞赛,提升学生的国际视野和竞争力。未来,黄河科技学院服装与服饰设计专业还将注重产学研结合,与相关企业合作开展项目研究和创新,促进学术研究成果向产业转化。另外,该专业还将鼓励学生开展创新研究,并促进科研成果向产业转化。

基于上述发展趋势,黄河科技学院服装与服饰设计专业将不断提升教学质量和学术水平,培养出具有创新精神和实践能力的优秀人才,为服装行业的发展和社会的需求提供有力的支持。

## 1.5　专业发展趋势和展望

1. 夯实传统基础,塑造时尚教育品牌

传统的服装设计和制作技术:传统的服装设计和制作技术在服装与服饰设计专业中占据着举足轻重的地位。传统技术包括面料选择、剪裁、缝纫等,这些技术在现代服装制作中仍然发挥重要作用。

时尚与品牌:时尚与品牌是服装与服饰设计专业中另一个重要的发展方向。随着时尚产业的快速发展,越来越多的人开始重视个人形象和时尚品位,因此对品牌的选择和时尚潮流的了解成为不可或缺的能力。时尚品牌的创立、推广和维护需要专业人才的参与。

2. 加强服装营销与策划,秉承绿色可持续发展理念

服装营销与策划:服装营销与策划也是服装与服饰设计专业的一个重要方向。随着市场竞争日益激烈,服装企业需要有专业的人才制定市场策略、进行市场调研、设计广告宣传等,以提升企业的竞争力。

环保与可持续发展:近年来,环保与可持续发展成为服装与服饰设计专业的热门话题。越来越多的人开始关注环境保护和可持续发展,并认识到服装产业对环境的影响。因此,对环保材料、可持续设计和生产流程的研究成为专业发展的一部分。

促进国际化与跨文化交流：随着全球化的发展，国际化和跨文化交流成为服装与服饰设计专业中的一个趋势。学生和专业人才往往需要关注国际时尚潮流，了解不同文化的时尚特点，并具备跨文化交流的能力。总的来说，服装与服饰设计专业在技术、时尚、市场和可持续发展等方面都有着广阔的发展空间。随着社会的发展和人们对服装与形象的要求的提高，该专业的需求也将持续增长。

### 3. 专业发展方向定位

黄河科技学院服装与服饰设计专业的发展定位应结合学校整体发展定位、学科特色、市场需求和学生发展需求等因素进行综合考虑，以下是对该专业发展定位的研究。

#### （1）突出特色，强化品牌建设

根据学校整体发展定位和学科特色，服装与服饰设计专业应突出自身的特色和优势，注重培养学生的综合素质和实践能力，注重创新和国际化教育，并与行业需求相结合，培养具有创新精神的应用型人才。

培养学生在时尚设计领域的创新能力和品牌管理知识，使其具备时尚品牌设计、定位、推广和营销的技能。在专业课程设置中，应注重与其他相关学科的交叉融合，如科技、人文、智能、营销等学科。通过学科交叉融合，培养学生的综合素质和创新能力，为学生提供更广阔的发展空间和更多的选择机会。

#### （2）创新技术，绿色发展

关注新材料、新技术在服装与服饰设计中的应用，培养学生探索创新设计理念和动手实践的能力。

重视环保材料的选择和可持续生产流程，培养具有环保意识和绿色设计理念的专业人才。鼓励学生开展创新研究和实践项目，积极组织学生参与学科竞赛和创新创业项目，并提供支持和指导。通过创新创业教育，培养学生的创业精神和创新能力，为学生的未来发展奠定基础。

#### （3）跨界合作，推动创意产业

培养学生具备扎实的专业基础理论和丰富的教学经验，为时尚行业培养更多优秀人才。根据时尚产业的快速发展和市场需求的变化，服装与服饰设计专业应不断更新教学内容和教学方法，以适应行业发展的需求。同时，学院应加强与相关企业的合作，建立实践教学基地和产学研合作项目，为学生提供实习和工作机会，培养符合市场需求的服装设计人才。

鼓励学生与其他领域（如艺术、设计、商业等）进行跨界合作，发挥创意思维，推动创意产业的发展。

专注于培养学生的创意思维和设计能力，采用创新的教学方法，如项目驱动性学习、实践性教学等，让学生能够从实践中学习和成长。将科技、人文、智能等多个学科融合在一起，打破学科界限，培养学生在不同领域的跨界合作能力，提升设计作品的创新性和综合实力。

(4) 实践与产业合作，担当社会责任

重视学生与行业的密切合作和实践经验的积累，通过与企业、品牌、设计师合作，为学生提供实际项目和工作机会，让学生更好地了解行业需求，提升就业竞争力。

在教学中注重环保和可持续发展的理念和实践，培养学生对环境和社会责任的意识，引导他们在设计过程中考虑可持续性因素。

(5) 开拓国际化视野，加强产学研结合

注重开拓学生的国际视野和培养学生的跨文化交流能力，通过组织国内外交流项目、参加国际比赛和展览，让学生与世界领先的设计师和机构互动，开拓视野。

加强与行业企业合作，开展科研项目和技术创新，将学术研究成果与实际应用相结合，提升专业教育的实用性和科研水平。

以上特色可以帮助学生培养创造力、创新性和实践能力，并满足不断变化的行业需求。

4. 建设目标与思路

黄河科技学院服装与服饰设计专业的建设目标是培养具备扎实的专业知识和创新能力的服装设计人才，并提供学术、商业和社会需求的解决方案。以下是建设目标与思路。

(1) 基础知识与创意设计能力培养结合

通过建立全面的课程体系，注重学生的专业基础知识积累和技能培养。例如，开设服装艺术课程，探讨服装设计的美学原理和艺术表达方式，帮助学生理解和运用设计元素及原则。

积极培养学生的创造力和设计能力，提供多样化的设计课程和活动。例如，开设创意设计课程，并组织学生参加设计比赛和展览。举办的服装设计展示活动可作为一个示例，它不仅能为学生提供一个展示设计作品的平台，还能吸引行业专家进行点评和交流。

(2) 国际视野教学与产学研结合

与服装行业相关企业合作建立实践基地，为学生提供实习和实践机会。例如，与当地一家服装设计公司合作，通过让学生实操设计项目，使学生能够了解市场需求，并在实践中锻炼设计技巧和沟通能力。

引入国际先进的服装与服饰设计理念和技术，开设国际化课程，组织学生参加海外交流和实习。例如，与一所国外设计学院合作，开设跨文化设计课程，并组织学生赴国外进行交流学习，拓宽学生视野，增加设计中国际化元素。

(3) 创新研究与产业转化

鼓励师生进行创新研究，并促进科研成果向产业转化。例如，开展了研究服装智能材料的项目,并与当地服装企业合作开发新产品,实现了学术研究与产业需求的结合。

通过以上思路和措施,黄河科技学院服装与服饰设计专业能够实现一流的教学质量并具备推动行业发展的能力,培养具有创新精神和实践能力的服装设计人才,为服装行业的发展和社会的需求提供有力的支持。通过目标和思路的实施,黄河科技学院服装与服饰设计专业可以培养具有扎实专业知识和创新能力的人才,并为社会提供有价值的学术和商业解决方案。

5. 新文科教育改革背景下的专业发展方向

在新文科教育改革背景下,服装与服饰设计专业应根据社会需求和学生发展需求,注重培养学生的综合素质和实践能力。以下是一些具体的专业发展方向。

学科交叉融合,开设专业课程与其他相关学科的交叉融合课程。例如,结合文学与历史学科,开设文化史或文学与时代课程,使学生在学习文学作品的同时,了解历史和文化背景。

注重培养学生的研究方法和实践能力,开设相关课程,例如社会调查与统计分析、研究方法与写作等。此外,与社会组织合作,为学生提供实践机会,例如,参与社区服务、实习等。

鼓励学生进行跨学科的创新研究和实践项目。积极组织学生参与学科竞赛和创新创业项目,并提供支持和指导。例如,参考其他高校的学生科研项目,设立学生科研基金,鼓励学生进行自主研究。

与相关企业合作,开展实践基地建设和产学研合作项目。与社会组织或企业建立合作关系,为学生提供实习和工作机会。还可以借鉴其他高校的经验,例如与新闻媒体合作,为学生提供实习机会,提升实践能力。

基于上述思路,并借鉴其他高校的做法,黄河科技学院在新文科教育改革背景下能够制定出符合时代需求和学生发展的专业发展方向,培养出综合素质高、具有实践能力的优秀人才。

# 第 2 章

# 服装与服饰设计专业课程体系建设

## 2.1 人才需求分析

**1. 行业背景分析**

如今,中国不仅是世界上最大的服饰与奢侈品消费国,也是世界上服装生产额与销售额最大的国家。目前,中国的服装产业区主要以广东、江苏、浙江、山东、福建、上海等东南沿海地区为主。中国服装行业在经历了快速扩张后,现在正处于一个优化和升级的阶段,面临着许多新的机遇和挑战。

时尚与服饰设计行业是一个充满活力、不断演变的领域,深深扎根于全球文化和经济体系之中。了解该行业的背景对于构建服装与服饰设计专业课程体系至关重要。

时尚产业在全球范围内呈现出迅猛的增长趋势。消费者对于个性化、独特的服饰需求的日益增长,推动了时尚市场的不断扩张。全球各大城市逐渐成为时尚的中心,各类时装周和设计展览吸引着世界各地的关注。

科技的飞速发展为服装设计和制造领域带来了新的挑战和机遇。数字化设计工具、智能制造技术等成了时尚创意的助力,促生了设计师们在创作过程中的无限可能性。同时,可穿戴技术和智能纺织品的涌现也使得时尚与科技的融合更加密切。

随着环保意识的增强,可持续时尚成为行业的热点。从设计到生产,再到消费,企业和消费者对于产品的可持续性和环保性提出了更高要求。因此,时尚设计师需要在创作过程中考虑材料的环保性,制造商也需要寻求更环保的生产工艺。

时尚设计已经超越了单一的审美标准,越来越注重体现不同文化和个体的独特魅力。多元文化的融合不仅在设计作品中得到表达,还通过时尚活动和品牌传播,有力地推动了社会对文化多样性的认可。

时尚产业竞争激烈,这就要求从业者必须保持对市场变化的敏感度。持续创新是保持竞争优势的关键,无论是在设计理念上的创新,还是在生产工艺和营销策略上的不断突破,都对从业者提出了更高的要求,即要求他们必须具备不断学习和适应变化的能力。

综上所述,时尚与服饰设计行业的背景呈现出多元化、创新性和可持续性的特征。了解这一行业背景有助于设计专业课程体系,使学生能够更好地适应未来时尚产业的发展趋势和需求。

2. 就业市场需求下专业人才培养现状

目前,服装高校对服装专业人才培养的现状主要以满足就业市场需求为导向。项目化与项目式教学的广泛开展,服装行业企业高层次技术人才的加入,为教学带来了坚实的力量。根据对企业的走访与调研,服装企业对技能型人才和复合型人才的需求较大,高校和教育机构也据此确定了多个就业岗位,如服装制衣工、服装打板师、裁剪师、样衣制作师、跟单员、质检员、成本核算员、基层管理人员等,并致力于培养能从事现代服装设计、生产和经营的实用型、技能型人才。

然而,课程设置与市场、企业生产的脱节,造成高校对企业人才需求状况及用人标准定位不够精准,加上部分教师缺乏业界实践经验,对市场和行业动态了解不足,这可能对学生未来职业方向的引导产生不利影响。如何准确掌握和预见市场需求变化,找差距,补短板,深化产教融合,创新长效机制,以便及时调整人才培养方案,是服装教育工作者需要关注的问题。

3. 行业企业发展需求下的高校专业人才培养

我国的服装教育业也在飞速发展,各个高校的服装教育者们也在不断摸索前进,力求为企业培养出更适配的人才。但是,近年来服装设计领域的新变化层出不穷,企业对人才的需求也在不断提升并呈现多样化的趋势。从多个企业的用人信息来看,企业急需懂技术实践操作、实际动手能力强、能够认识把握市场流行信息、了解市场流行与发展动向,熟知各大服装品牌并能准确掌控顾客审美需求和服装品牌风格定位的高级专业人才。由此看来,企业真正需要的是能在服装品牌运作和产品实际操作中解决现实问题的、与时俱进的现代应用型人才,而不是只会纸上谈兵的毕业生。这一状况使得更多的服装高校教育者充分认识到:想要适应日益竞争激烈的服装行业新需求,就必须让学生在就读期间有良好的市场意识,课堂内外多接触国内外市场的流行资讯,并对他们掌握市场环节进行有效的引导,深化课堂教学内容,这包括对市场流行廓型的捕捉、市场上新的工艺手法的归类总结和分析、细节设计、服饰配件等方面的知识。市场环节和企业模拟实习环节在教学过程中无疑要加大比重,在 2003 年的服装业信息化高层论坛上,专家们也向服装教育界提出了服装教育要与市场相结合,培养市场所需人才的要求。

"本科学历与职业技能教育相结合"的人才培养目标是我校几年前早已提出的培养目标。在这一目标的指引下,我校在接下来几年的教学过程中不断深化教学体制改革,对专业人才的培养模式进行大胆创新,积极深入企业之中,全面详细了解企业的用人需求,并据此在课程设置等方面进行了有效的调整。包括对企业进行深度有效的考察分析,安排教师与学生进入企业深度实习等方式,进一步清晰了企业所求以及今后我们的教育方向。

在服装领域,一名合格的设计师、工艺师不是一年两年的实践就能培养出来的,学校的集中理论教学与毕业后有限的几种实践方式显然无法满足市场的需求。这样只会浪费学生和企业的更多时间。所以,实习实践是服装教学中的最关键环节,我们必须要加大对企业的教学实践环节的重视,特别是实习环节。实习是一项实践性很强的工作,通常在大三阶段进行,实习环节展开的是否成功不仅会影响到毕业生的实践能力等综合素质能否提高,甚至对今后的就业与专业前途都有很大影响。

当前,服装企业之间的竞争日益激烈,且正处在一个转型期,各企业在严峻的市场竞争中急需懂技术、实际操作能力强、能准确把握流行信息、了解市场动态,并能有效进行品牌定位开发的高级专业人才。企业要求的人才不仅仅要懂理论,更要懂企划,具备擅长对市场流行信息进行搜集与分析、面辅料选定、产品开发,甚至广告宣传、店面陈设(国内专门的服装陈列师很少,很多企业都是由服装设计师兼职完成)等技能。

随着服装行业的迅猛发展,服装企业对高校人才培养的要求日益精细化和专业化。与此同时,各类中高职、大专本科院校以及社会短期培训的服装人才激增,但办学层次参差不齐,导致毕业生的起点和能力差异较大。相反,企业对人才的需求却越来越精细,对服装专业人才提出了更细、更精、更专业化的要求。

## 2.2　岗位任务分析

通过从 BOSS 直聘招聘官网、服装纺织专业平台穿针引线服装人才招聘专区、服装人才网(专注服装行业招聘求职)、服装招聘网等,进行岗位信息调研整理,得到服装与服饰设计专业的职位群,如表 2-1 所示。

表 2-1　服装与服饰设计专业的职位群

| 一级菜单 | 二级菜单 | 三级菜单 | 四级大类 | 五级大类 | 最后呈现出来的职位名称 |
|---|---|---|---|---|---|
| 服装与服饰设计 | 纺织服装、服饰业 | 服装设计开发类 | 服装设计师 | 女装设计师 | 女装设计师 |
| | | | | 男装设计师 | 男装设计师 |
| | | | | 童装设计师 | 童装设计师 |
| | | | | 婚纱礼服设计师 | 婚纱礼服设计师 |
| | | | | 职业装设计师 | 职业装设计师 |
| | | | | 舞台装设计师 | 舞台装设计师 |
| | | | | 裤类设计师 | 裤类设计师 |
| | | | | 家居服装设计师 | 家居服装设计师 |
| | | | 服装设计企划 | 服装陈列师 | 服装陈列师 |
| | | | | 服装买手管培生 | 服装买手管培生 |
| | | | | 服装买手 | 服装买手 |

续表

| 一级菜单 | 二级菜单 | 三级菜单 | 四级大类 | 五级大类 | 最后呈现出来的职位名称 |
|---|---|---|---|---|---|
| 服装与服饰设计 | 纺织服装、服饰业 | 服装生产技术类 | 服装制版师 | 服装制版师 | 服装制版师 |
| | | | | 服装制版助理 | 服装制版助理 |
| | | | 服装工艺师 | 服装工艺师 | 服装工艺师 |
| | | | | 服装跟单专员 | 服装跟单专员 |
| | | | 服装量体师 | | 服装量体师 |
| | | 服装市场营销类 | 服装商品营销 | 服装销售专员 | 服装销售专员 |
| | | | | 商品专员 | 服装商品专员 |
| | | | | 市场拓展专员 | 服装市场拓展专员 |
| | | | 服装市场传播 | 时尚编辑 | 时尚编辑 |
| | | | | 服装新媒体运营师 | 服装品牌新媒体运营师 |
| | | 服装配套设计类 | 图案设计师 | 刺绣图案设计师 | 刺绣图案设计师 |
| | | | | 印染图案设计师 | 印染图案设计师 |
| | | | 服饰品设计师 | | 服饰品设计师 |
| | | | 服装造型师 | | 服装造型师 |
| | | 服装电子商务类 | 服装运营助理 | | 服装运营助理 |
| | | | 服装店铺美工 | | 服装店铺美工 |
| | 教育 | 中小学、职业中等教育 | 中小学美术教师 | | 中小学美术教师 |
| | | | 服装专业教师 | | 服装专业教师 |
| | | 培训班 | 服装设计教师 | | 服装设计教师 |
| | | | 课程顾问 | | 课程顾问 |

## 2.3　专业人才培养需求

服装与时尚设计专业的课程体系应当充分考虑行业的就业理论需求,以培养适应市场的专业人才。以下是在服装企业就业需求下的人才培养方面的详细阐述。

1. 设计师与创意团队

服装企业迫切需要富有创意思维和设计敏感度的人才。设计师作为时尚产业的灵魂,需要不断推陈出新,为品牌注入新的活力。

人才培养方向:强调设计基础课程,包括艺术史、设计理论和创意思维;提供多样化的创作机会,如时装秀、设计竞赛等;教授最新的时尚趋势分析方法,培养对市场的敏感度。

2. 生产与制造专家

企业需要专业的生产与制造人才,以确保产品在设计理念得以体现的同时,也具备高质量和高效率的生产能力。

人才培养方向:提供纺织材料与技术的基础课程,使学生熟悉各种面料的特性和应用;强调服装制图和样衣制作的技能培养;教授生产流程优化和质量管理的相关知识,提高学生的生产实践能力。

3. 营销与品牌管理

在激烈的市场竞争中,企业需要懂得营销和品牌管理的专业人才,以便于在市场中树立并维护品牌形象。

人才培养方向:提供时尚产业概论,培养学生对市场趋势的洞察力;教授数字营销和社交媒体管理知识,适应数字化时代的品牌传播需求;强化品牌建设与管理课程,让学生能够成功打造与维护品牌形象。

4. 实习与产业合作

企业更加重视具有实习经验和产业合作背景的应届毕业生,因为他们更容易进入职业状态中。

人才培养方向:设计实习计划,使学生能够在真实工作环境中应用所学知识;与服装企业建立合作关系,为学生提供实际项目参与机会;强调团队合作和沟通技能,使学生更好地适应职业环境。

通过充分满足服装企业的就业理论需求,专业课程体系能够培养出更具竞争力的毕业生,为他们在激烈的时尚行业中立足提供坚实基础。

随着时尚产业的不断发展和变革,服装企业对从教育体系中培养出的专业人才提出了更为复杂和多元的需求。服装教育需要紧密关注产业发展的趋势,以满足企业的需求并培养具备全面素养的人才,具体能力与素质表现为以下五个方面。

(1) 产业对接与实践能力

产业发展需求:服装企业期望从教育中培养出与实际产业需求高度对接的专业人才,能够迅速适应职场环境。

人才培养方向:设计专业实习计划,将学生置身实际工作环境中,增加其实践经验;与服装企业建立紧密联系,确保课程内容与实际需求相符;强化学生的团队协作与沟通技能,培养适应团队工作的能力。

(2) 可持续发展与环保意识

产业发展需求:随着社会对可持续发展的关注日益增加,服装企业需要具备环保意识和可持续发展理念的专业人才。

人才培养方向:强调可持续时尚设计课程,培养学生关注环保和承担社会责任的意识;教授环保材料的选择与应用,培养学生在设计中考虑可持续性的能力;开设可持续时尚业务课程,使学生理解可持续发展的商业模式。

(3) 跨学科能力与多元文化素养

产业发展需求:服装产业对于具备跨学科背景和多元文化素养的人才有着日益增

长的需求,以适应全球化的市场环境。

人才培养方向:开设跨学科合作课程,鼓励学生参与不同领域的项目;强调多元文化设计,培养学生在全球市场中理解和尊重不同文化的能力;提供国际时尚研究课程,使学生了解全球时尚产业的发展趋势。

(4)创新与科技应用

产业发展需求:科技的不断进步对服装产业提出了新的挑战和机遇,企业需要具备创新和科技应用能力的专业人才。

人才培养方向:整合时尚插图与 CAD 课程,培养学生熟练使用数字化设计工具;强调智能纺织品和可穿戴技术的应用,培养学生在科技前沿的创新思维;提供面向未来技术的研究与实验机会,使学生能够在技术创新中取得突破。

(5)行业研讨与职业发展

产业发展需求:企业迫切希望招聘具备行业洞察力和持续学习能力的专业人才,以保持其在市场中的竞争优势。

人才培养方向:定期举办行业研讨会,邀请业界专业人士分享最新发展和趋势;强化学生的职业规划与发展课程,帮助其了解行业的多样职业路径;提供实用的职业技能培训,如求职技巧、面试技能等。

通过满足服装企业发展需求下的这些培养方向,服装与服饰设计专业教育将更好地服务于产业,培养出具备全面素养、适应性强的人才,助力行业的可持续发展。

# 2.4　就业岗位职责

服装设计是一门交叉性很强的专业,涉及的学科包括设计学、人体工程学、销售心理学、设计美学、社会学、史学、环境生态学、社会行为学等。该专业通过艺术设计的实践方式进行创意设计和元素整合,是一门实用艺术。服装设计专业致力于培养德智体美全面发展,具备良好的思想素质、职业道德、创新与创业精神、沟通协调能力和管理能力,具有扎实的专业基础知识和基本技能,适应社会发展,追求艺术与技术并重,掌握服装设计、服装版型设计及服装工艺、计算机服装设计等相关专业知识,能胜任服装设计师及其助理、服装版型师及其助理、服装设计、生产管理、服装订单承接等岗位工作的高素质技能型人才。

本专业毕业生主要面向服装企事业单位,从事服装设计、服装结构设计、服装工艺设计(工艺技术指导、生产组织、生产管理、产品营销等)、计算机辅助设计(专业设计软件、服装 CAD 等)、产品营销等专业技术工作。

通过对 2022 届、2023 届毕业生的就业岗位抽样调查,以及对服装设计专业未来就业岗位职责的对比分析,可以了解到,服装设计专业人才培养方案符合社会和行业发展需求,学生就业渠道广,毕业生能较快地适应职业岗位的要求,满足职业发展需要。

通过调查情况来看,社会和行业还是急需大量的专业设计人员。这就要求毕业生具备扎实的基本设计能力;能熟练操作办公软件,满足日常工作和业务需要;熟悉企业发展实际情况和业务需求,有较为敏锐的行业、市场洞察力和社会交往能力;更要求毕业生有扎实的专业基础,较强的设计表现和语言沟通能力,以满足企业发展的实际需要。

基于此,在课程设置、课堂教学组织中,要围绕实际岗位需求开展教学活动,注重教学内容、教学方式改革,加强学生的实践动手能力,进一步深化校企合作,培养和提高学生适应社会和行业发展的知识、素质和能力。

**毕业学生就业岗位抽样调查数据分析**

通过对服装设计专业 2022 届、2023 届毕业生随机抽样调查数据分析,可以了解到:

(1)从事设计师岗位的毕业生人数占总数的 26%,其中主要包括平面设计师、设计师助理、设计师等职业。

(2)从事业务岗位的毕业生人数占总数的 26%,主要在专业设计、服务相关行业从事业务工作。

(3)从事教师职业的毕业生人数占总数的 6%,主要在职业院校、小学、培训机构从事教学工作。

(4)从事其他工作的毕业生人数占总数的 42%,主要集中在创业和财务等领域。

从毕业生就业岗位抽样情况来看,大部分学生主要在本专业对应的行业和企业中就业,他们主要从事与专业设计和设计服务相关领域的工作,如表 2-2 所示。

表 2-2　服装与服饰设计专业就业岗位抽样调查

| 届　别 | 抽样人数 | 设计师 | | 业务人员 | | 教　师 | | 其　他 | |
|---|---|---|---|---|---|---|---|---|---|
| | | 人数 | 百分比/% | 人数 | 百分比/% | 人数 | 百分比/% | 人数 | 百分比/% |
| 2022 | 27 | 6 | 22.2 | 9 | 33.3 | 0 | 0.0 | 12 | 44.4 |
| 2023 | 38 | 11 | 29.0 | 8 | 21.0 | 4 | 11.0 | 15 | 39.0 |
| 合　计 | 65 | 17 | 26.0 | 17 | 26.0 | 4 | 6.0 | 27 | 42.0 |

通过调研深圳 IPAD 服饰有限公司、杭州红袖服饰有限公司、杭州米祖服饰有限公司等一线企业,并对毕业生实际情况进行进一步跟踪调查,我们了解到毕业生就业岗位主要职责如下。

1. 设计总监

(1)根据公司发展战略,拟定公司中远期研发计划,把握研发方向,确定公司产品框架及开发实施计划。

（2）控制产品开发进度，调整计划；熟悉市场，清楚自己的品牌每一季的销售业绩，并充分了解该品牌竞争对手以及它们的销售状况；了解消费者心理，熟悉他们的人群类别和行为习惯。

（3）熟悉针织、梭织面料的各种生产工艺、风格、价位；对新面料的开发有一定的认识，能准确把握面料的流行趋向。

（4）有丰富的服装工艺知识，熟悉服装设计工艺流程；精通服装面、辅料的特性及各种制作工艺；能把握整个品牌、整盘货品的风格、定位；每一季都有和流行合拍的新设计出现，但整体风格稳定；针对公司具体项目实施控制项目需求变更，保证项目实施的顺利进行。

（5）有良好的领导能力和沟通能力以及团队协作能力，能在公司内部与生产部和销售部建立有效的沟通渠道，准确向生产和一线销售人员传达自己的设计理念，指导并监督研发部门执行公司研发战略和年度研发计划。

（6）负责研发中心各部门的日常管理工作和部门建设，制订并监督部门工作计划的执行。

（7）组建优秀的产品研发团队，审核及培训、考核有关技术人员。

2．服装设计师

（1）结合目标市场，融合最新流行趋势、新技术、新元素等资讯，进行服装设计、修改及定制工作。

（2）对服装市场有敏锐性和独到见解，了解大众消费需求。

（3）有独立完善的开发能力，包括设计图绘制、与版师沟通确认版型及工艺、面料筛选及采购、与样衣师沟通确认样衣、参与大货生产的质量监督等。

（4）负责与各部门紧密协作，依据市场需求及实际生产需要向工艺师、版师、面辅料采购人员提供设计意见。

（5）负责指导版房人员做好新产品打样工作和生产工艺流程设计，协调解决制作过程中出现的设计问题。

（6）负责参与样板的审核工作，并跟进打版及修板的进度。

（7）工作认真、仔细、主动并富有激情，有责任心，愿与公司共同发展。

3．设计师助理

（1）配合设计师准备所有的相关设计资料与样板辅料。

（2）配合设计师完成设计制作图及深化工作。

（3）配合设计师完成设计材料筛选工作。

（4）根据市场销售情况，设计、组合流行元素并开发延伸新款。

4．服装数字化设计师

（1）具备扎实的服装设计、款式设计、服装结构设计与工艺制作基础知识。

（2）根据客户纸样在 VStitcher 软件上进行服装建模、试穿，操作 3D 服装软件对样版、裁片进行修改。

（3）根据设计师图稿绘制纸样版型，在 3D 软件中进行效果模型模拟，提高商品转化率。

（4）根据客户的需求进行服装 3D 建模。

（5）根据实物样衣及纸样在 3D 软件中进行效果模型模拟导出，把控服装数字化设计风格，完成线上商城服装商品的虚拟展示。

5．企划部设计师

（1）具有较强的责任心、团队合作精神，以及出色的创意思想和设计执行能力。

（2）精通 Photoshop、Adobe Illustrator、CorelDRAW 等平面设计、排版软件，熟练制作效果图。

（3）能独立完成各类平面广告设计、制作 PPT 等。

（4）能充分与客户沟通、交流，创造性完成客户需求。

6．服装陈列师

（1）负责公司品牌形象宣传及销售终端店铺的服装、配饰等的陈列、展示工作。

（2）负责制订店铺陈列计划方案并组织实施，跟进各直营店、加盟店的陈列标准执行情况。

（3）编制陈列指导手册及陈列案例汇总手册，并对终端店员进行陈列指导与培训。

（4）跟踪陈列效果，及时进行调整。

（5）熟练使用 Word、Excel、PPT、Photoshop 等办公软件。

7．服装工艺师

（1）对面料、辅料有认知，能独立完成整套生产纸版制作并对工厂生产进行工艺指导。

（2）懂得立体裁剪，能熟悉运用计算机或手工打版，熟悉服装的纸样设计、工艺及制作流程。

（3）有较强的沟通和理解能力。

8．服装制版师

（1）熟悉服装面辅料基本知识，能根据面料性能编写工艺要求，有制版、推版经验。

（2）熟练运用计算机完成工艺技术资料的编制，能熟练制作工艺单。

（3）严格控制把关最终大货工艺尺寸的质量标准。

（4）与设计师和生产线充分沟通协调，保证各环节按工艺要求展开工作。

（5）工作勤奋、效率高、有条理，且具备较强的沟通能力。

9. 服装制版师助理

（1）协助制版师日常工作，协助制版师完成制版工作，参与版型调整与沟通。

（2）完成样版存档、建档工作。

（3）熟悉计算机操作，掌握 CAD 放码，会使用 ET 等软件，能基本完成服装打版、纸样制作等完整的打版程序。

（4）负责大货生产前的放码、净样、修样及工艺单的制作。

（5）对工作认真负责，具备扎实的专业基础、较强的沟通能力和团队精神。

10. 服装市场营销助理

（1）协助制定和执行市场推广策略。

（2）管理品牌社交媒体账号，与消费者互动。

（3）参与市场调研，分析消费者行为。

发展路径：可晋升为市场营销经理，负责制定整个市场营销团队的战略方向，或选择专攻数字营销领域。

11. 时尚买手

（1）配合买手经理与总部针对货品和未来产品开发的沟通，指导团队进行货品采购工作，保证团队专业合理的订货。

（2）协助买手经理承接总部的各项货品工作指示，传达和协调各品牌买手货品工作，定期反馈总部货品报告和市场情况。

（3）为各品牌运营团队提供专业货品培训，提高其专业素质，帮助其在营销过程中灵活运用货品知识。

（4）定期进行全国店铺寻访和实地培训，向部门买手经理反馈各品牌店铺货品及运营情况。

（5）执行公司各部门包括营运、陈列、市场之间的货品配合工作，提供运营部货品销售激励计划，为 Event 及 PR 部门提供专业的货品 Look 推荐。

（6）管理产品生命周期。

12. 学校及培训机构教师

（1）从事专业相关培训机构的教学工作。

（2）从事小、初、高学校美术课教育教学工作。

（3）负责专科及职业技术类院校服装设计、制版、工艺制作教学。

## 2.5　服装与服饰设计专业岗位职业能力需求具体分析

1. 初始岗位群

（1）时尚设计助理

创意与设计能力：时尚设计助理需要具备优秀的设计眼光和创意思维，能够理解并贯彻主设计师的设计理念。

市场敏感度:具备对时尚趋势和市场需求的敏感度,能够确保设计作品与市场保持同步。

团队协作:在设计团队中,协作是关键环节,时尚设计助理需要善于沟通,与团队成员紧密合作完成设计任务。

(2)产品开发助理

生产流程管理:产品开发助理需要了解生产流程,确保产品按时交付,同时注重产品的质量控制。

供应链沟通:具备良好的沟通技巧,与供应商和工厂建立有效的沟通协作渠道,确保产品质量并准时交货。

团队协作:协助设计团队将创意转化为实际产品,需要与设计、销售等多个团队紧密协作。

(3)市场营销助理

市场研究:市场营销助理需要具备市场研究的能力,了解消费者需求和竞争对手的动态,为制定市场策略提供数据支持。

社交媒体管理:管理品牌社交媒体账号,需要熟练运用社交媒体工具,与消费者互动并传递品牌价值。

沟通与协调:与设计团队、销售团队等协调沟通,确保市场策略的顺利执行。

2. 发展岗位群

(1)时尚设计总监

领导与管理:时尚设计总监需要卓越的领导和管理能力,能够带领设计团队创造独特的时尚设计,并推动整个团队的协同工作。

创新与前瞻性:时尚设计总监需要保持对时尚趋势和设计创新的敏感性,引领公司走在设计领域的前沿。

客户沟通:与重要客户的沟通能力是时尚设计总监成功的关键,其需要理解客户需求并提供创意解决方案。

(2)产品开发经理

团队领导:产品开发经理需要具备团队领导能力,管理整个产品开发团队,确保高效协作。

策略规划:制定整个产品开发团队的战略规划,包括产品线的拓展、新技术的应用等。

供应链管理:管理与供应链和制造团队的合作,确保产品质量和成本控制。

(3)品牌营销经理

品牌策略制定:品牌营销经理需要制定品牌推广策略,确保品牌形象在市场中的一致性。

团队管理:市场总监需要领导市场营销团队,制订整体市场推广计划,确保团队高效运作。

市场预算与分析:管理市场营销的预算,进行市场分析,为品牌策略提供数据支持。

时尚与服饰设计专业的职业发展路径涵盖了设计、生产、市场等多个领域,每个岗位都需要不同的专业技能和领导力。在初始岗位群,专业人才需具备基础的创意、团队协作和沟通能力;而在发展岗位群,领导力、战略规划和团队管理成为关键。综合这些职业能力,可以为个体的职业发展提供坚实基础,同时也有助于公司在激烈的市场竞争中取得优势。

3. 岗位能力细分

(1) 服装设计开发类岗位

通过前期调研和进一步分析,服装设计开发类岗位就业者应具备以下知识和能力,如图 2-1 所示。

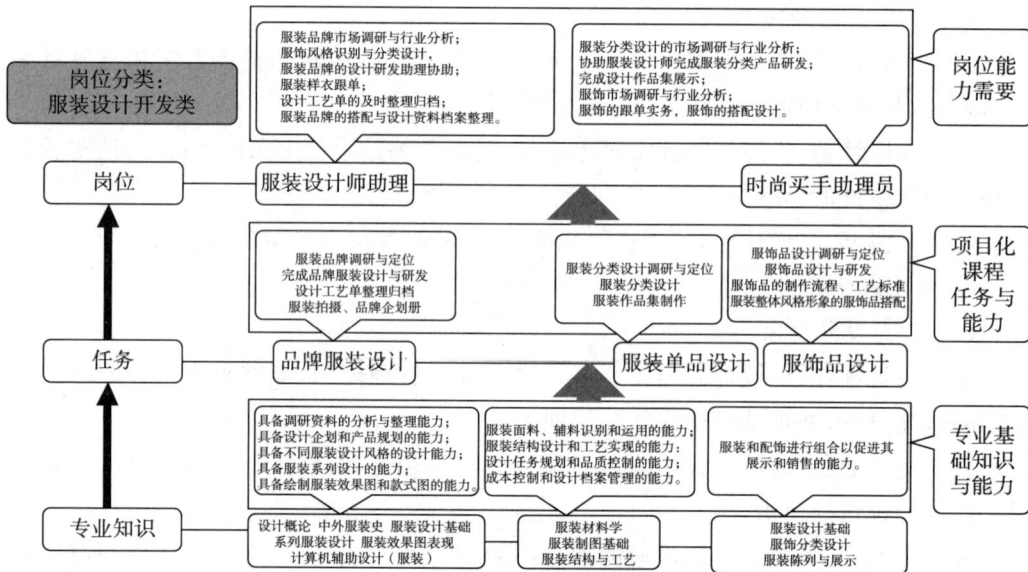

图 2-1　服装设计开发类岗位知识和能力

(2) 服装生产技术类岗位

通过前期调研和进一步分析,服装生产技术类岗位就业者应具备以下知识和能力,如图 2-2 所示。

(3) 服装展示与市场营销类岗位

通过前期调研和进一步分析,服装展示与市场营销类岗位就业者应具备以下知识和能力,如图 2-3 所示。

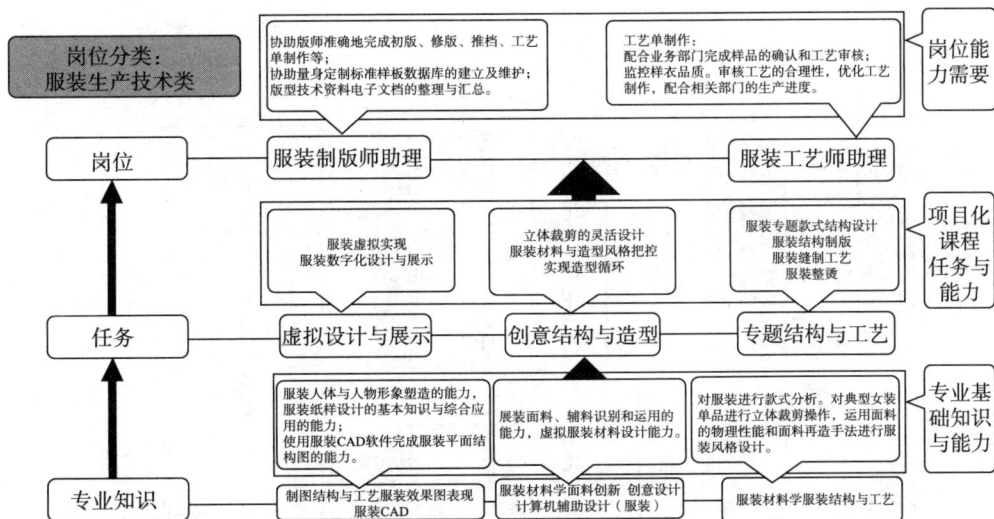

**岗位分类：服装生产技术类**

岗位能力需要：
- 协助版师准确地完成初版、修版、推档、工艺单制作等；协助量身定制标准样板数据库的建立及维护；版型技术资料电子文档的整理与汇总。
- 工艺单制作；配合业务部门完成样品的确认和工艺审核；监控样衣品质。审核工艺的合理性，优化工艺制作，配合相关部门的生产进度。

岗位：服装制版师助理　服装工艺师助理

项目化课程任务与能力：
- 服装虚拟实现 服装数字化设计与展示
- 立体裁剪的灵活设计 服装材料与造型风格把控 实现造型循环
- 服装专题款式结构设计 服装结构制版 服装缝制工艺 服装整烫

任务：虚拟设计与展示　创意结构与造型　专题结构与工艺

专业基础知识与能力：
- 服装人体与人物形象塑造的能力，服装纸样设计的基本知识与综合应用的能力；使用服装CAD软件完成服装平面结构图的能力。
- 展装面料、辅料识别和运用的能力，虚拟服装材料设计能力。
- 对服装进行款式分析。对典型女装单品进行立体裁剪操作，运用面料的物理性能和面料再造手法进行服装风格设计。

专业知识：
- 制图结构与工艺服装效果图表现 服装CAD
- 服装材料学面料创新 创意设计 计算机辅助设计（服装）
- 服装材料学服装结构与工艺

图 2-2　服装生产技术类岗位知识和能力

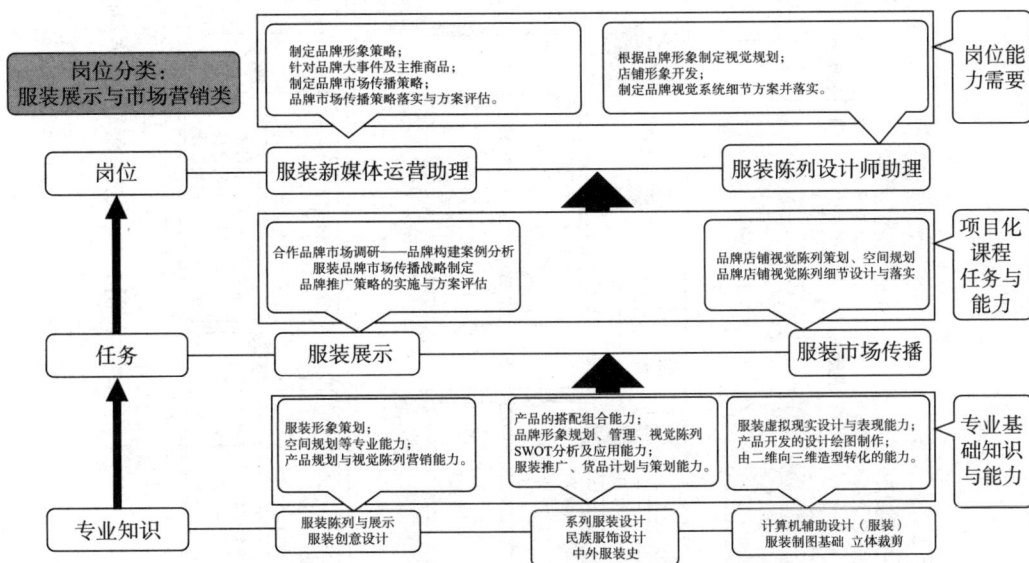

**岗位分类：服装展示与市场营销类**

岗位能力需要：
- 制定品牌形象策略；针对品牌大事件及主推商品；制定品牌市场传播策略；品牌市场传播策略落实与方案评估。
- 根据品牌形象制定视觉规划；店铺形象开发；制定品牌视觉系统细节方案并落实。

岗位：服装新媒体运营助理　服装陈列设计师助理

项目化课程任务与能力：
- 合作品牌市场调研——品牌构建案例分析 服装品牌市场传播战略制定 品牌推广策略的实施与方案评估
- 品牌店铺视觉陈列策划、空间规划 品牌店铺视觉陈列细节设计与落实

任务：服装展示　服装市场传播

专业基础知识与能力：
- 服装形象策划；空间规划等专业能力；产品规划与视觉陈列营销能力。
- 产品的搭配组合能力；品牌形象规划、管理、视觉陈列 SWOT分析及应用能力；服装推广、货品计划与策划能力。
- 服装虚拟现实设计与表现能力；产品开发的设计绘图制作；由二维向三维造型转化的能力。

专业知识：
- 服装陈列与展示 服装创意设计
- 系列服装设计 民族服装设计 中外服装史
- 计算机辅助设计（服装）服装制图基础 立体裁剪

图 2-3　服装展示与市场营销类岗位知识和能力

## 2.6　服装与服饰设计专业课程体系

服装与服饰设计专业课程体系如图 2-4 所示。

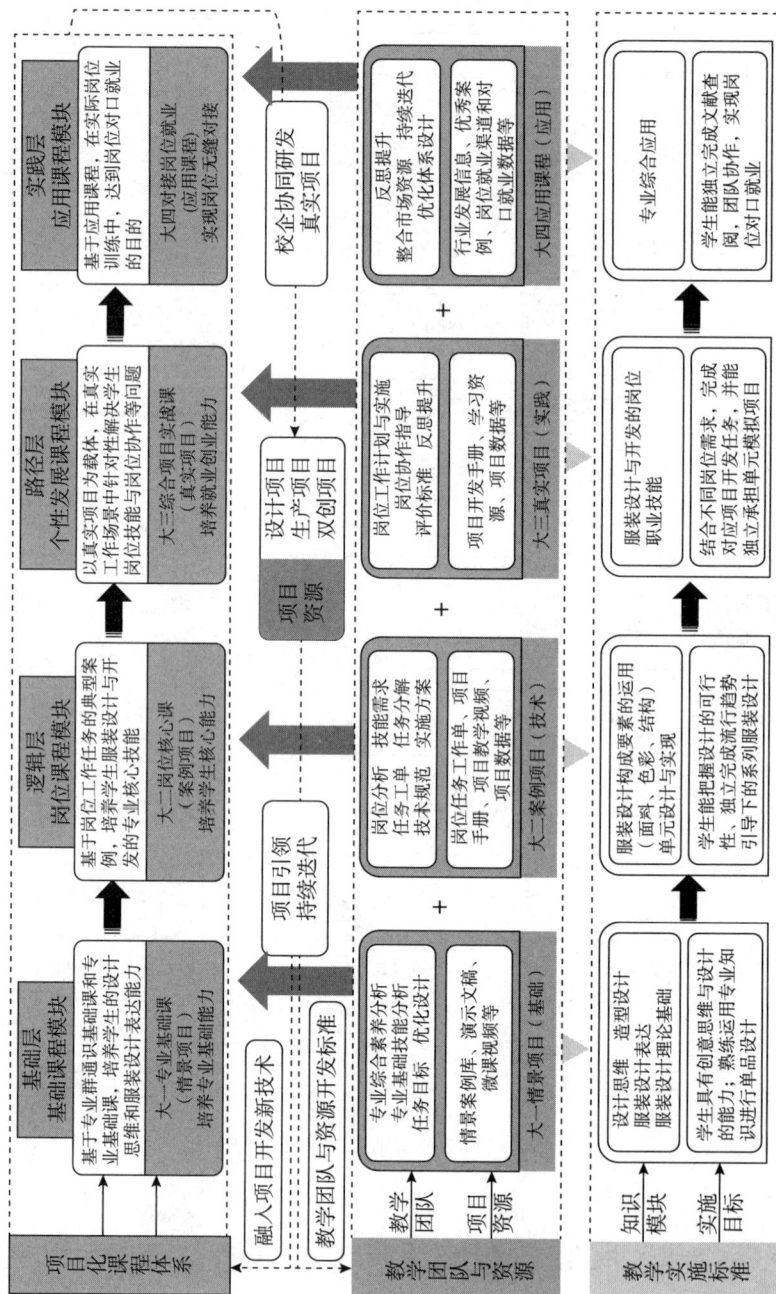

图 2-4 服装与服饰设计专业课程体系

# 第 3 章

# 服装与服饰设计专业课程知识建模

## 3.1 项目化教学课程知识建模

### 3.1.1 项目化教学课程建模实践过程中的问题设计原则

在项目化教学课程建模的实践过程中,问题设计起着至关重要的作用。问题设计需要遵循一定的原则,以满足不同学生的能力发展需求,突出问题涉及的梯度与递进性,并注重最近发展区理论的应用。

每个学生都有自己的学习风格和能力水平,因此,问题设计应该充分考虑学生的个体差异和能力特点,例如学生的学习基础、学习能力、学习风格等。这样可以根据学生的个体差异和能力特点,提供个性化的学习体验和挑战,促进学生的个性化发展。为了实现这一原则,可以采取以下措施。

1. 明确课程目标和学习内容

在问题设计之前,应该明确课程目标和学习内容,确定学生需要掌握的知识点和技能点,这样可以根据课程目标和学习内容,设计具有层次性和连贯性的问题。在这些问题的设计中,对于能力较强的学生,可以设计一些更加复杂和具有挑战性的问题,以促进其深入思考和拓展知识面;而对于能力较弱的学生,则可以设计一些简单明了的问题,以帮助他们掌握基本的概念和技能。这样便于学生根据自己的能力选择适合自己的问题加以解决,从而获得更好的学习体验,实现学习目标。

2. 创设互动的学习环境

教师应该积极创设互动的学习环境,鼓励学生之间的交流和互动。可以通过小组讨论、角色扮演、案例分析、翻转课堂等方式设计具有讨论价值的问题,这样的问题可以具有一定的争议性或开放性,让学生能够从不同的角度进行认真思考、相互交流、分享经验和知识,形成良好的学习氛围。同时,教师也应该给予学生充分的自由和空间,对于同一个问题,可以鼓励学生提出多种解决方案,让他们能够自由地发挥自己的想象力和创造力。这样不仅可以培养学生的创新思维,还可以帮助他们了解不同方案的优缺点,从而更好地解决问题。

3. 建立知识之间的联系

在问题设计中,应该注重建立知识之间的联系,通过设计递进式的问题序列,由简单到复杂、由浅入深地设计,从而形成一个完整的学习序列,并构建一个完整的知识体系。同时,教师可以根据学生不同的学习风格,提供多样化的学习资源和学习方式,鼓励学生之间的协作,共同解决问题。通过小组合作、团队项目等方式,让学生能够相互合作、相互帮助,共同完成任务。

4. 突出问题涉及的梯度与递进性

问题设计应该具有一定的梯度和递进性,从简单到复杂、由浅入深地引导学生学习。通过逐步深入的问题设计,引导学生发现问题、分析问题、提出解决方案,并在解决问题的过程中不断拓展自己的认知和理解,从而培养他们的创新思维和解决问题的能力,提高学习效果。为了实现这一原则,可以采取以下措施。

设计一系列相关的问题:通过设计一系列相关的问题,引导学生逐步掌握和应用相关的知识和技能。这些问题的层次性和连贯性是至关重要的。层次性是指问题设计应该根据学生的认知水平和能力发展需求,由浅入深、由易到难地设计问题。连贯性则是指问题设计应该形成一个完整的知识体系。为了满足不同学生的需求,可以提供多种类型和风格的问题,例如选择题、填空题、判断题、简答题、论述题等。

逐步深入地设计问题:问题设计也应该具有一定的挑战性,应该选择具有探究价值的问题,这些问题能够引导学生进行深入思考和探索,培养他们的探究精神和解决问题的能力。同时,问题应该具有一定的开放性和多元性,能够引导学生从不同的角度思考问题,提出不同的解决方案。因为开放性问题没有固定的答案,所以可以引导学生从不同的角度思考问题,激发他们的创新思维。也可以通过提供实践机会,让学生将所学知识应用到实际情境中,从而更好地理解和掌握知识。同时,应该鼓励挑战和创新,让学生面对具有一定难度和挑战性的问题,提高他们的综合素质和能力水平。

5. 注重最近发展区理论的应用

最近发展区理论认为,学习的有效性与学生当前的发展水平密切相关。因此,应该根据学生的实际情况和发展水平设计问题,合理设置学习任务,使学生能够在适当的挑战下进行学习,不断提升自己的能力。在项目化教学课程实践中,问题设计的真实性与情境性尤为重要。真实性意味着问题应该基于真实的工作场景或实际应用,这样能够更好地激发学生的学习兴趣和动力。情境性则是指问题应该具有具体的背景或情境,从而帮助学生更好地理解和应用所学知识。为了实现这一原则,可以采取以下措施。

了解学生的实际情况和发展水平:在问题设计中,一方面应该通过与学生交流、观察学生的学习表现等来充分了解学生的实际情况和发展水平。另一方面应该充分了解行业需求和实际应用场景,包括行业发展趋势、实际工作流程、岗位技能要求等。这样可以根据行业需求和实际应用场景,设计具有实际应用价值和意义的问题,并合理设置学习任务和问题难度。

设置适当的学习任务和挑战:在问题设计中,应该根据学生的实际情况和发展水平设置适当的学习任务和挑战。这可以通过创设实际情境来实现,实际情境可以是真实的案例、项目或任务,也可以是模拟的场景或实验。这些任务和挑战应该具有一定的难度,但又不至于过于复杂或超出学生的理解能力范围。同时,这些任务和挑战也应该具有一定的趣味性和吸引力,以激发学生的学习兴趣和动力。通过实际情境的创设,可以帮助学生更好地掌握知识和技能,提高学习效果。

提供及时的反馈和指导:在问题设计时,应该强调问题的价值和意义,让学生认识到问题的解决对他们未来的职业发展和社会进步具有积极的影响。这样不仅可以激发学生的学习兴趣和动力,还可以培养他们的社会责任感和使命感。在问题解决的过程中,教师应该及时给予学生反馈和指导。为了帮助学生更好地进行探究,应该提供充分的探究资源和支持,包括实验设备、资料库、网络资源等。当学生遇到困难或理解不了的问题时,教师应该提供必要的指导和帮助,引导学生正确地进行探究活动,鼓励学生积极思考和探索解决问题的方法与途径,提高探究效果。同时,教师也应该鼓励学生之间的互评和互助,让他们能够相互学习和进步。

### 3.1.2　创意立裁课程知识建模

1. 创意立裁课程简介

创意立裁是服装设计专业的一门专业核心课,该课程从学校培养具有高素质应用型人才出发,践行课程知识传授与价值观教育的双重功能,旨在让学生在掌握立裁的基本手法以及每一种手法的程序和动作要领的前提下,通过"动手即设计"的理念引导,激发学生的创新思维,使他们在结构设计中发挥创意,快速进入技术与创意相融合的状态,提升创意思维能力和实践操作能力,从而构建以服装创意结构设计为主导,与创意思维、面料创新设计、服装工艺知识相匹配的"一专多元"式课程体系。此课程体系不仅为服装与服饰设计专业的其他专业课程提供了工艺基础与技能支持,同时也是服装设计开发、生产技术等相关工艺必备的一门支撑性课程。

2. 创意立裁课程知识建模图

创意立裁课程的知识建模图如图 3-1～图 3-3 所示。

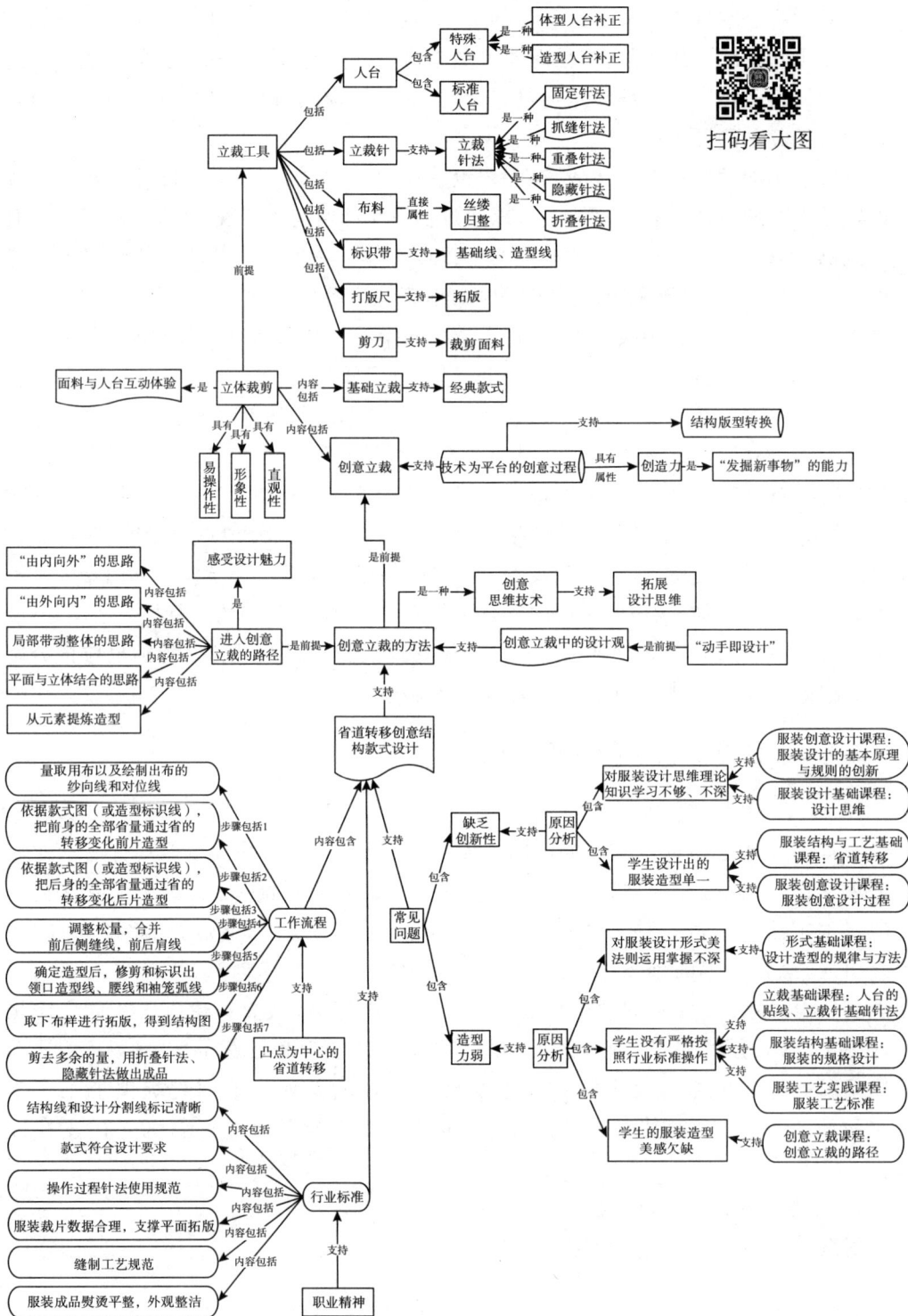

图 3-1  创意立裁课程的知识建模

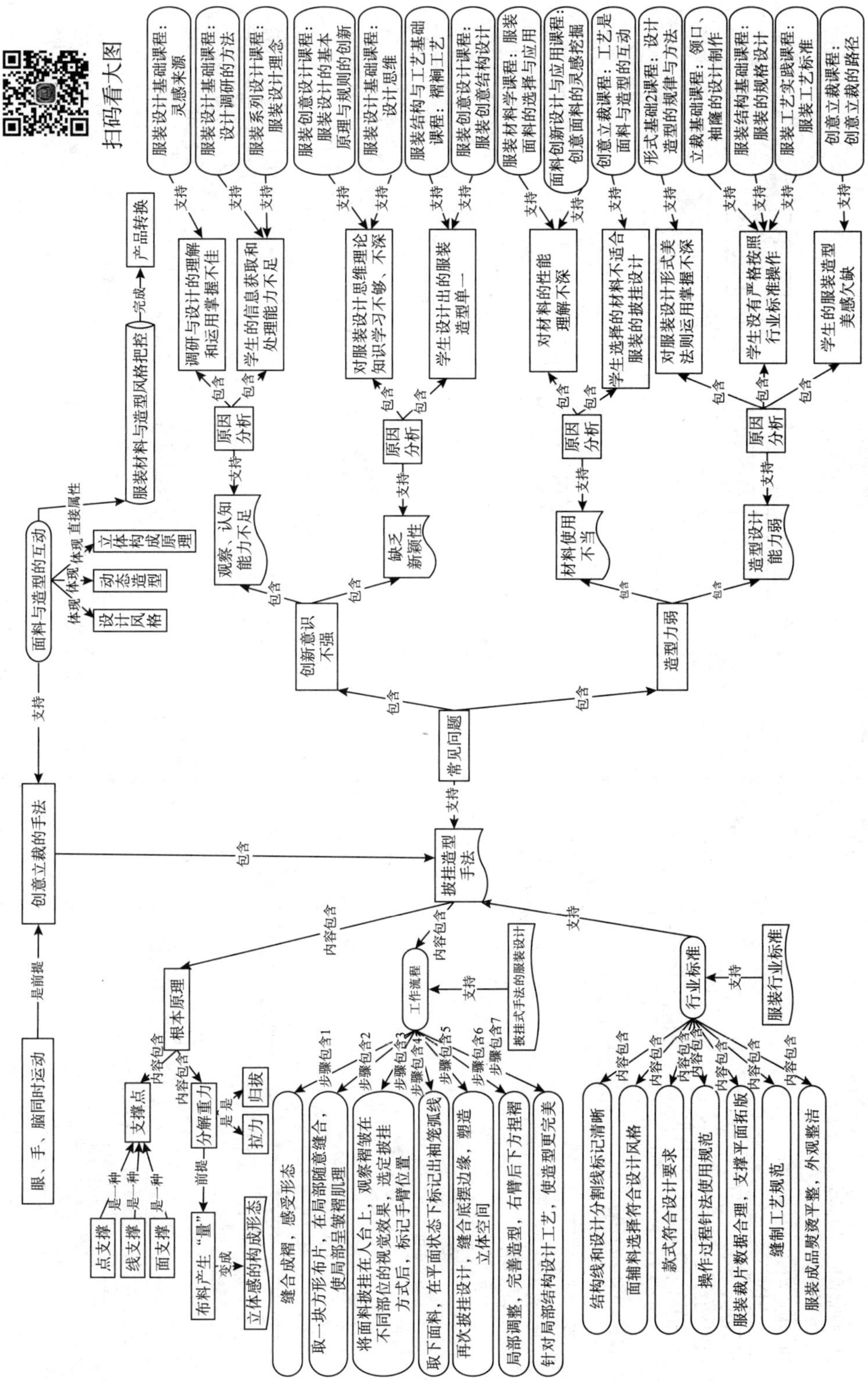

图 3-2 创意立裁的手法知识建模（1）

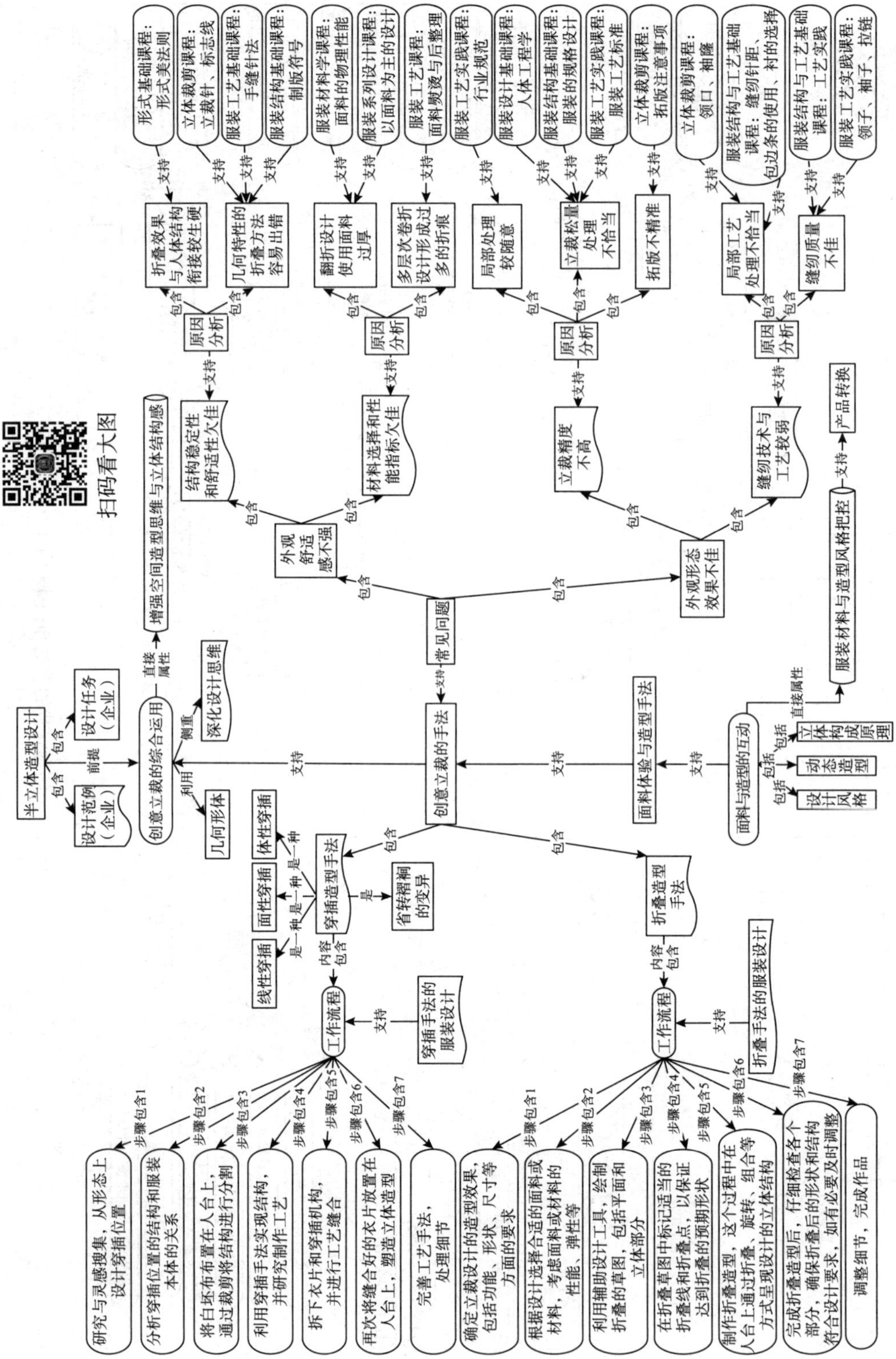

图 3-3　创意立裁的手法知识建模（2）

扫码看大图

### 3.1.3　服饰品设计课程知识建模

**1. 服饰品设计课程简介**

服饰品设计课程立足服装专业的包袋设计师等岗位要求与标准,将理论与实践紧密结合,实施一体化教学设计。该课程在工作岗位群需求的基础上,接受市场实际项目的训练,开展真题进课堂的教学活动。

该课程在教学中严格依据课程岗位群的知识目标来设置岗位教学内容,教学过程始终围绕岗位知识与技能目标展开,强调"在传授知识、培养能力的同时,充分运用课程和教学方式中蕴含的素材,进行价值引领和行业岗位技能品格塑造"。对于教学效果的评价,该课程强调"能促进学生主动学习、持续学习"等,充分体现"学生中心"的教育理念。同时,在教学过程中重视实践与应用相结合,鼓励将多学科知识进行交叉融合,通过不同项目的真实操作,建立从工艺到设计,从设计到应用的多维思维方式,以及培养学生独立思考、分析问题、解决问题的能力。

服饰品设计课程秉承以学生学习为中心的结果导向原则,将课程成果引入市场与企业的客观评价标准体系,并形成相关的课程与项目化教学产业链。其着重培养学生对专业知识技能的学以致用和拓展转化能力,旨在培养学生的可持续学习能力与职业技术能力。

**2. 服饰品设计课程知识建模图**

服饰品设计课程的知识建模图如图 3-4～图 3-12 所示。

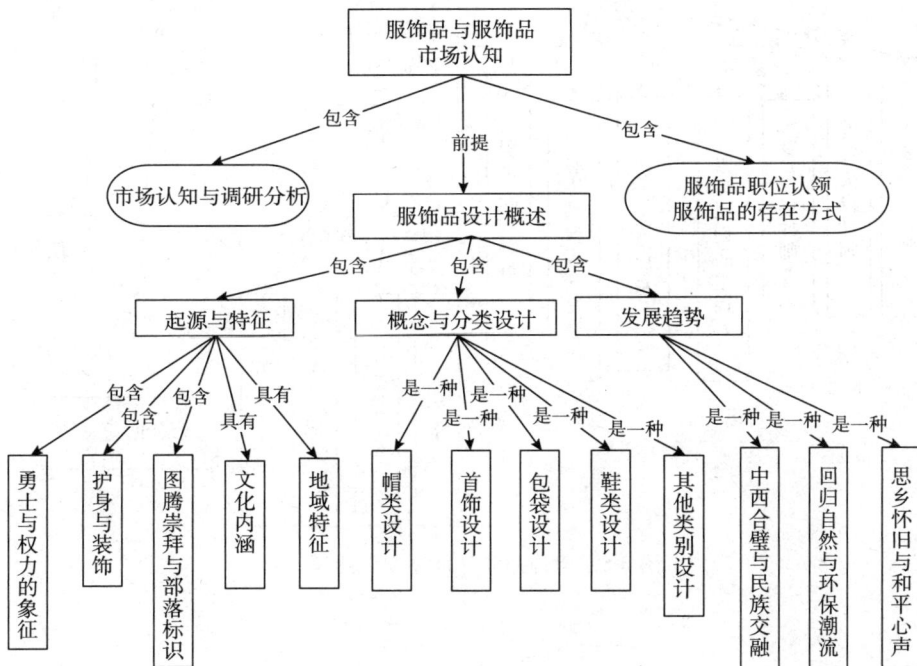

图 3-4　服饰品设计概述知识建模(1)

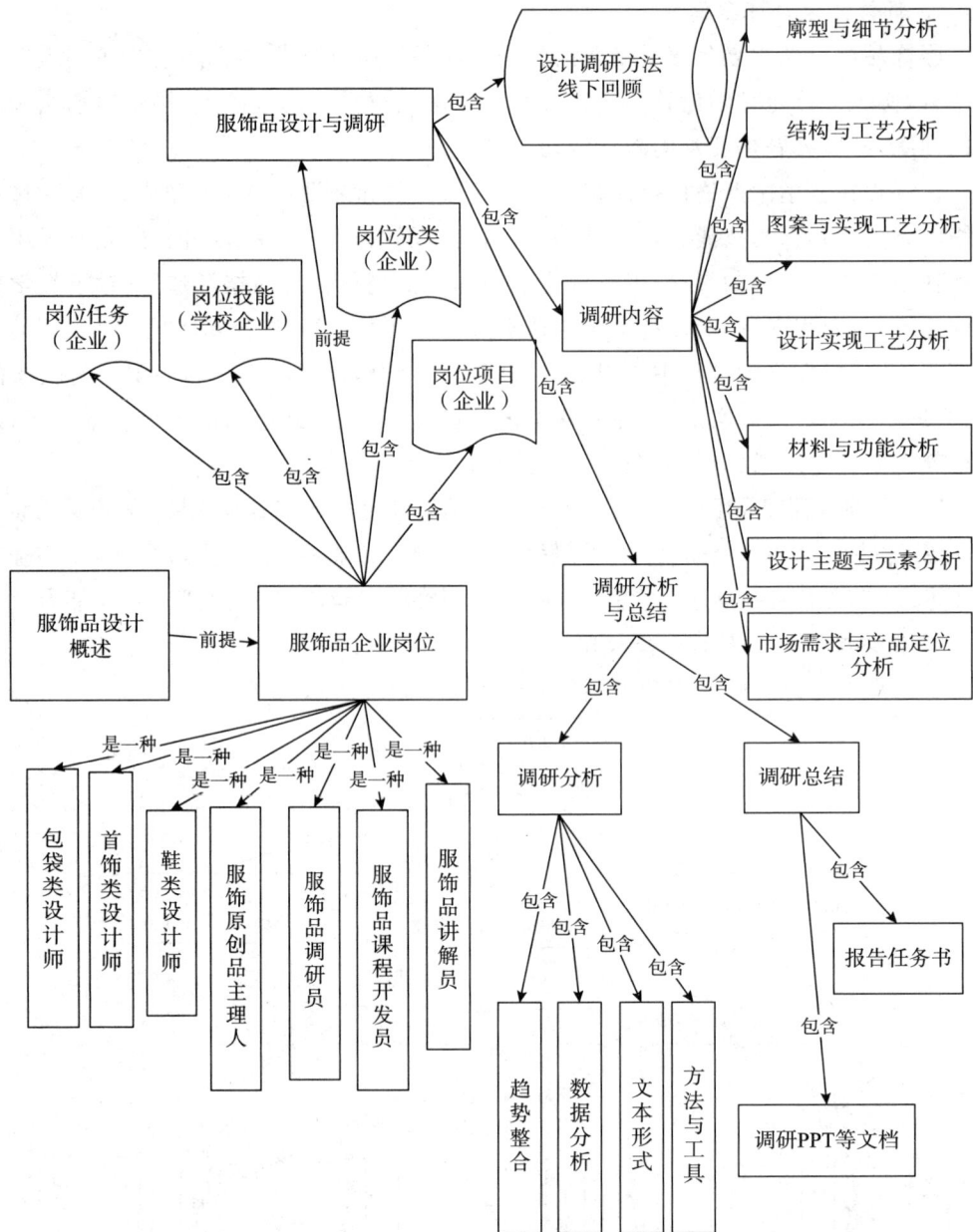

图 3-5　服饰品设计概述知识建模(2)

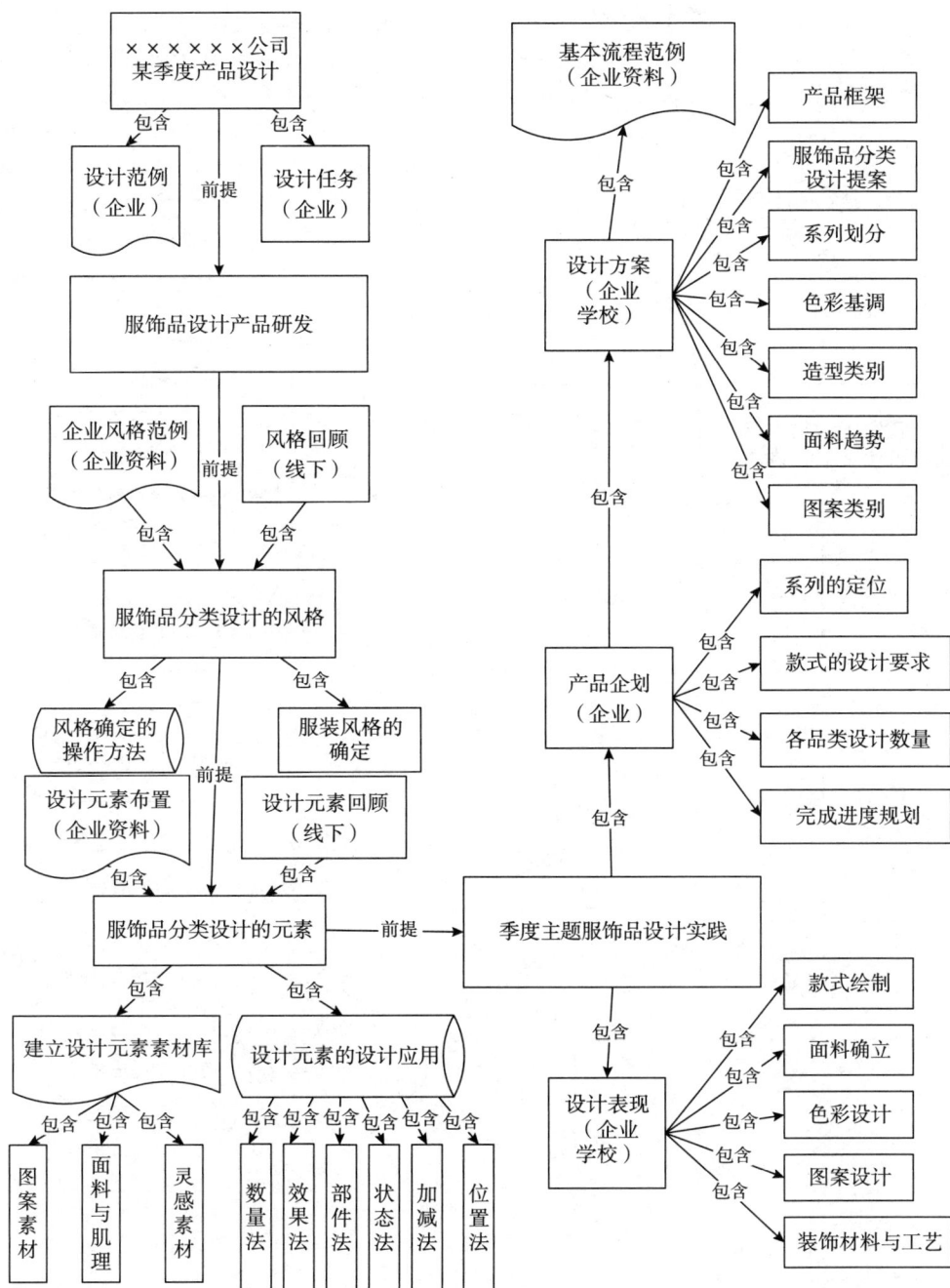

图 3-6　服饰品设计产品研发知识建模

材料的使用与选择

是一种 → 常规材料

是一种 → 非常规材料

是一种 → 创新使用的材料

包含

服饰品的分类制作的流程与工艺标准

包含

纪录片

是一种

企业制作工艺范例（企业）

是一种

MOOC资源

包含 → 包袋的材料与制作

包含 → 帽子的材料与制作

包含 → 鞋类的材料与制作

包含 → 首饰的材料与制作

包含 → 其他饰品的材料与制作

前提

完成样品

包含

服饰品手工艺技艺

包含 → 手工花饰品技艺

包含 → 手工编结服饰品技艺

包含 → 手工刺绣技艺

包含 → 手工拼布技艺

包含 → 其他饰品的手工艺技艺

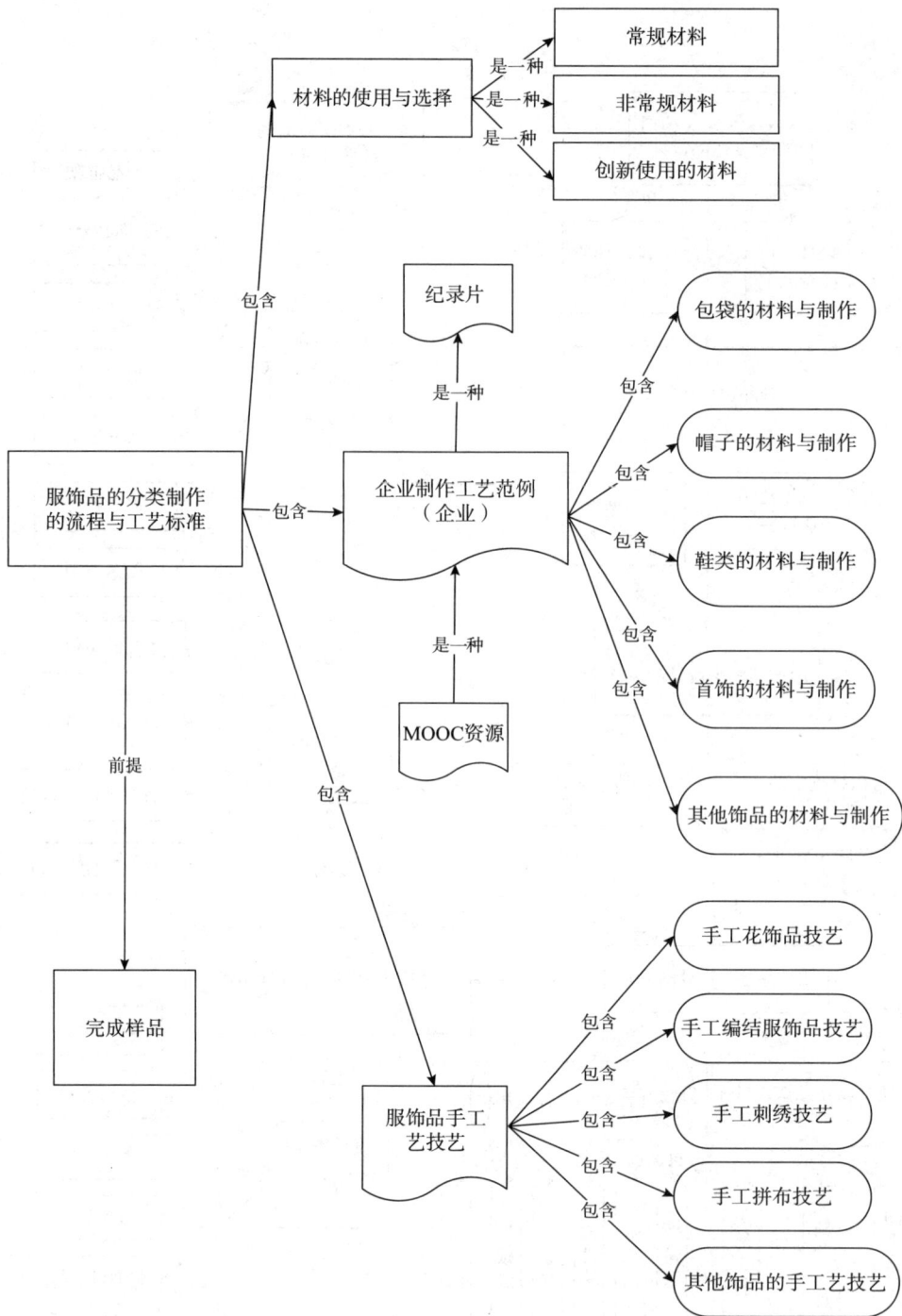

图 3-7　服饰品的分类制作的流程与工艺标准知识建模

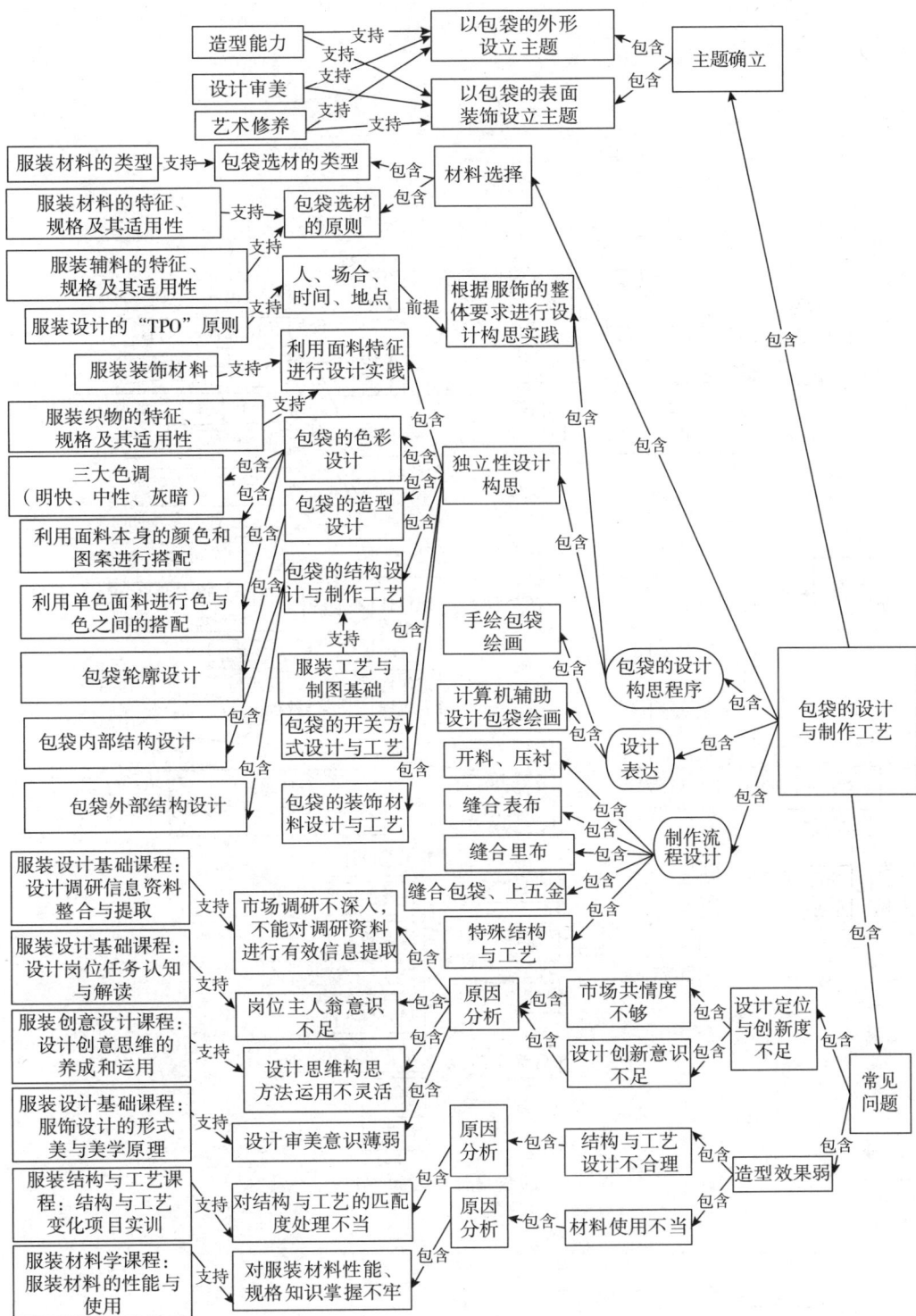

图 3-8　包袋的设计与制作工艺知识建模

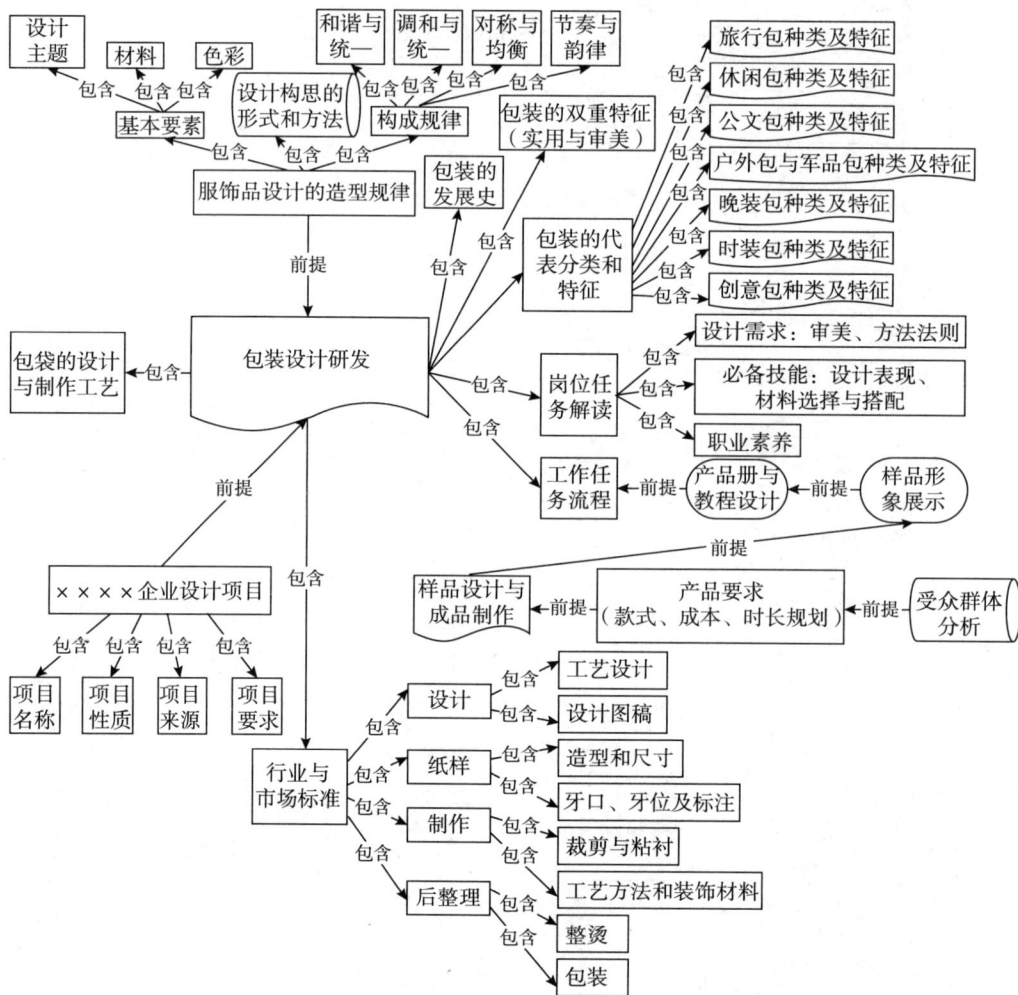

图 3-9 包袋设计研发知识建模

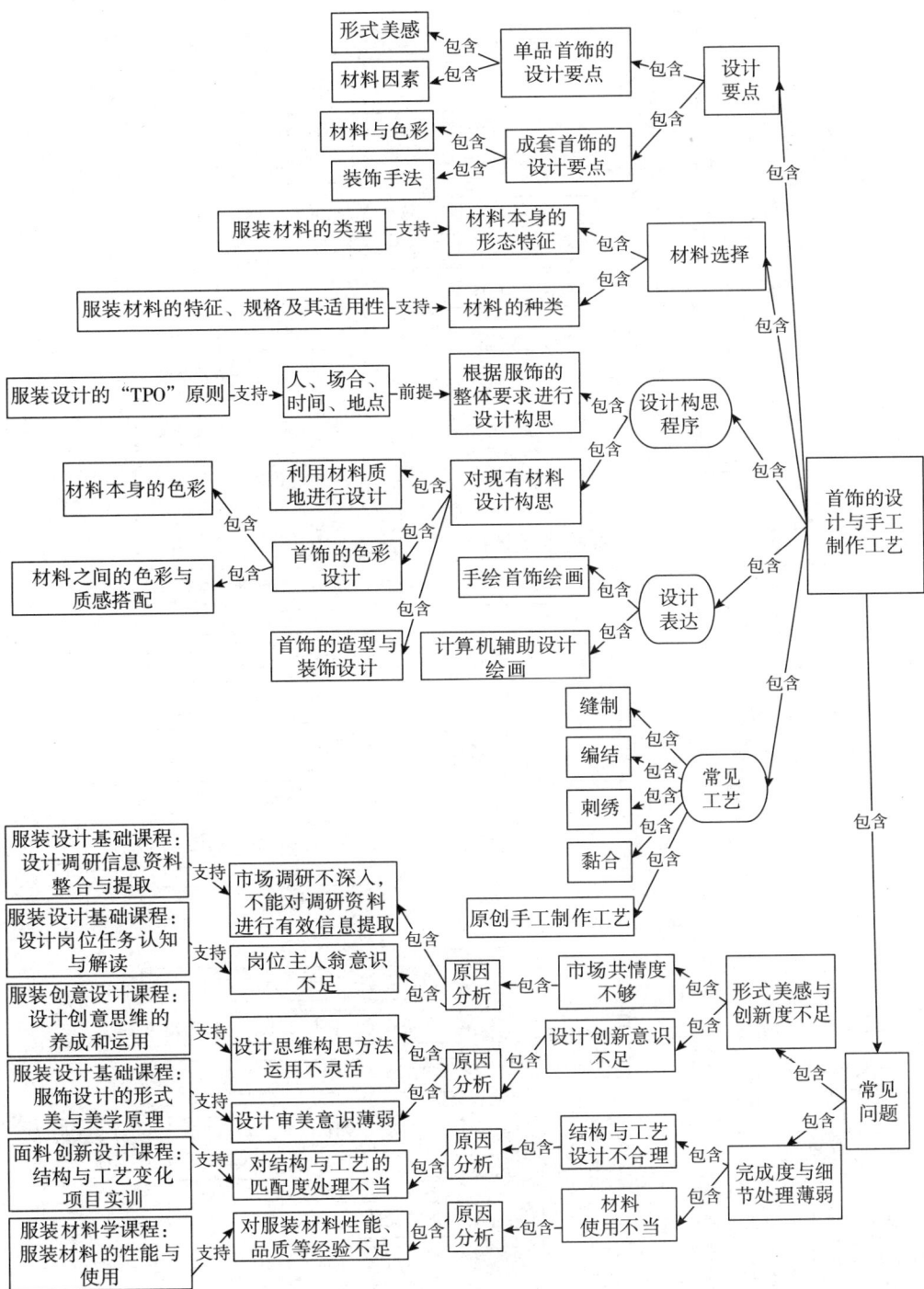

图 3-10　首饰的设计与手工制作工艺知识建模

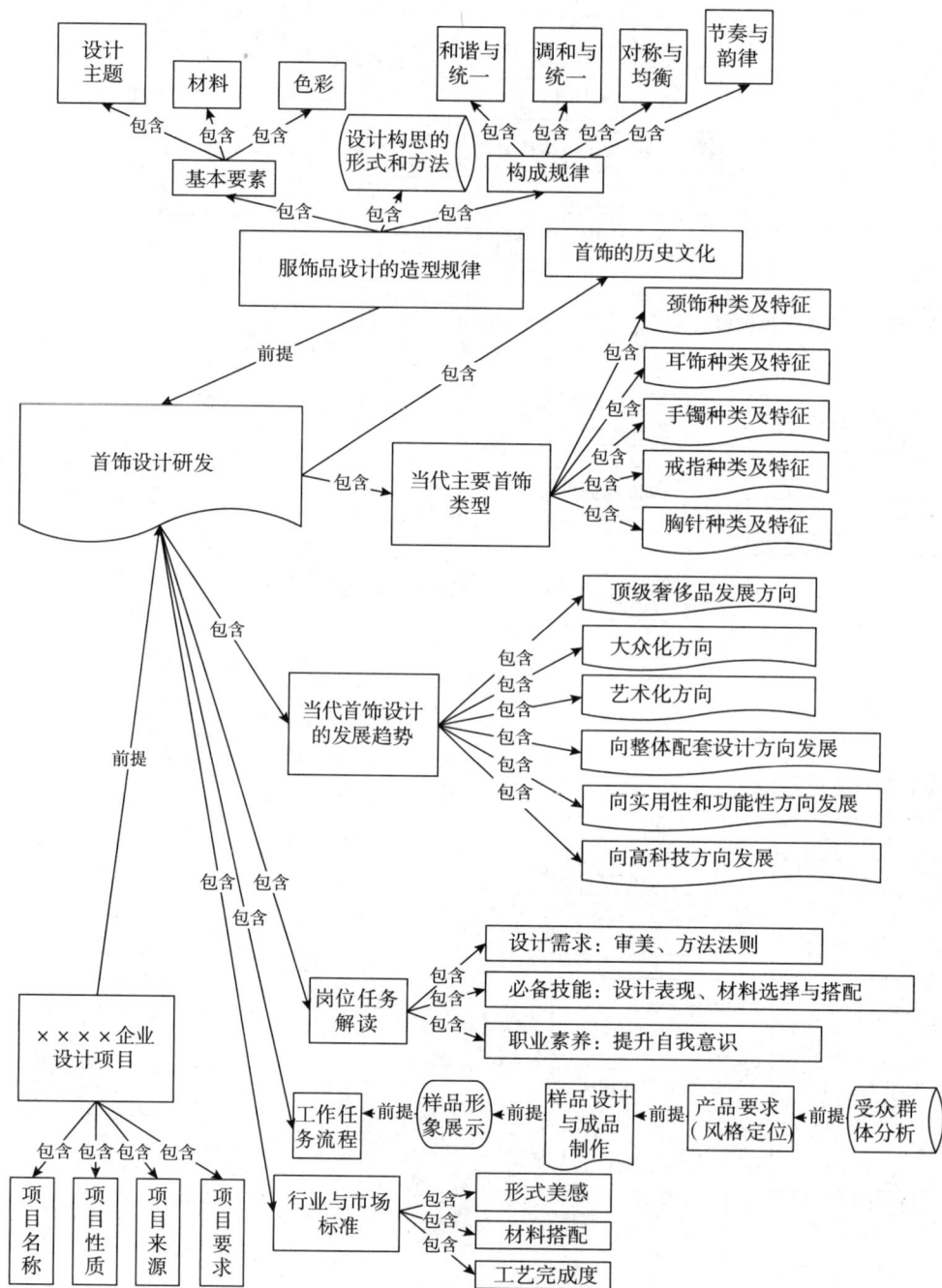

图 3-11　首饰设计研发知识建模

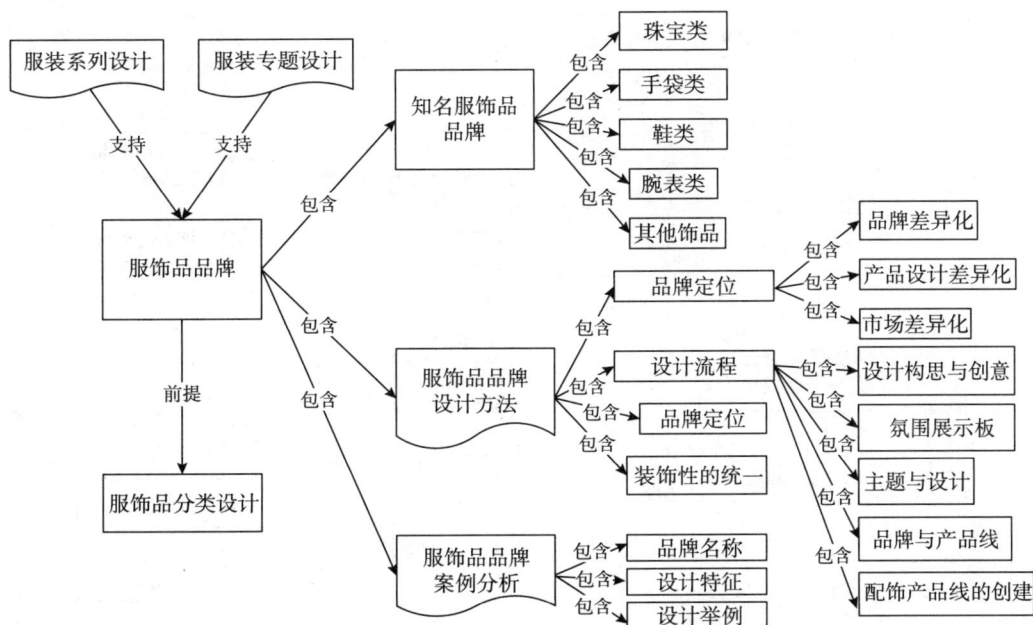

图 3-12　服饰品品牌知识建模

### 3.1.4　服装专题结构实践课程知识建模

1. 服装专题结构实践课程简介

服装专题结构实践课程是服装与服饰设计专业的项目化教学课程,也是融合审美、设计与实践的综合表现课程。学生通过学习,能对多款西装和新中式服装的设计及结构特点有一定的认知,并能掌握相应成衣单品的缝制工艺方法和整烫技能,使成品合理化和标准化,为顺利走向工作岗位打下扎实的基础。

通过教师的示范讲解,学生进行多款西装和新中式服装的设计,并各选一款完成成衣制作。通过分析各专题服装结构特点和尺寸设定要点,指导学生选择合适的面料进行制版和工艺实践,从而掌握标准化制作的技能。

该课程能够提升学生的专业技术素养,提高学生的实践能力和创新能力,并进一步加深其专业认知,增强专业情感,培育良好的适于工作岗位的职业素养,为今后专业学习和职业规划做好准备。同时,也能树立学生的工匠精神,坚定他们的家国情怀,让优秀的服饰设计与服饰之美服务于我们的生活。

该课程根据岗位目标,为学生提供富有创新性和挑战性的项目实践机会,同时引入市场与企业的客观性评价标准,以此形成课程与项目化教学的产业链。

2. 服装专题结构实践课程知识建模图

服装专题结构实践课程的知识建模图如图 3-13～图 3-15 所示。

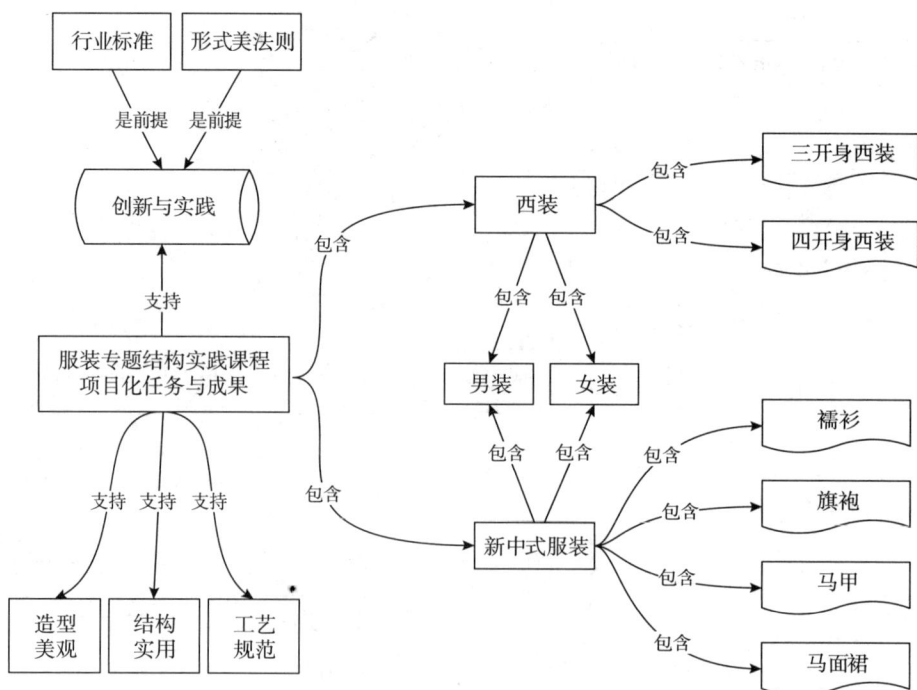

图 3-13 服装专题结构实践课程项目化任务与成果知识建模

### 3.1.5 服装品牌设计课程知识建模

**1. 服装品牌设计课程简介**

服装品牌设计课程紧密结合专业、行业和学科特点,深入推进课堂教学改革、强化自主学习机制、融合专创综合实践、加强指导帮扶力度,并引领多维融合的文化氛围,以此构建"五位一体"的创新创业教育特色示范性课程体系。该课程基于服装工作岗位群的需求进行开发,根据行业现状和发展前景进行服装市场分析,以服装设计相关工作岗位的社会需求及对从业者的能力要求为依据,导入真实的设计任务,以项目化工作任务为中心,以工作过程为参照,集成岗位所需要的知识,力求以项目化教学促使课程的理论知识与实际操作相结合。本课程旨在借助项目化教学让学生在独立思考与实践经历中不断提升品牌服装设计能力,从而更加有效地激发学生自主学习积极性与创新探索精神。该课程注重服装品牌设计课程内容与复合型实用人才培养目标的衔接,全面开展课程核心知识应用能力培养、工程素质培养和学术能力培养,并制定了三阶制的教学目标。

知识目标:能够清楚表述服装产品开发流程与设计规范,会进行产品调研、款式与结构设计、工艺单制作等,具备强化成衣设计的市场意识、创新意识。

能力目标:能够通过实际工作场景来分析、判断并解决实际问题,具备服装产品设计开发的职业综合能力。

素质目标:提升文献查阅能力、独立设计能力、协作研究能力、批判性思维意识以及职业岗位综合技能,培养学生良好的责任意识与职业品质,提升其适应社会的能力。同时,激发学生对专业的热情,提高学生认识社会、研究社会、服务社会的意识和能力。

2. 服装品牌设计课程知识建模图

服装品牌设计课程的知识建模图如图 3-16、图 3-17 所示。

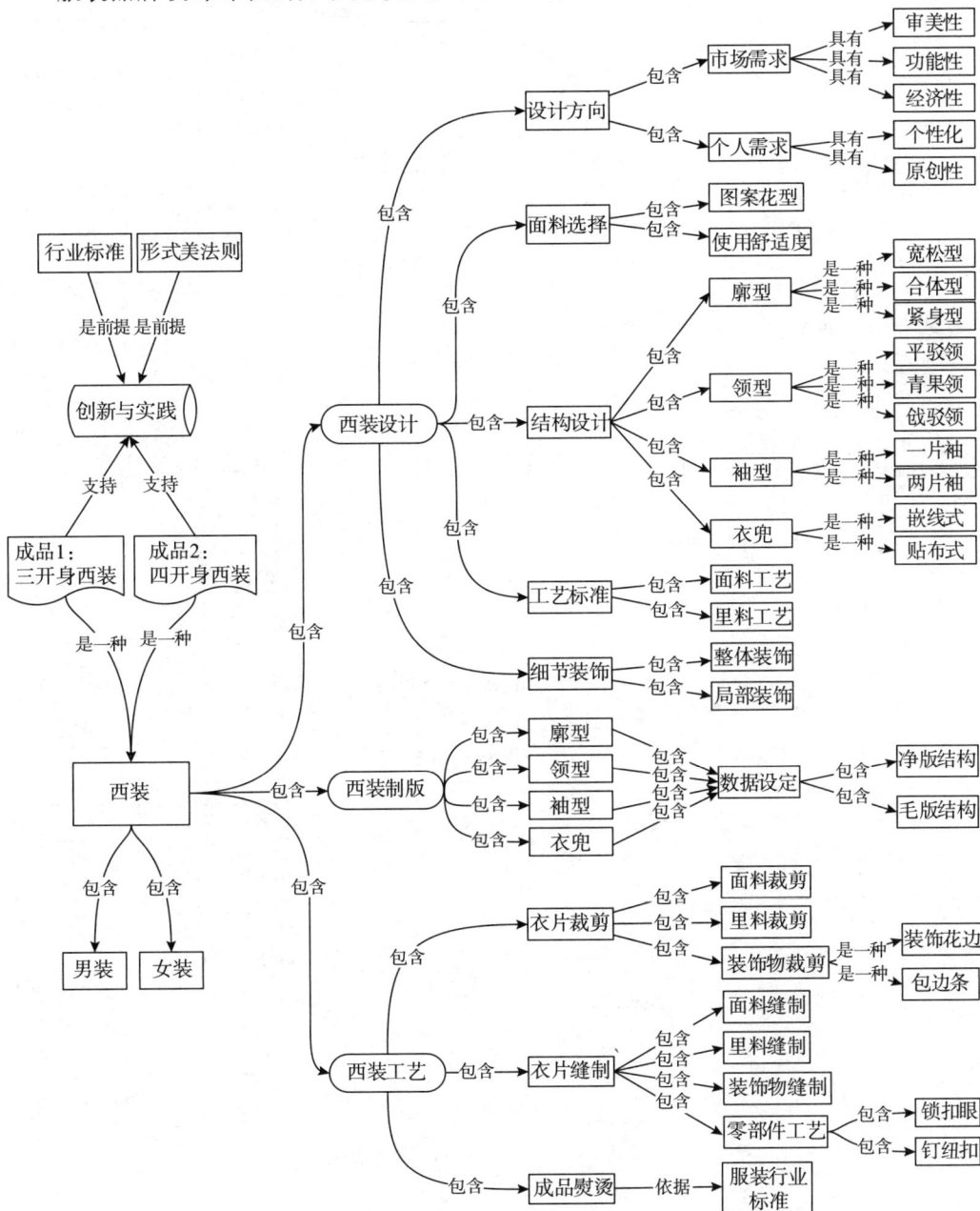

图 3-14　西装专题结构实践知识建模

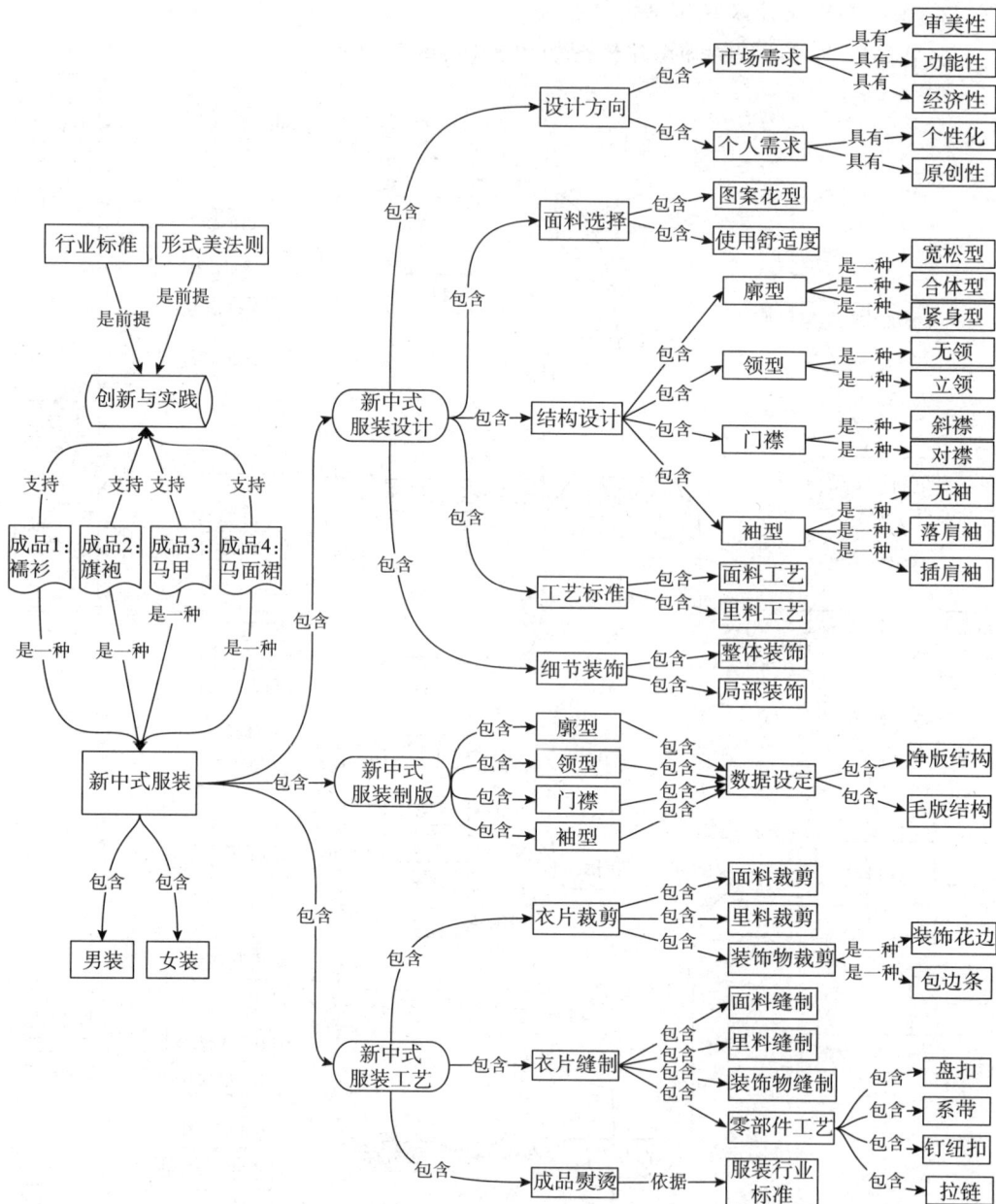

图 3-15　新中式服装专题结构实践知识建模

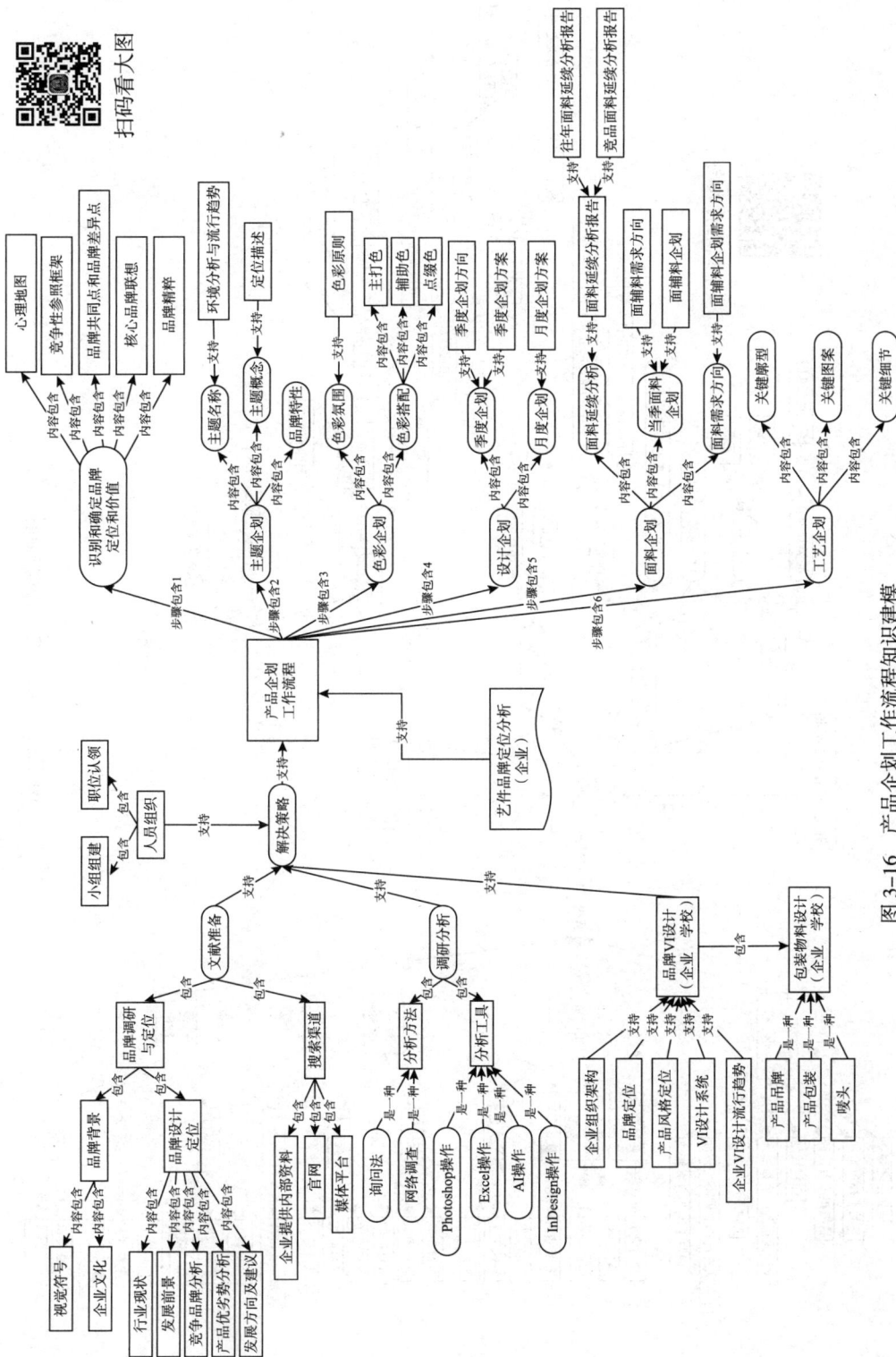

图 3-16 产品企划工作流程知识建模

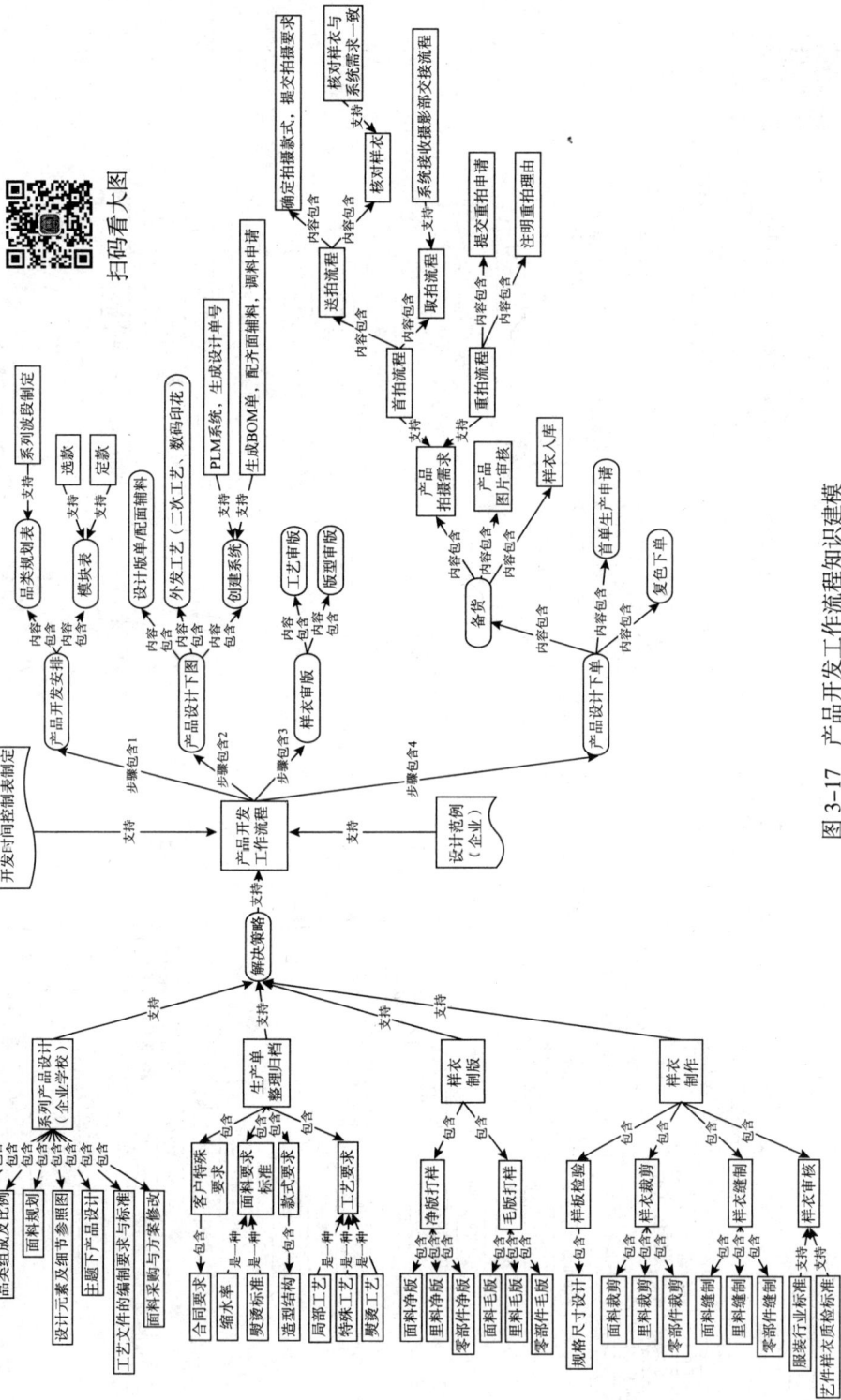

扫码看大图

图 3-17 产品开发工作流程知识建模

### 3.1.6　服装数字化设计课程知识建模

1. 服装数字化设计课程简介

服装数字化设计课程对应的岗位需求如下。

服装设计师或助理：可以运用数字化软件更直观地设计、表现、调整作品，以便于在节约成本的同时，提高设计师的开发效率。

服装制版师或助理：可以运用 Style 3D 技术在软件中验证自己的样板，提高工作效率和准确度。

本课程需要有扎实的专业基础，包括设计、结构、工艺等方面。服装数字化设计是在软件上模拟真实服装，所以不仅需要设计能力，还需要具备扎实的服装结构制版、工艺缝制，以及面料材料等相关知识储备。

Style 3D 作为一款 3D 服装设计和制版的软件，已经广泛应用于品牌企业、院校、纺织品加工厂、线上商城等。该课程让学生通过对虚拟设计软件 Style 3D 的学习，掌握服装行业最新的数字化设计工具，以满足服装企业对学生专业素质的需求。

项目化教学改革的评价体系构建首先要考虑的是如何体现多元智能评价项目成果，这主要依靠企业导师认定与市场价值评定来实现；其次是以课堂教学成果为主的过程性考核评价，由主讲教师和课程团队教师依据三级评分表，针对各项要素进行综合评分；最后，结合比赛，以企业真实采纳的作品为依据，进行成果的客观性评价。

2. 服装数字化设计课程知识建模图

服装数字化设计课程的知识建模图如图 3-18～图 3-25 所示。

### 3.1.7　服装市场传播课程知识建模

1. 服装市场传播课程简介

服装市场传播是一门专注于如何将服装品牌、设计理念及产品有效传达给目标消费者的课程。本课程不仅涉及市场营销和广告传播的基础知识，还结合服装行业的特殊性，深入探讨如何通过创意、媒体策略及品牌形象塑造来提升服装品牌的市场影响力和竞争力。

在课程内容方面，服装市场传播课程涵盖了市场分析、品牌定位、目标消费者洞察、创意广告设计、社交媒体营销、线下活动策划等多个方面。通过学习，学生将掌握如何进行市场调研、确定目标消费者群体、制定针对性营销策略的方法；同时，课程还强调创意在广告传播中的重要性，教授学生如何运用创意手法将品牌理念转化为吸引人的广告内容。

此外，本课程还注重实践能力的培养。学生将分组进行实际案例分析，通过模拟真实的市场环境，运用所学知识制定营销策略并付诸实践。这种"学以致用"的教学方式有助于学生更好地理解和掌握市场传播的实际操作。

综上所述,服装市场传播是一门既注重理论知识又强调实践应用的综合性课程。通过学习这门课程,学生不仅能够掌握市场传播的基本原理和方法,还能够提升创意能力和实践能力,为未来的职业发展打下坚实的基础。

2. 服装市场传播课程知识建模图

服装市场传播课程的知识建模图如图 3-26～图 3-29 所示。

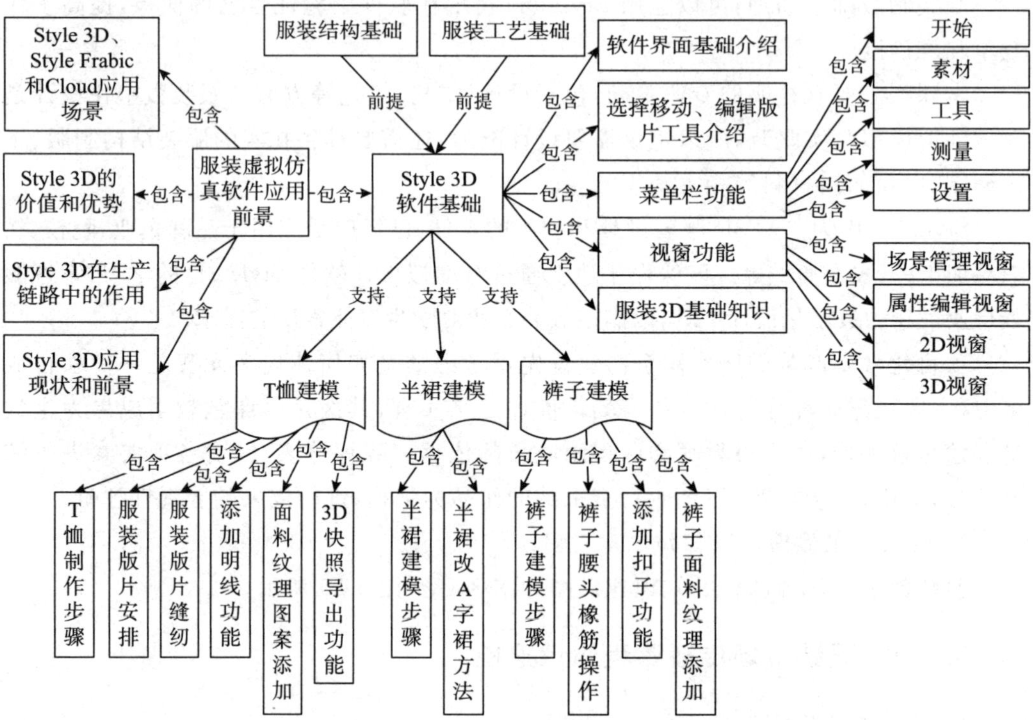

图 3-18　Style 3D 软件基础知识建模

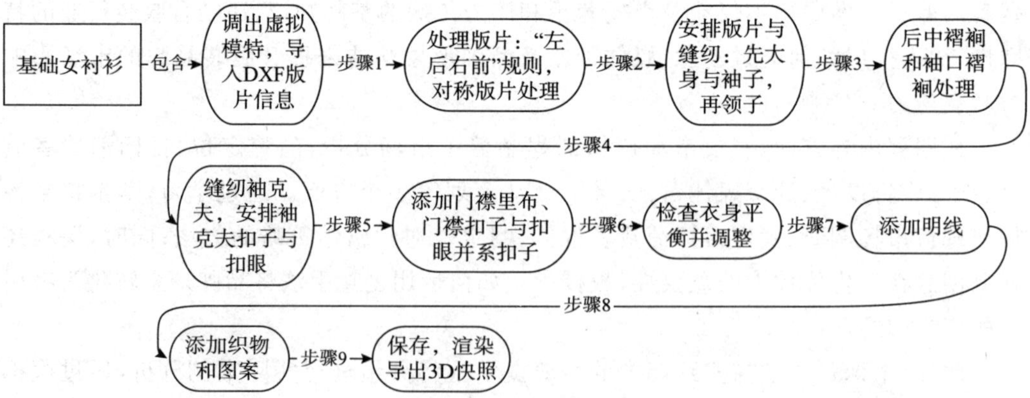

图 3-19　基础女衬衫知识建模

衬衫改款设计 —包含→ 删掉翻领，改为立领 —步骤1→ 确定改款服装数据，进行衣片和袖片的修改 —步骤2→ 调整门襟 —步骤3→ 制作装饰门襟 —步骤4→

袖子造型调整 ←步骤7— 领子造型处理 ←步骤6— 后片外工字褶制作 ←步骤5— 添加口袋

袖子造型调整 —步骤8→ 调整袖克夫 —步骤9→ 更换面料 —步骤10→ 保存，渲染导出3D快照

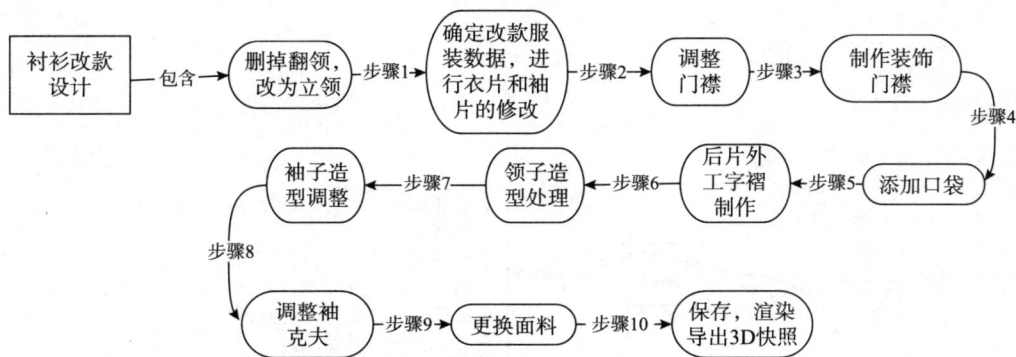

图 3-20　衬衫改款设计知识建模

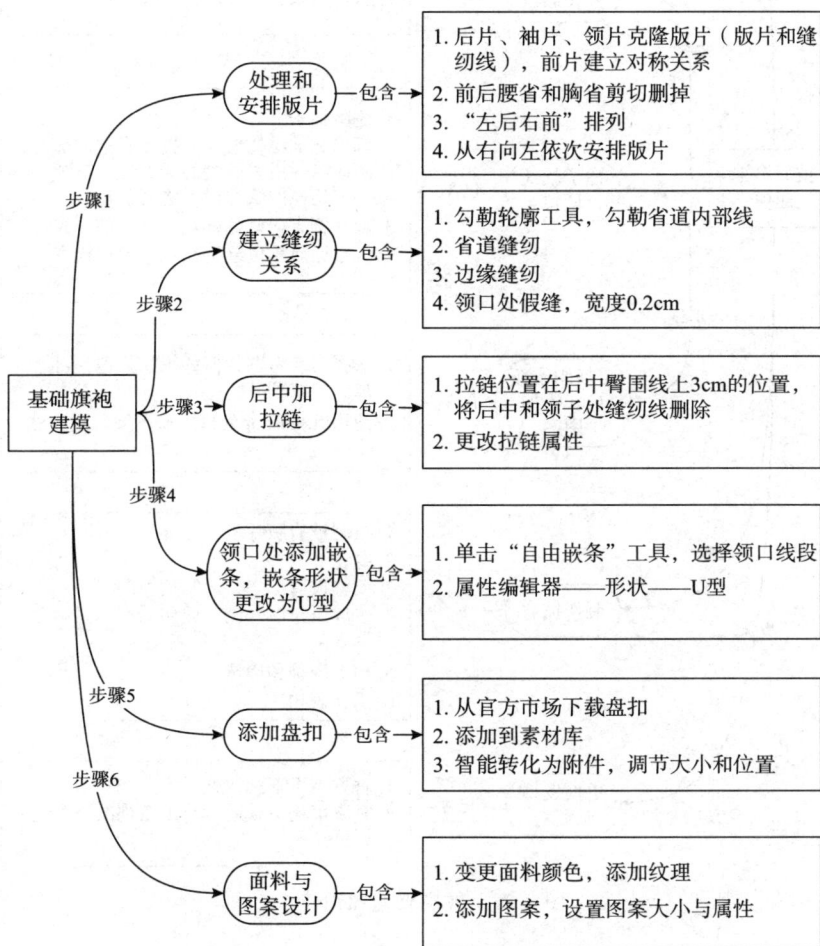

基础旗袍建模 —步骤1→ 处理和安排版片 —包含→
1. 后片、袖片、领片克隆版片（版片和缝纫线），前片建立对称关系
2. 前后腰省和胸省剪切删掉
3. "左后右前"排列
4. 从右向左依次安排版片

—步骤2→ 建立缝纫关系 —包含→
1. 勾勒轮廓工具，勾勒省道内部线
2. 省道缝纫
3. 边缘缝纫
4. 领口处假缝，宽度0.2cm

—步骤3→ 后中加拉链 —包含→
1. 拉链位置在后中臀围线上3cm的位置，将后中和领子处缝纫线删除
2. 更改拉链属性

—步骤4→ 领口处添加嵌条，嵌条形状更改为U型 —包含→
1. 单击"自由嵌条"工具，选择领口线段
2. 属性编辑器——形状——U型

—步骤5→ 添加盘扣 —包含→
1. 从官方市场下载盘扣
2. 添加到素材库
3. 智能转化为附件，调节大小和位置

—步骤6→ 面料与图案设计 —包含→
1. 变更面料颜色，添加纹理
2. 添加图案，设置图案大小与属性

图 3-21　基础旗袍知识建模

基础版型调整 —包含→
1. 编辑版片——将边缘合并——另一边同样操作
2. 删除无关内部线，将下边缘线上的点转换为曲线控制点
3. 删除纽扣，删除所有嵌条
4. 导入参考图开始改版

步骤1

领子部分款式调整 —包含→ 修改领口叉，领子加长1cm

步骤2

袖子款式调整 —包含→
1. 删除袖子
2. 画出胸前结构线——按照旗袍肩部形态画线——沿着所画的线剪切并缝纫——将剪切掉的版片设为透明版片
3. 前片腰省向侧缝移动，做右前开衩
4. 缝合原旗袍侧缝开衩——模拟检查

步骤3

披肩旗袍建模

步骤4

更换织物颜色，添加图案 —包含→
1. 选择与参考图相似的织物颜色，可添加面料纹理
2. 使用Photoshop处理麒麟图案，生成法线图

步骤5

制作披肩 —包含→
1. 绘制披肩版片
2. 缝合
3. 调整披肩形态，绘制披肩图案
4. 生成里布层外侧，剪切后将图案填充上去
5. 加上嵌条和珍珠
6. 添加盘扣

步骤6

更换发型与姿势 —包含→
1. 官方市场下载双丸子头
2. 官方市场下载适合改款旗袍的姿势进行更换

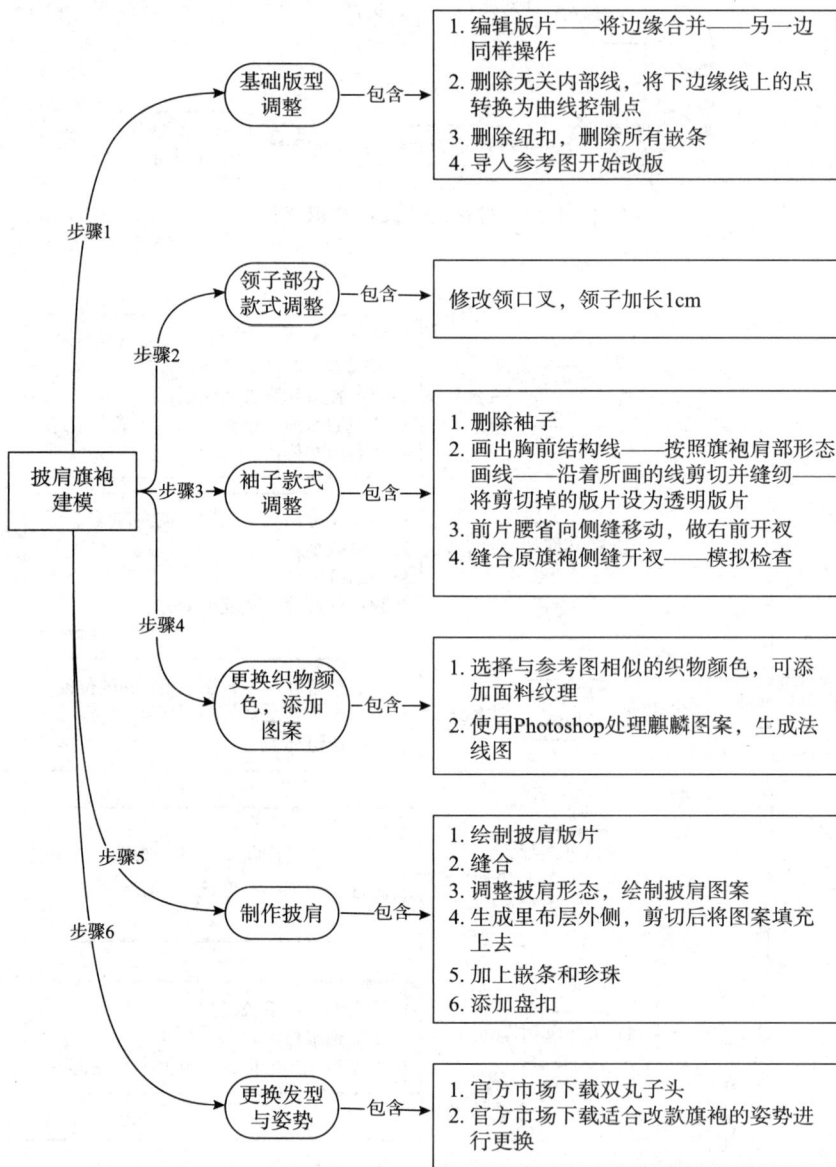

图 3-22　披肩旗袍知识建模

配饰虎头制作

步骤1

在8cm×8cm的版片上绘制虎头图案，注意设置对称轴

步骤2

生成里布层（外侧），进行剪切并缝纫，剪切前取消对称轴，裁剪后再设置对称轴，方便之后操作 ——包含—— 1. 检查缝纫关系，进行模拟，底部版片在冷冻状态下模拟
2. 将剪切剩余版片删除

步骤3

将眼睛、鼻子和嘴巴处剪切下来，填充非毛绒面料，突显眼睛

步骤4

用版片制作流苏 ——包含—— 流苏尺寸如下：
1. 2.8cm×0.5cm（上平线开弹力，比例45%）
2. 2.8cm×1cm
3. 2.8cm×5.5cm（下摆用"延展线段"工具加大2cm）

步骤5

将流苏放置合适的位置，并冷冻

步骤6

从资源库导入蝴蝶结和图案，制作蝴蝶结图案设置重复$X$轴

步骤7

分别将虎头和蝴蝶结装饰转化成附件

步骤8

删除头发，将虎头和蝴蝶结附件吸附在头皮上，这样发饰就固定了，固定发饰之后再添加头发

步骤9

渲染出图

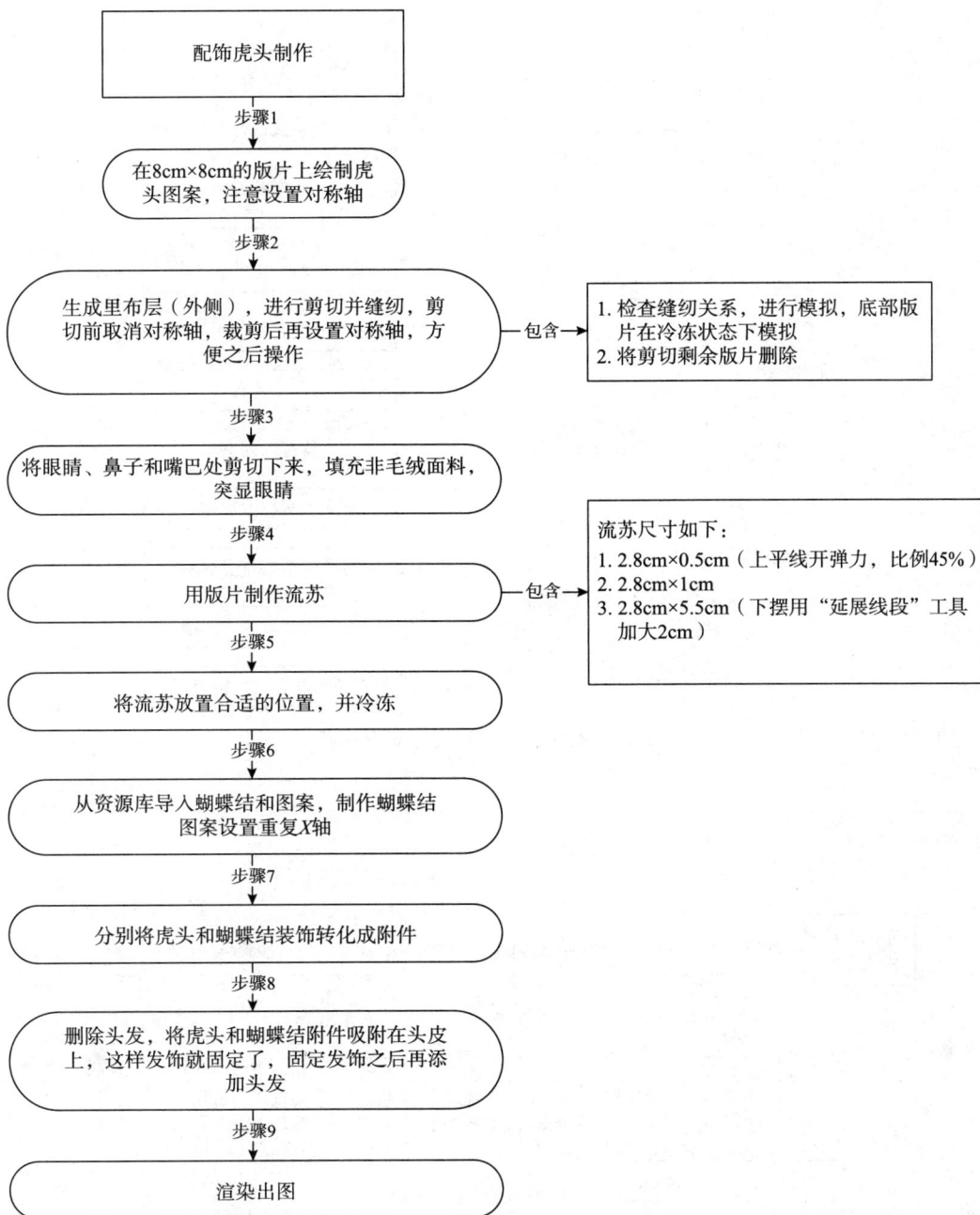

图 3-23　配饰虎头制作知识建模

47

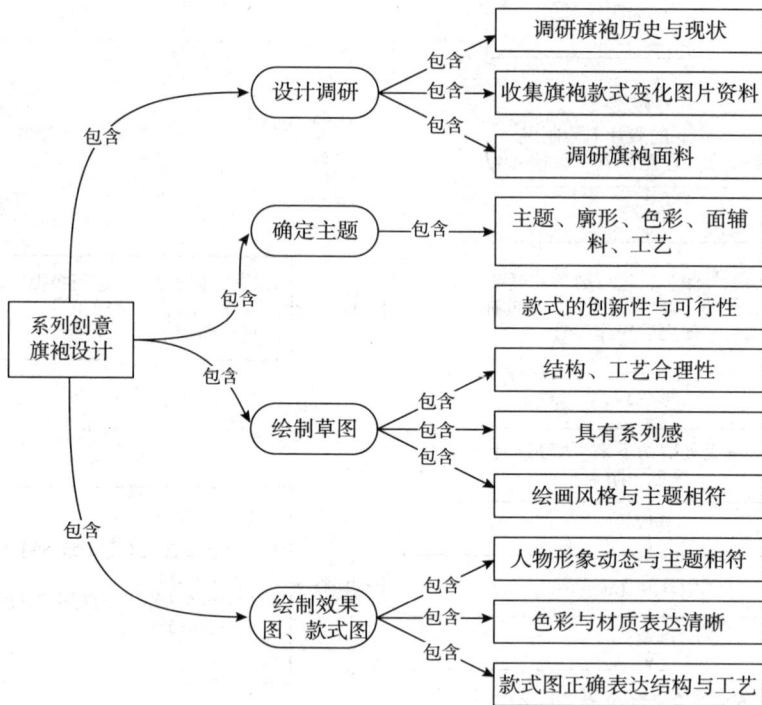

图 3-24 系列创意旗袍设计知识建模

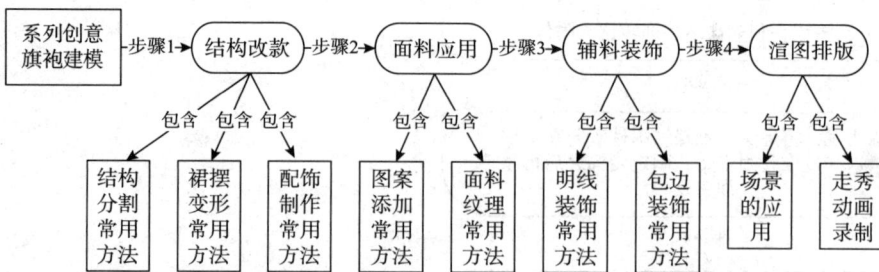

图 3-25 系列创意旗袍知识建模

主题界定 —前提→ 设计调查方案 —前提→ 确定调研对象 —前提→ 收集数据 —前提→ 分析调研数据

跟踪 ←前提— 整理调研报告

客观性　差异性　相关性　动态性　可适应性

不可控性

服装市场环境的特点
（具有属性）

人口
文化科技
政治经济
法律

宏观环境分析

微观环境分析

供应链
经销商
社会公众
顾客

竞争者

服装市场调研的程序

服装市场环境分析

服装市场环境分析方向

服装市场环境分析方法

4P分析 —是一种→ ← 是一种— SWOT分析

目标细分市场
传播定位 —包含→ 定位内容
生活方式
价值观
消费观
审美观
定位策略

品牌名称标识认知度
品牌重视度表现
产品质量认知
识别系统
其他相关资产（包含隐形资产）
品牌价值

服装品牌定位

服装品牌市场调研

服装品牌市场调研与定位

需要回顾服装市场环境分析相关知识 →支持 对品牌定位策略的具体内容认知不清晰
需要回顾服装系列设计：服装调研 →支持 对市场分析方法掌握不牢
原因分析 →支持 品牌定位中的策略不完善

需要回顾服装品牌价值 →支持 对品牌其他资产包含的具体内容不明确
需要回顾品牌设计中品牌定位 →支持 对品牌的细节分析不到位
原因分析 →支持 品牌其他资产价值评估不准确

常见问题

工作流程
步骤1 明确调研目的：包含消费者行为、市场规模（宏观与微观市场分析）、竞争情况
步骤2 收集数据：了解整体市场趋势、竞争格局
步骤3 定量研究：通过问卷调查等收集数据
步骤4 定性研究：通过访谈、焦点小组讨论、观察等方法
步骤5 分析数据：发现趋势与规律
步骤6 制定定位策略：包括品牌定位用语、品牌形象、品牌标识

扫码看大图

行业标准
包含 明确的消费人群，以展现市场细分与差异化竞争
包含 需要塑造独特的品牌形象，包含品牌价值观与风格
包含 服装市场定位中产品定位需要有特点，包括设计、材质、工艺
包含 竞争环境的分析准确，包含竞品品牌定位、产品特点、价格策略多方位展现
包含 详细的市场趋势分析，展现行业动态、潮流趋势、消费者需求的变化

逻辑清晰 —支持→ ← 支持— 敬业精神

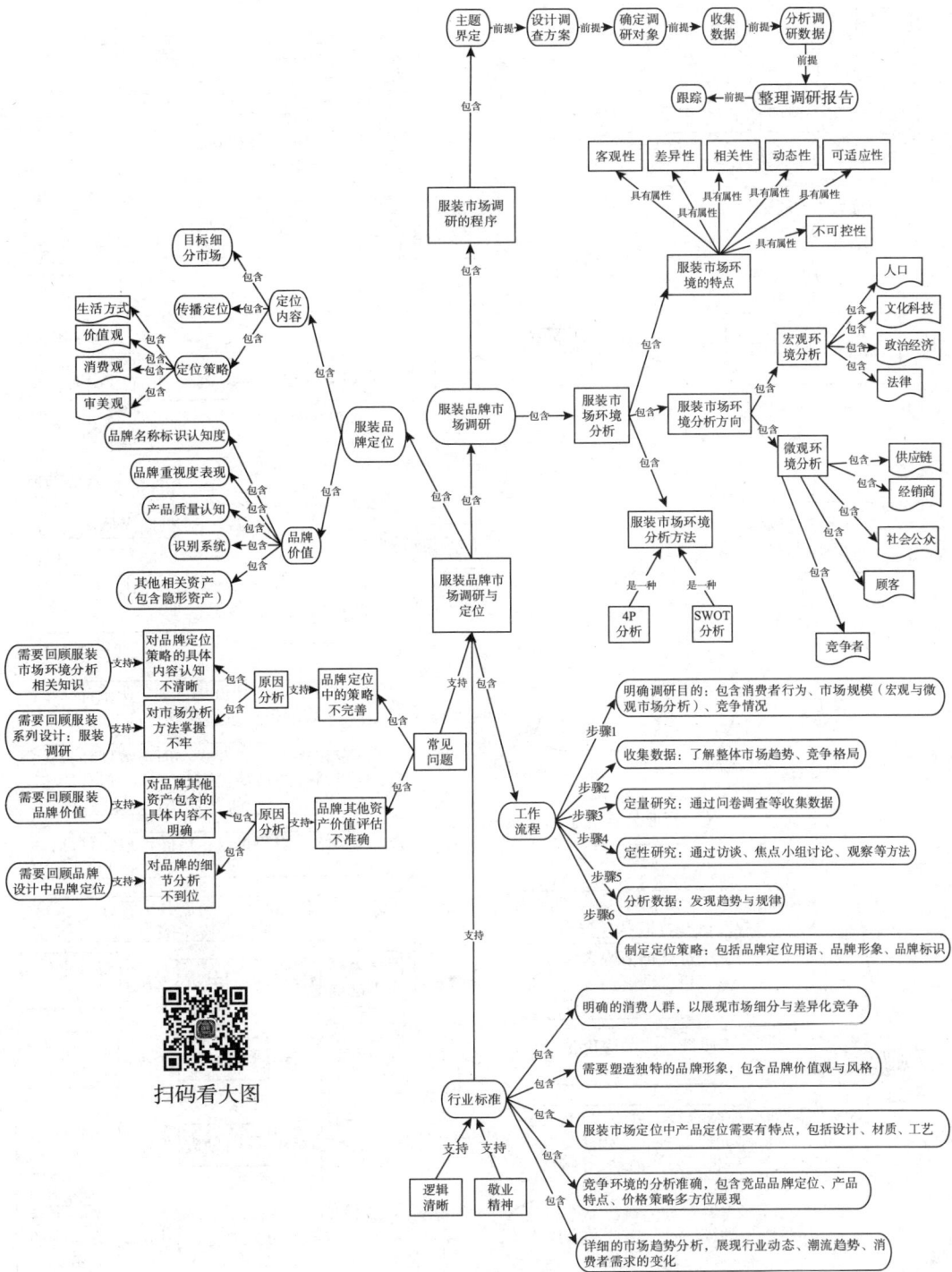

图 3-26　服装品牌市场调研与定位知识建模

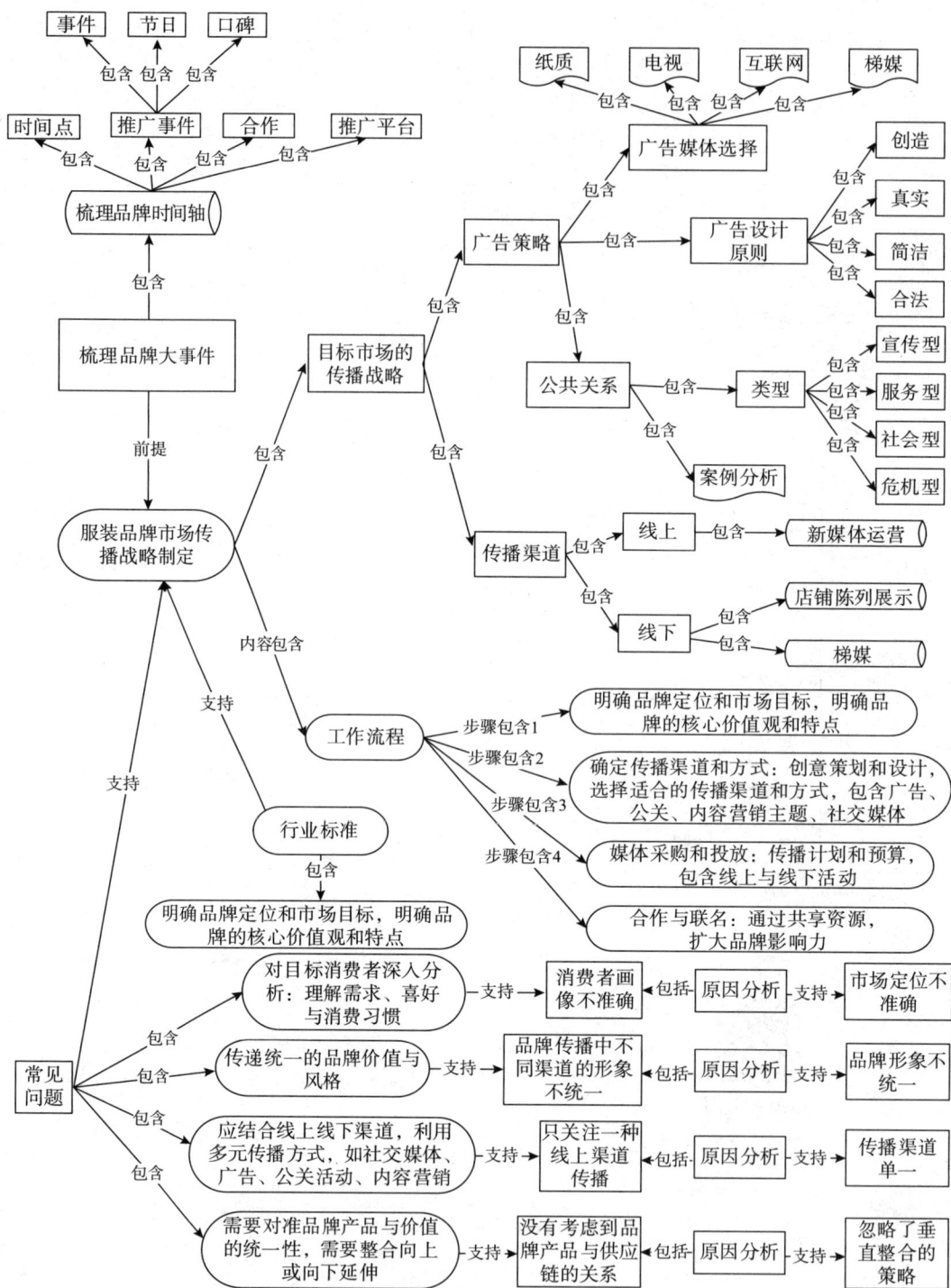

图 3-27 服装品牌市场传播战略制定知识建模

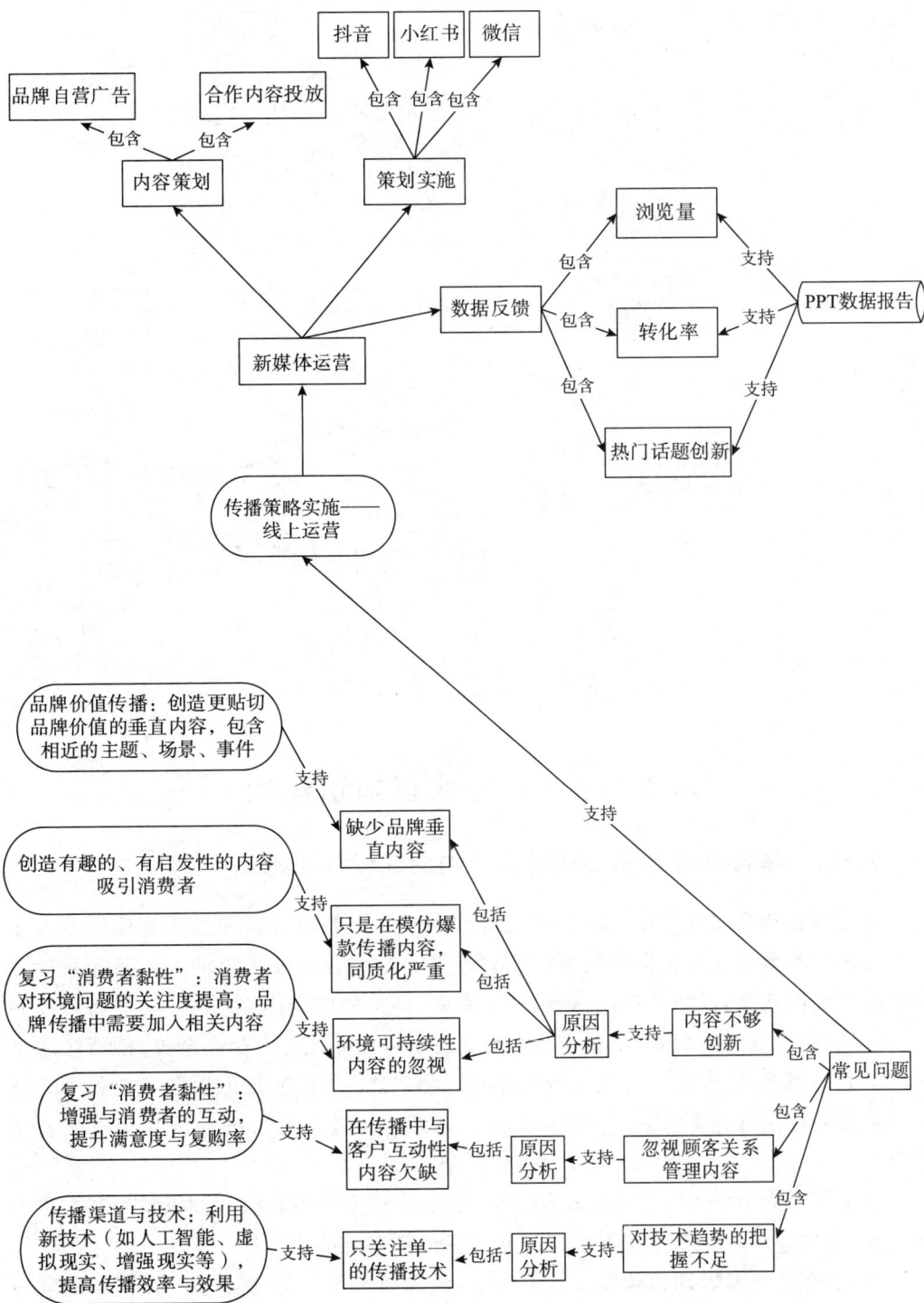

图 3-28　传播策略实施——线上运营知识建模

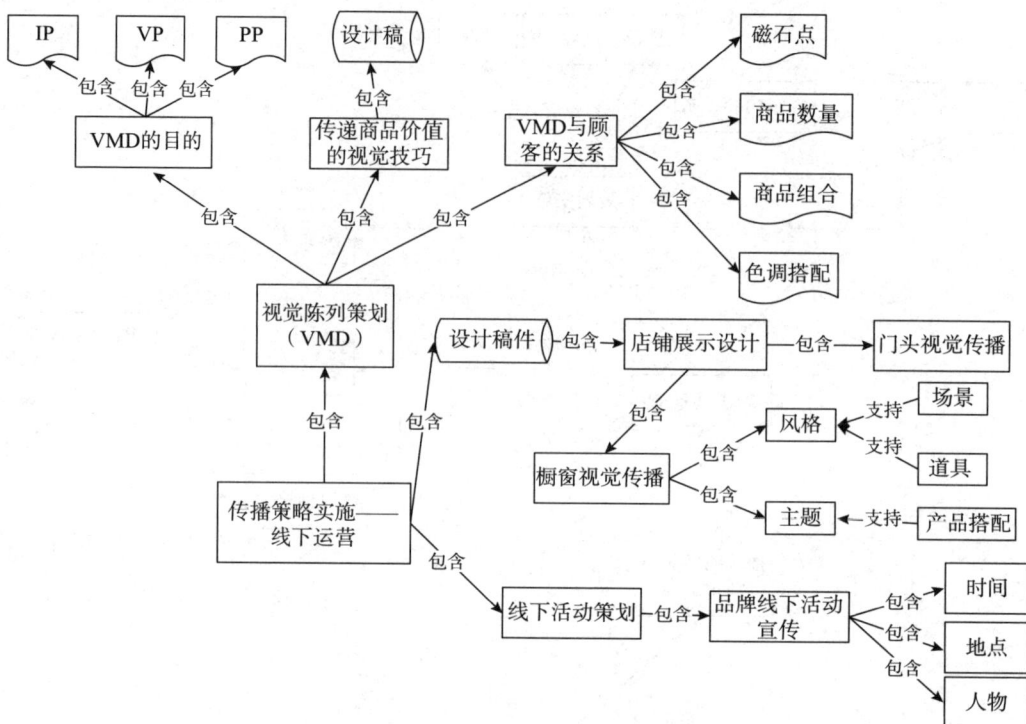

图 3-29　传播策略实施——线下运营知识建模

# 3.2　专业基础课程知识建模

## 3.2.1　基础课程建模实践过程中的问题设计原则

基础课程建模实践过程中的问题设计原则——产教融合是高校实现应用型人才培养目标与社会需求目标协调发展的重要途径。其结合学校提出的人才培养目标定位和服务面向定位,以坚持深度融合、共同发展,坚持积极合作、多方参与,坚持因地制宜、注重实效为指导思想,以深化产教融合为途径,主要从优化专业设置、创新应用型人才培养新模式、建立协同育人平台、加强"双师双能型"师资队伍建设、建立科学完备的质量保障体系等方面实现了探索与实践,将人才培养与地方的经济社会发展紧密结合。

基于以上应用型人才培养目标的方针,服装专业基础课程改革注重学生基本能力的培养,为后续项目化教学课程的深入开展提供坚实的能力支撑。

因此,在进行基础课程建模实践过程中,教师将高度重视学生基本知识点的掌握和基本技能的培养,确保各教学活动设置的合理适中;在师生交互过程中,充分体现课程导入与知识的有效衔接。

首先是课前线上活动设计。教师充分利用信息技术和精心准备的线上资源,在每单元教学开始之前通过智慧黄科学习中心发布课前学习任务,包括平台自学、线上自测和论坛讨论。其中,"平台自学"是指学生独立完成教学平台上相应学习单元的自主学习活动。"线上自测"是指每一单元学完后,系统会自动解锁关键知识点测试题,学生需要在线解答并提交。"论坛讨论"是指教师就本单元重点内容提出有启发性的讨论问题,学生在论坛中发表意见,参与讨论。课前线上自学除了能让学生对该单元内容有一个预先的了解与思考外,也能激发学生兴趣、调动学生学习的自主性。因此,在内容导入上,教师需特别注意启发性话题与真实情境的创设;在学习量设计上,教师可将每单元图文资料和视频的学习时长控制在 20 分钟之内;在监督反馈上,教师要保证学生提交测试之后可以即时获得正确答案和解析;学生在论坛讨论发表意见后,教师应及时给予肯定与反馈;同时,教师需要及时收集学生的学习数据和他们在内容理解上的问题。

其次是面对面课堂教学活动设计。基于课前收集的数据与问题,教师需要对本单元内容中的重、难点进一步加以说明与总结,帮助学生理解。对实操部分,教师应将录制好的操作视频发布在教学平台上,学生可以按照自己的需求随时随地反复观看,这使传统教学中"案例跟做"内容耗时费力的问题得以妥善解决。由于线上学习覆盖了大部分浅层学习中的记忆与理解部分,线下课堂时间就会变得相对宽松,教师可以更多地采用探究式学习法,按照典型工作流程,围绕项目重点任务设计各种教学活动,如头脑风暴、分组讨论、演讲展示等,充分调动学生的主动性与积极性。这些教学活动不仅增强了课程的交互性,还模拟了学生在未来工作中将会面临的工作情境,有助于培养学生良好的组织、规划、沟通、表达等职业能力,以及团队合作意识和精益求精的工匠精神。

最后是课后教学活动延续。作为课程教学目标的具体化,学生需要在课后进一步完善课上的学习任务;同时也可以完成教师半指定题目、指定题目的整个创意设计。这是因为服装与服饰设计的创意与创新需要一个比较长的思考过程,在传统教学中,教师较难在课上留出足够的创意孵化时间。

新的教学模式下,教师可以将创意项目拆分为几个阶段性小任务。在每个单元的面对面教学中引导学生对这些任务进行讨论、分析、改进,从而帮助学生形成较为完善的最终作品。当然,最终创作的完成仍需学生在课后花大量时间精打细磨。为了促进学生在有限的时间内更高质量地完成作业或作品,教师可在教学流程的结尾处加入最终作品的公开演讲答辩这一任务。这个挑战性任务既可以锻炼学生的演讲表达能力,还可以引入学生互评和教师与企业导师评价环节。适当的压力与即刻的学习反馈将有助于学生能力的进一步提升,从而协助学生获得更好的学习成果,确保课程教学目标的实现。

### 3.2.2　设计概论课程知识建模

1. 设计概论课程简介

设计概论课程是面向艺术设计专业方向的学生开设的学科核心必修课程,在专业基础课程链中占据重要的地位。其目的主要是通过授课与学习,辅导学生自主深入地、理性地认识和把握设计的本质、特征以及设计历史的流变原因;明确设计是一项复杂的系统,它与经济、科技、政治、文化习俗、宗教信仰、历史与审美、心理、生活方式等多个方面相互交织,形成了一个错综复杂且相互关联与互动的体系。

通过本课程的学习,学生能够有效地评价设计产品和设计活动,能够更加深刻地理解设计师这个社会角色的特征、职责、职业道德等。另外,本课程的内容讲授、课题讨论、论文写作、小组社会实践调研等任务,将有效促进学生理论能力的提高与团队协作精神的培养。

在教学过程中,教师应注重将课程教学与爱国主义教育、价值观培养、职业道德教育以及社会公德教育相结合。

2. 设计概论课程知识建模图

设计概论课程的知识建模图如图 3-30～图 3-37 所示。

### 3.2.3　服装工艺基础课程知识建模

1. 服装工艺基础课程简介

服装工艺基础课程是服装与服饰设计专业的学科核心课程,也是融合审美、设计与实践的综合表现课程。通过本课程的学习,学生能初步掌握将手工技艺和工业缝纫机相结合进行多种布艺饰品制作的方法,为进一步学习服装设计与制作打下坚实的基础。

教师通过示范讲解,传授工业缝纫机的基本操作技术和常用缝制工艺手法,并重点讲授抱枕、布艺包、收纳袋等多种布艺饰品的缝制和手工工艺技巧。学生据此能结合面料和不同的缝制工艺要求,独立完成布艺饰品的设计与制作。

通过本课程的学习,学生能掌握服装缝制工艺的原理及方法,对抱枕、布艺包、收纳袋等多种布艺饰品的工艺、造型、材料间的相互关系有一定的认识,从而具备独立完成服饰品设计与制作的能力。除此之外,还能提升学生的艺术素养,提高动手能力和创造能力,并进一步加深他们对专业的认识,增强专业情感,为今后专业学习和职业规划做好准备。同时,也能培养学生的工匠精神和家国情怀,让优秀的服饰品之美与传统手工艺技艺得到更广泛的传承与创新。

2. 服装工艺基础课程知识建模图

服装工艺基础课程的知识建模图如图 3-38～图 3-40 所示。

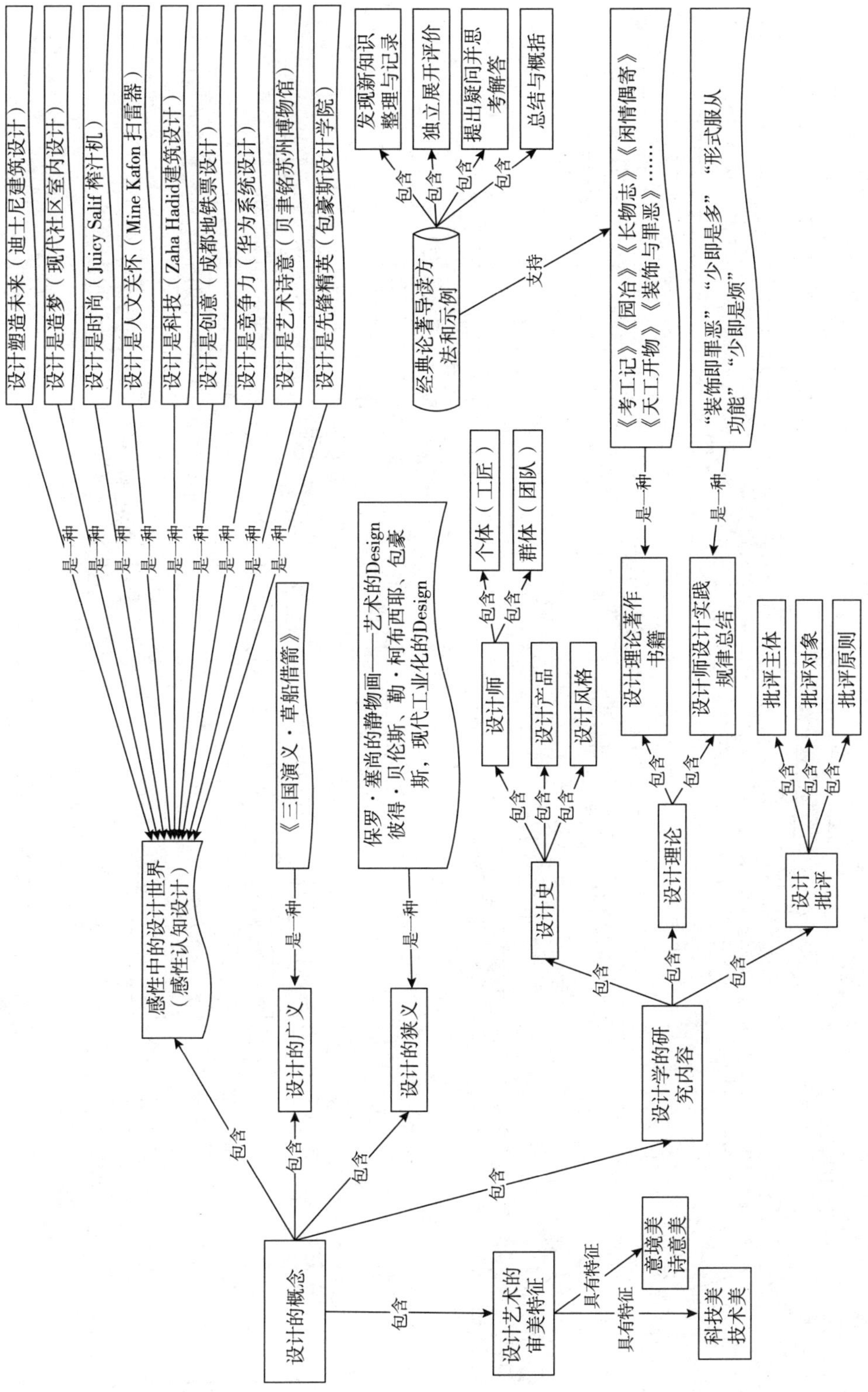

图 3-30　设计的概念知识建模

设计塑造未来（迪士尼建筑设计）
设计是造梦（现代社区室内设计）
设计是时尚（Juicy Salif 榨汁机）
设计是人文关怀（Mine Kafon 扫雷器）
设计是科技（Zaha Hadid建筑设计）
设计是创意（成都地铁票设计）
设计是竞争力（华为系统设计）
设计是艺术诗意（贝聿铭苏州博物馆）
设计是先锋精英（包豪斯设计学院）

发现新知识
整理与记录
独立展开评价
提出疑问并思考解答
总结与概括

包含
包含
包含
包含

经典论著导读方法和示例

支持

《考工记》《园冶》《长物志》《闲情偶寄》
《天工开物》《装饰与罪恶》……
"装饰即罪恶""少即是多""形式服从
功能""少即是烦"

是一种
是一种

个体（工匠）
群体（团队）

包含
包含

设计师
设计产品
设计风格

设计理论著作
书籍
设计师设计实践
规律总结

批评主体
批评对象
批评原则

保罗·塞尚的静物画——艺术的Design
彼得·贝伦斯，勒·柯布西耶，包豪
斯，现代工业化的Design

《三国演义·草船借箭》

是一种

是一种

感性中的设计世界
（感性认知与设计）

设计的广义

设计的狭义

包含

是一种

包含
包含
包含

设计史

包含

设计理论

包含

设计批评

包含

包含
包含
包含

设计学的研究内容

包含
包含

包含

包含

设计的概念

包含

设计艺术的审美特征

具有特征

意境美
诗意美

具有特征

科技美
技术美

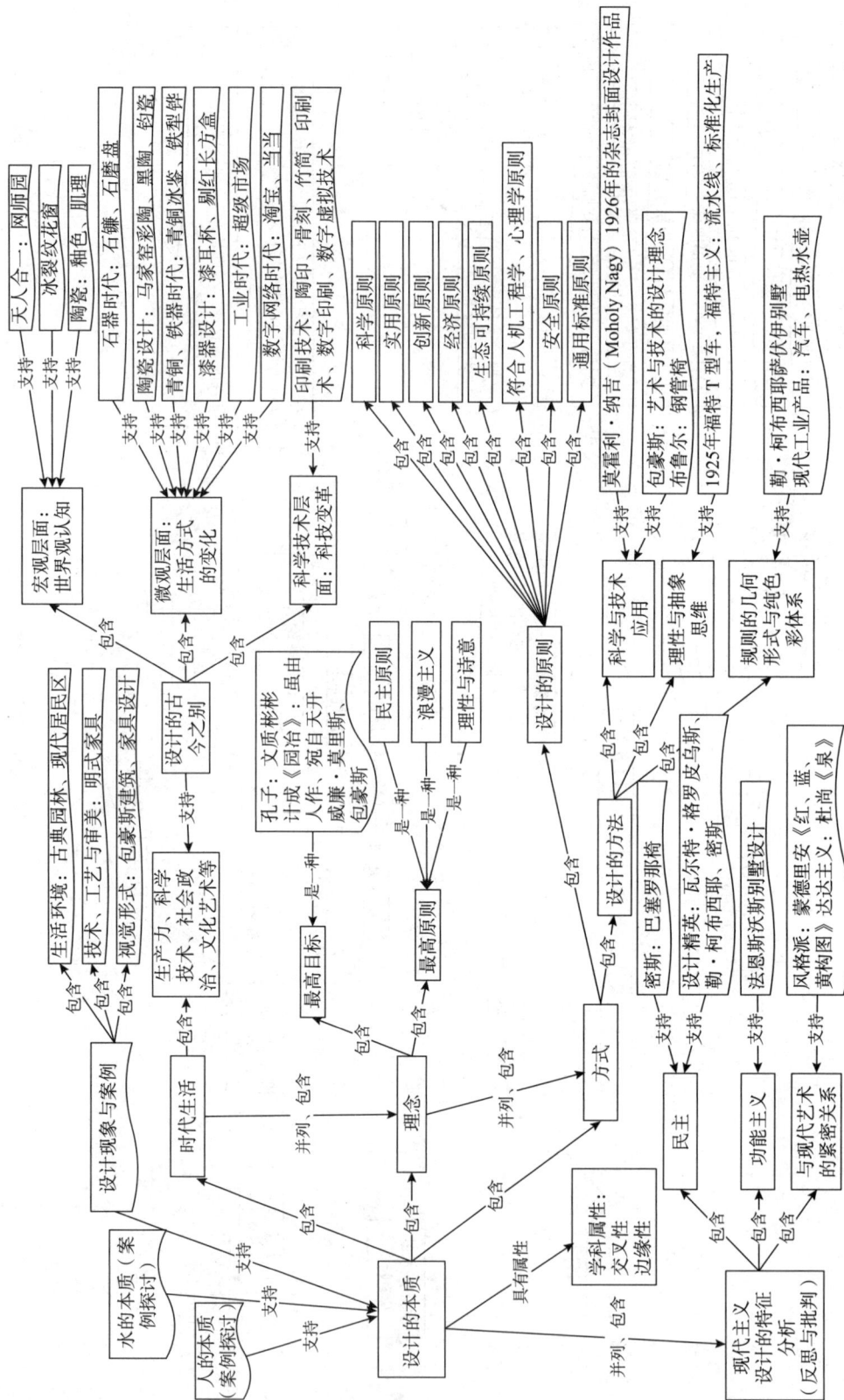

图 3-31 设计的本质知识建模

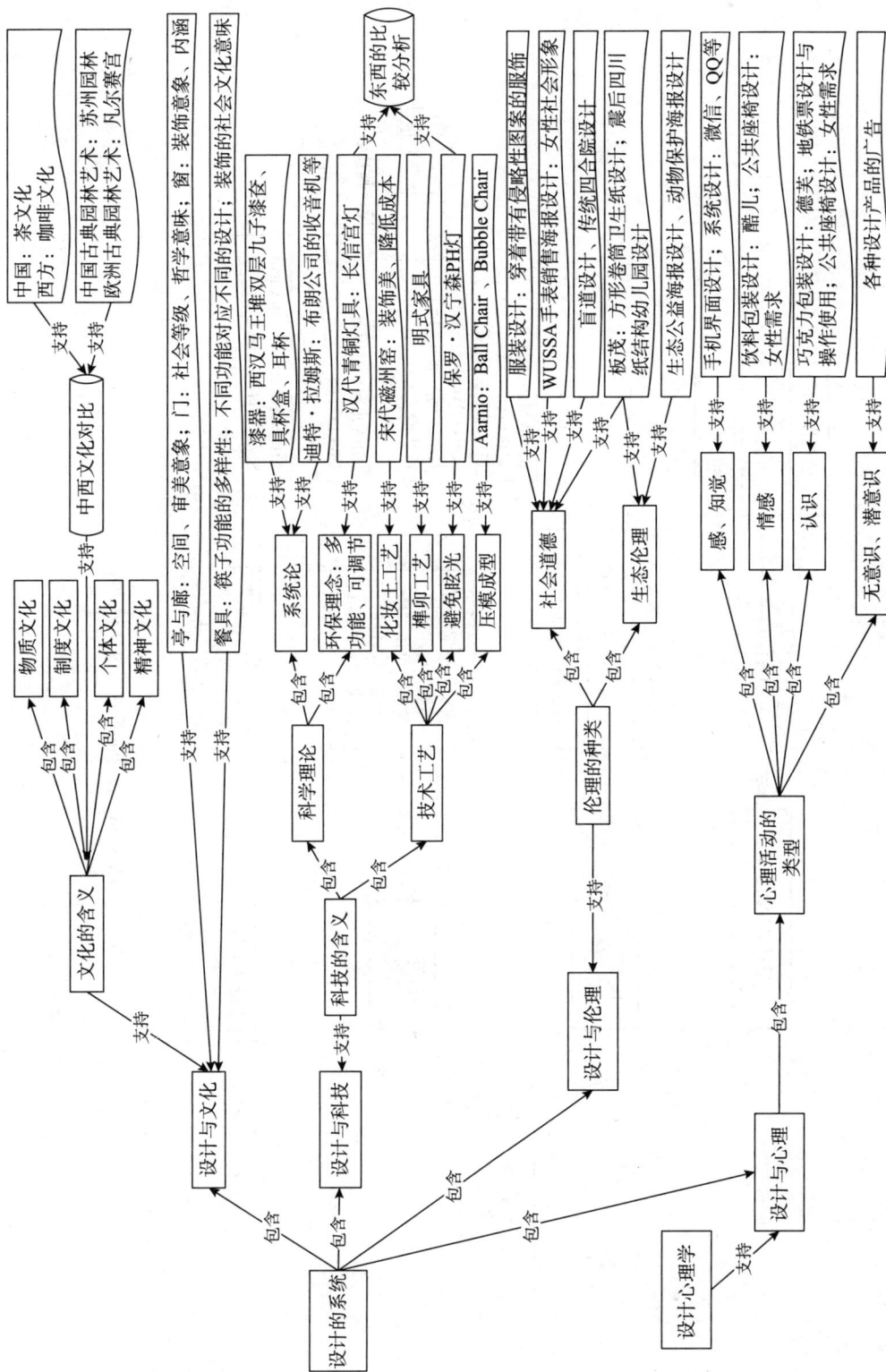

图 3-32　设计的系统知识建模

全过程性

价值评价

主客观统一

具有特征
具有特征
具有特征

设计批评的定义

使用者（消费者）

政府、社会组织机构

设计师（专业人员）

包含
包含
包含

设计批评的主体

Bruno Mathsson：家具设计

Hans J. Wegner：家具设计孔雀椅，Wingchair，侍从椅

IKEA儿童玩具设计：标注设计师

Arne Jacobsen：Drop Chair Swan Chair，Egg Chair

支持
支持
支持
支持

工匠精神
职业精神

支持

设计师社会价值的肯定与认同

支持

视觉：视觉感知
功能：可用性等
情感：价值判断
文化：设计独特性
标准：专业规范

包含

设计批评的要素

美是目的还是结果
美是理性还是感性
美是直接还是间接

包含

设计美与艺术美

包含
包含
包含
包含

设计的批评系统

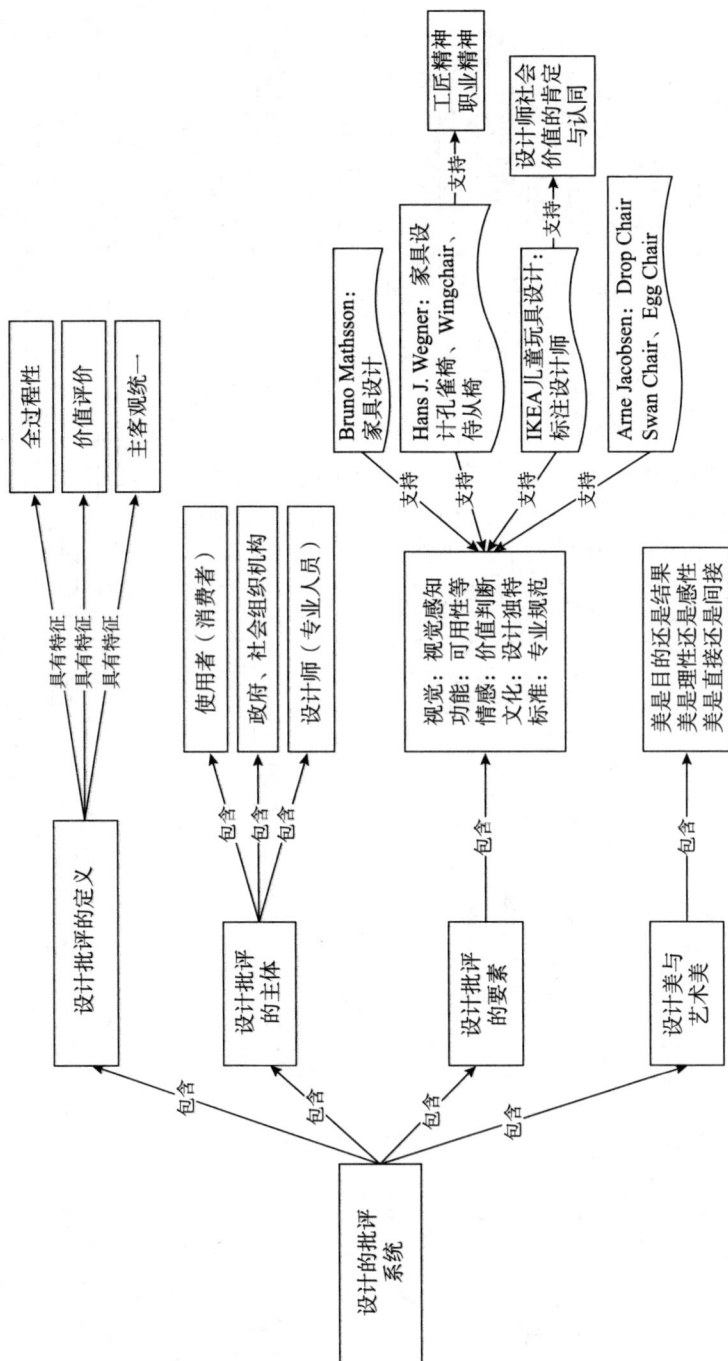

图 3-33　设计的批评系统知识建模

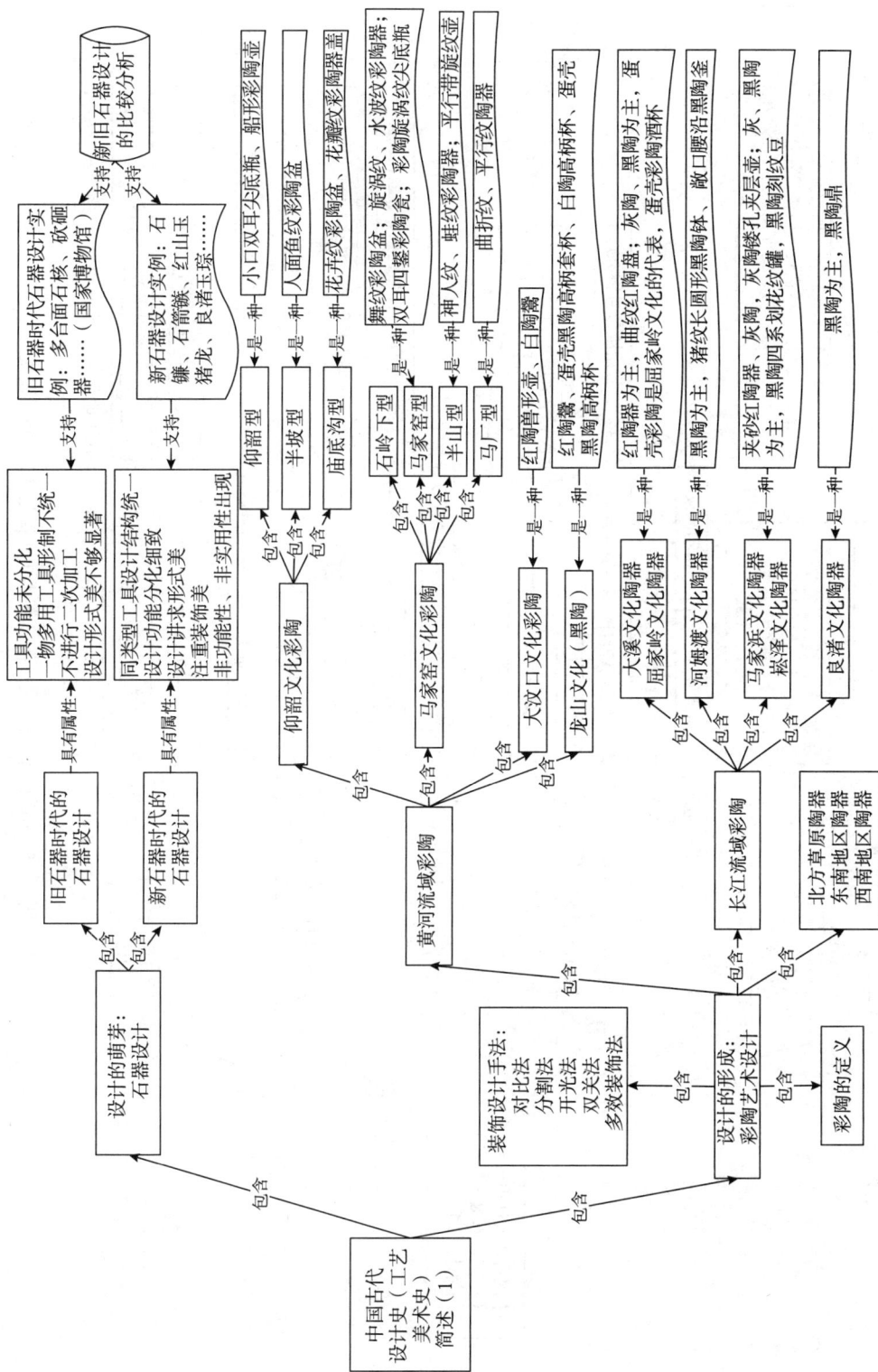

图 3-34　中国古代设计史（工艺美术史）简述（1）知识建模

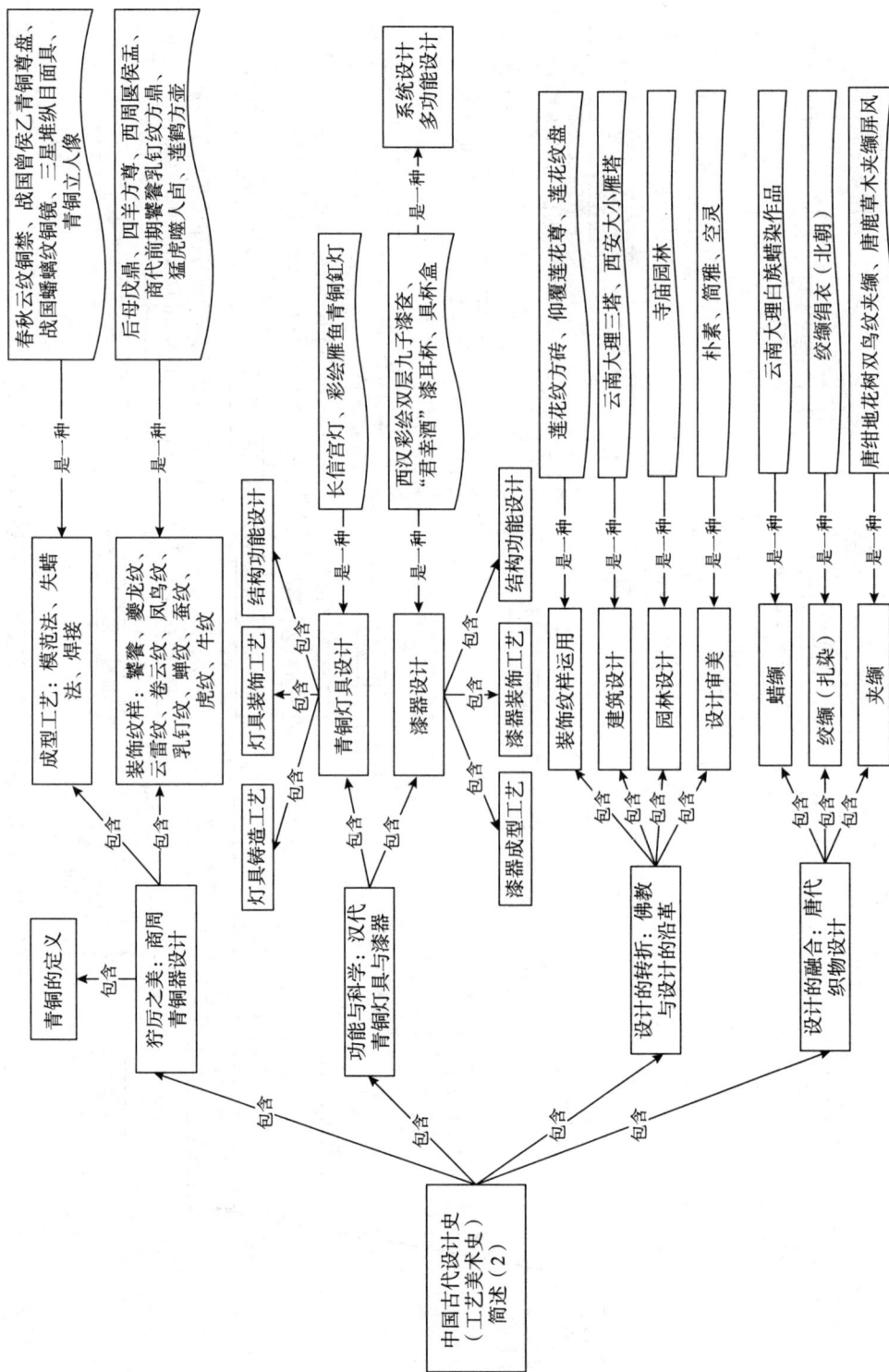

图3-35 中国古代设计史（工艺美术史）简述（2）知识建模

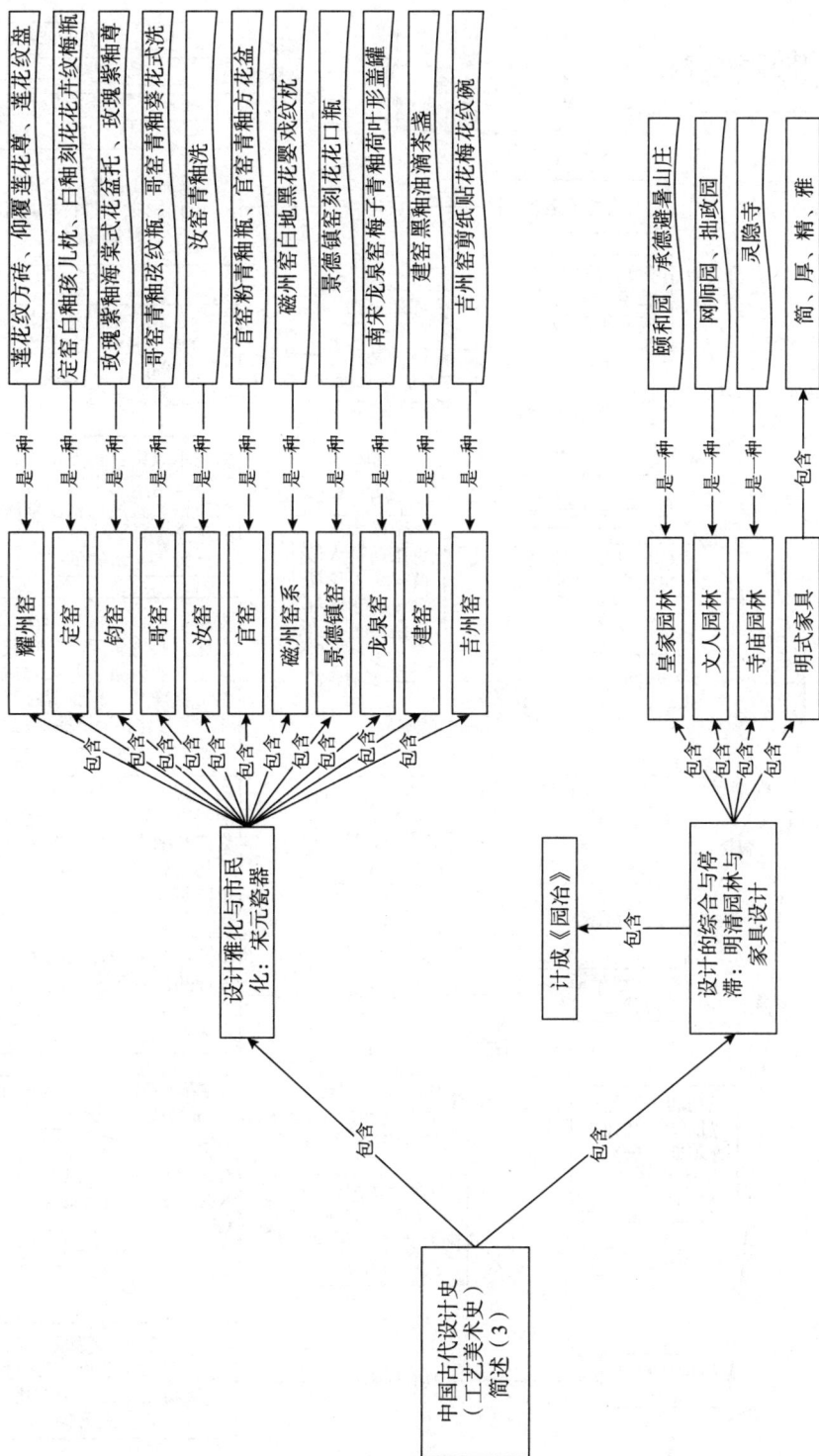

图 3-36　中国古代设计史（工艺美术史）简述（3）知识建模

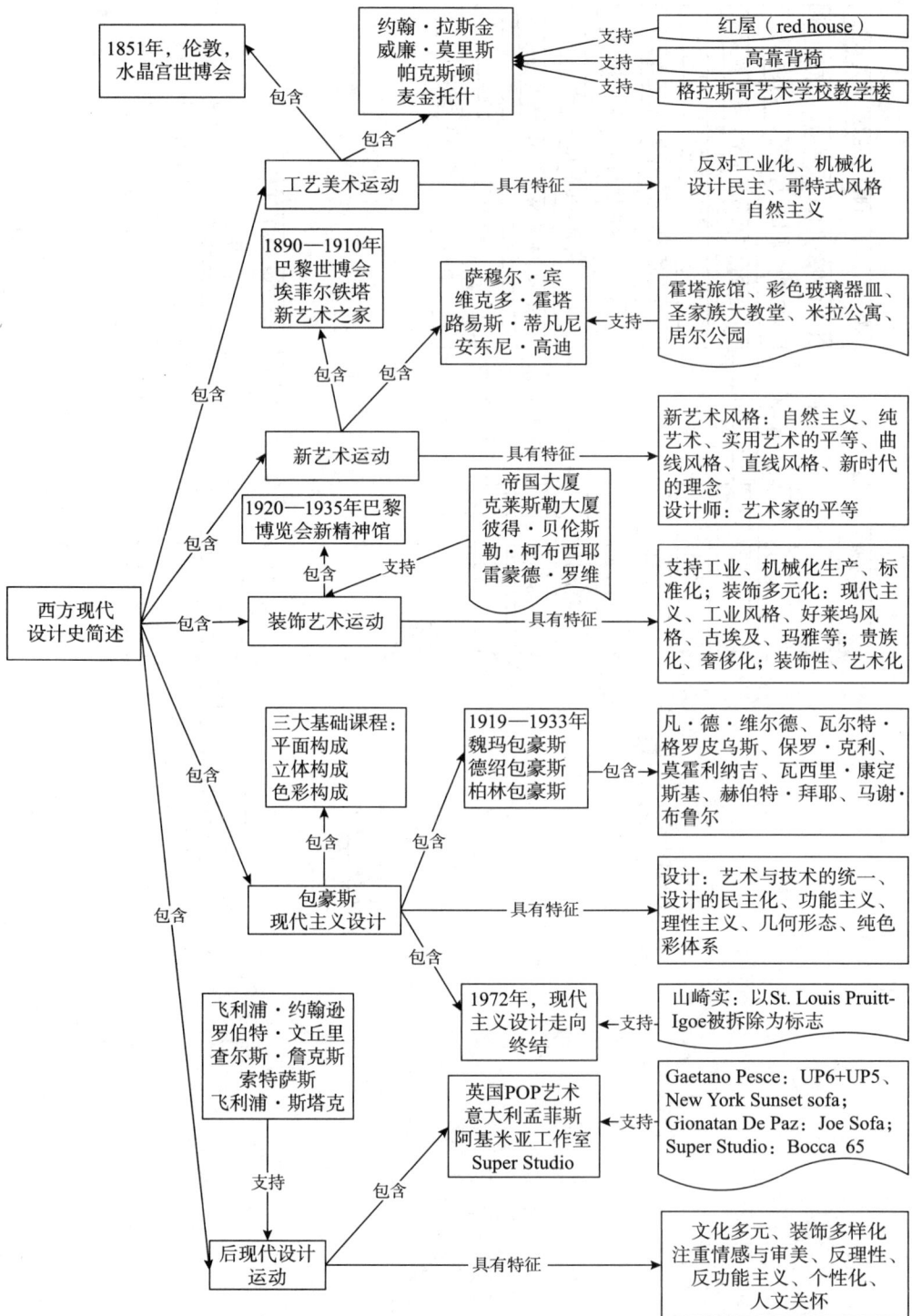

图 3-37　西方现代设计史简述知识建模

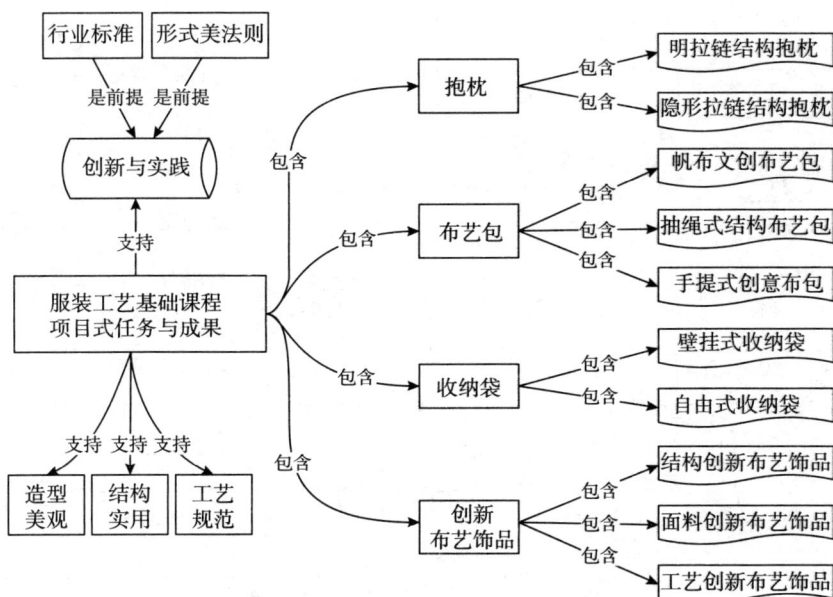

图 3-38　服装工艺基础课程项目式任务与成果知识建模

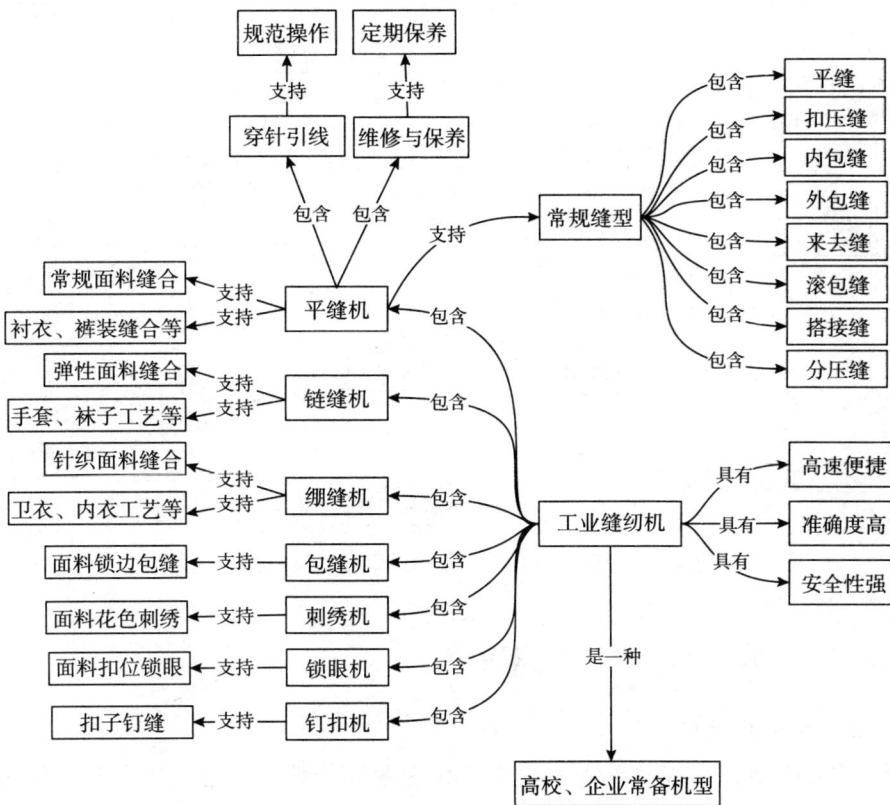

图 3-39　工业缝纫机知识建模

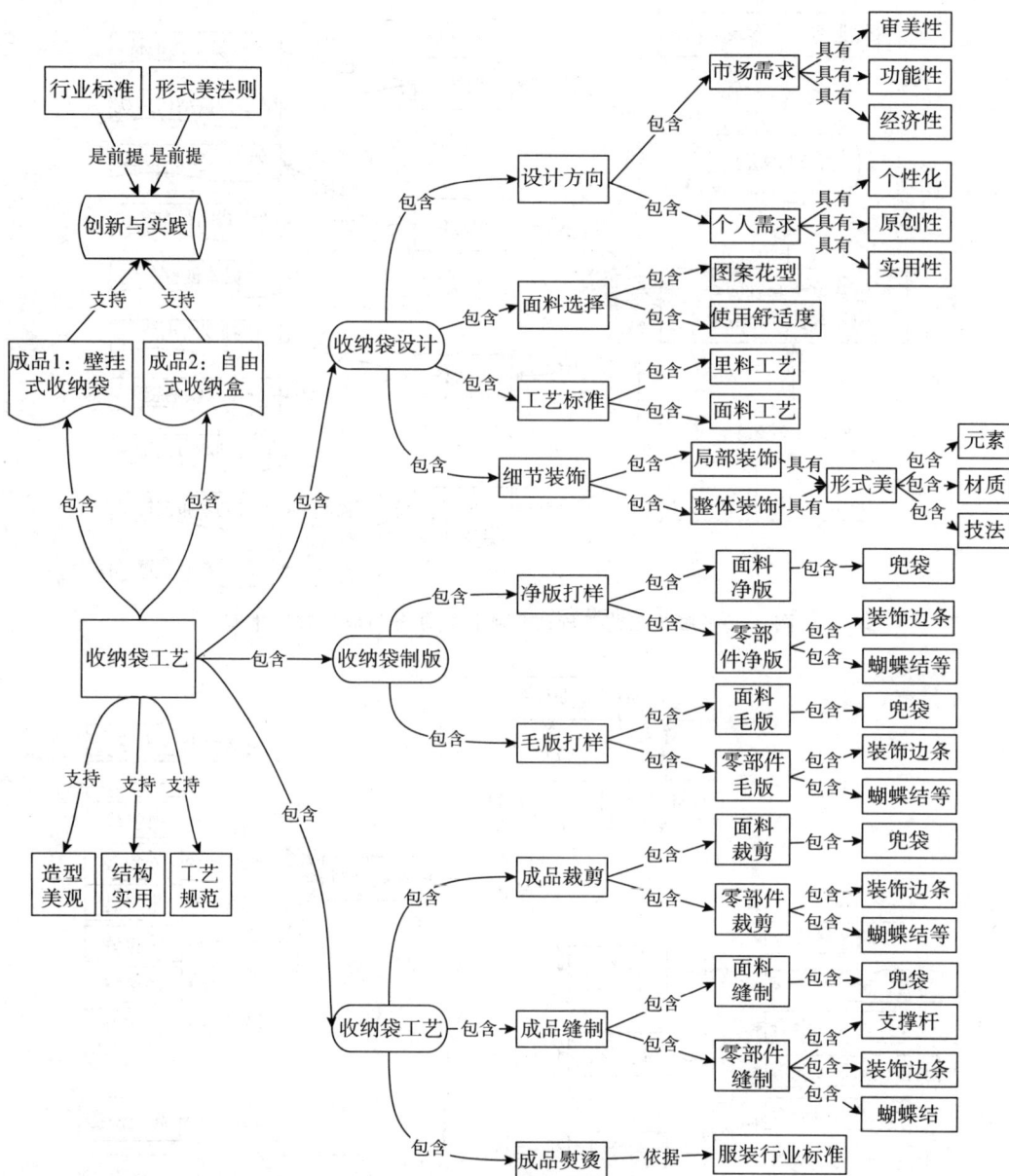

图 3-40 收纳袋工艺知识建模

## 3.2.4 形式基础Ⅱ课程知识建模

**1. 形式基础Ⅱ课程简介**

形式基础Ⅱ课程是设计学类专业的学科专业选修课程。通过本课程的学习和训练,学生能了解和掌握立体造型的构成方法,并提高对立体设计中形式美规律的认识,进而提升设计能力和审美能力。此外,还能使学生具有对形体空间存在的判断力和直观鉴别力,提高学生形态美感的素质和创新能力,为专业设计的学习与实践奠定必要的知识与技能基础。

形式基础Ⅱ课程以构成手法为研究对象,培养学生对构成的形态、色彩、肌理等方面的创造性构思和造型能力,深入理解并掌握形式美法则,开拓学生的设计思路,提高学生的审美能力,为以后学习服装专业设计课程打下良好的基础。

通过本课程的学习,学生能够熟练并深刻把握立体构成的概念、本质、特征及其组织元素和对设计的重要作用;能够熟练应用立体构成元素的建构方法和组织法则,将构成元素进行立体空间形态的构建;能够完美遵循形式美法则,呈现出设计感极强的立体形态;能够完美应用形式美的规律,并在自己的构成作品中呈现形式美的规律;能够通过广泛借鉴和学习,实现自主的立体形态创造与创新,体现独特的创新精神。

在授课中,教师应注重将课程教学与爱国主义教育、价值观培养、职业道德教育和社会公德教育相结合,并根据课程的特点将中国传统文化元素和社会主义核心价值观元素融入作品的设计创作,强化职业道德和知识产权教育,凸显环保理念与绿色设计。

2. 形式基础Ⅱ课程知识建模图

形式基础Ⅱ课程的知识建模图如图 3-41～图 3-44 所示。

### 3.2.5　中外服装史课程知识建模

1. 中外服装史课程简介

中外服装史课程是服装与服饰设计专业的专业学科核心课程,服装史是支撑服装设计实现的文化基础。该课程不仅为服装专业已开设的项目化教学课程服饰品设计、服装品牌设计、服装专题结构实践,以及专业基础课服饰图案等提供了坚实的理论支撑,而且将继续为本专业所有后续课程奠定重要基础。同时,它也是本专业升学考试的必考理论课程。

课程总体目标:使学生掌握中外服装史的基本知识体系,提高学生的艺术素养和人文精神,培养学生发现问题、独立思考和拓展思维的能力;使学生能够以中外各时期重要的服装特征为基础,在继承的同时勇于创新,大胆突破,并从中提炼设计元素,为以后独立进行服装设计创作打下坚实的基础。

知识目标:使学生掌握中国和外国各个历史时期的服装款式、面料、制作工艺以及配饰等方面的内容,以及与服装成因紧密相关的历史文化背景、经济发展、地域民族特色、宗教、艺术思潮、流派影响等内容。教学内容应侧重能够提高学生审美及人文素养的内容、可供学生提取相关设计元素的内容,以及可提高学生结构造型分析与实践能力的内容。

能力目标:使学生掌握中外服装史的基本知识体系,了解服装发展变化的历史轨

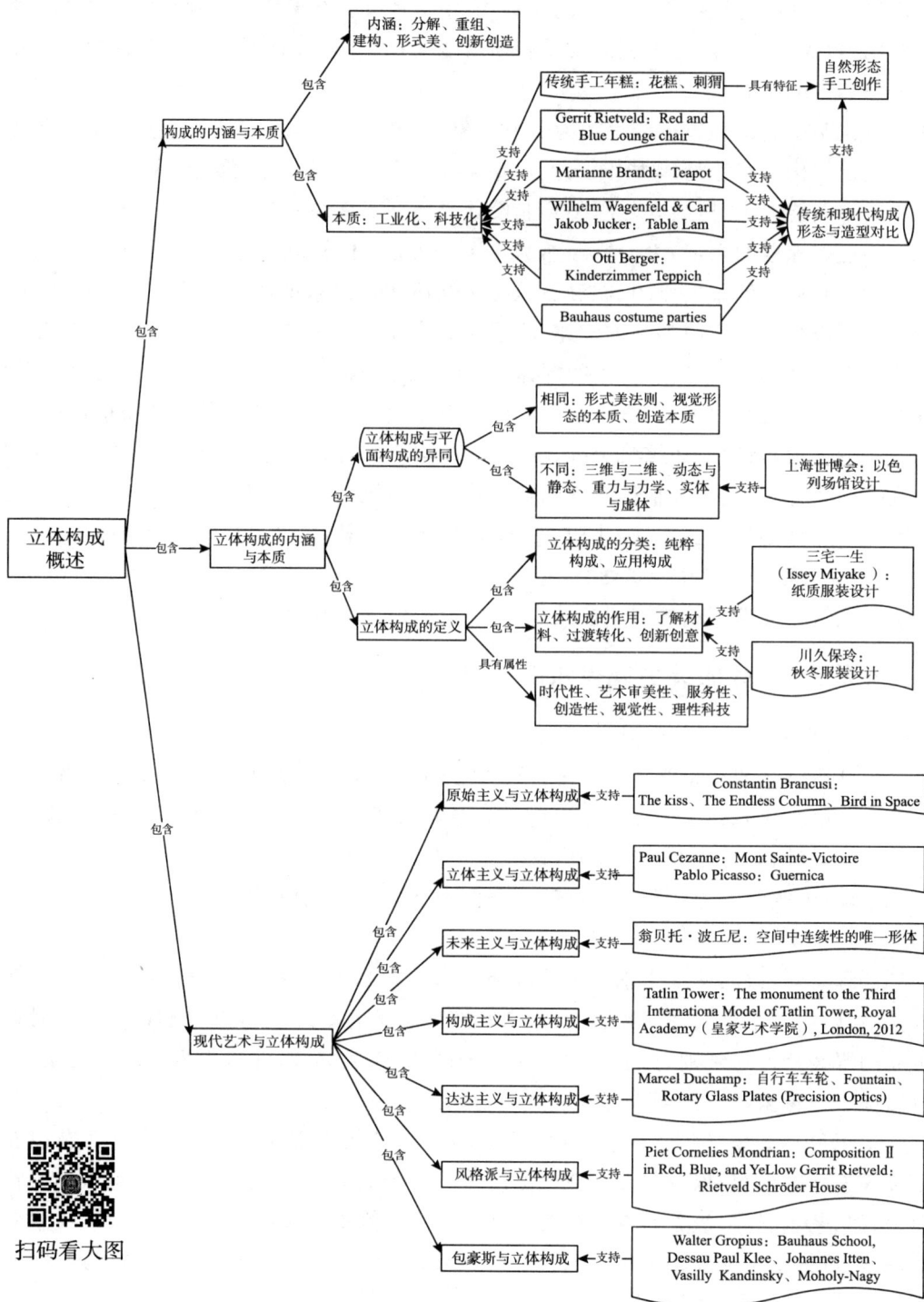

内涵：分解、重组、建构、形式美、创新创造

构成的内涵与本质

本质：工业化、科技化

传统手工年糕：花糕、刺猬 —具有特征→ 自然形态手工创作

Gerrit Rietveld：Red and Blue Lounge chair

Marianne Brandt：Teapot

Wilhelm Wagenfeld & Carl Jakob Jucker：Table Lam

Otti Berger：Kinderzimmer Teppich

Bauhaus costume parties

传统和现代构成形态与造型对比

立体构成概述

立体构成与平面构成的异同

相同：形式美法则、视觉形态的本质、创造本质

不同：三维与二维、动态与静态、重力与力学、实体与虚体 —支持← 上海世博会：以色列场馆设计

立体构成的内涵与本质

立体构成的定义

立体构成的分类：纯粹构成、应用构成

立体构成的作用：了解材料、过渡转化、创新创意 —支持← 三宅一生（Issey Miyake）：纸质服装设计

时代性、艺术审美性、服务性、创造性、视觉性、理性科技 —支持← 川久保玲：秋冬服装设计

现代艺术与立体构成

原始主义与立体构成 —支持← Constantin Brancusi：The kiss、The Endless Column、Bird in Space

立体主义与立体构成 —支持← Paul Cezanne：Mont Sainte-Victoire　Pablo Picasso：Guernica

未来主义与立体构成 —支持← 翁贝托·波丘尼：空间中连续性的唯一形体

构成主义与立体构成 —支持← Tatlin Tower：The monument to the Third Internationa Model of Tatlin Tower, Royal Academy（皇家艺术学院），London, 2012

达达主义与立体构成 —支持← Marcel Duchamp：自行车车轮、Fountain、Rotary Glass Plates (Precision Optics)

风格派与立体构成 —支持← Piet Cornelies Mondrian：Composition Ⅱ in Red, Blue, and YeLlow Gerrit Rietveld：Rietveld Schröder House

包豪斯与立体构成 —支持← Walter Gropius：Bauhaus School, Dessau Paul Klee、Johannes Itten、Vasily  Kandinsky、Moholy-Nagy

扫码看大图

图 3-41　立体构成概述知识建模

動態
變化

形式
内容（意义）

具有特征　具有特征

形态的定义

包含

形态
构成

包含

包含

包含

自然形态

包含　→ 点形态
包含　→ 线形态
包含　→ 面形态
→ 体形态

抽象形态

包含　概念的形态　←支持　保罗汉宁森：PH灯
Arne Jacobsen：Drop Chair

叙事的形态　←支持　La Chapelle de Ronchamp：Le
Corbusier、南宁朱槿花雕塑

包含　意象的形态　←支持　扎哈·哈迪德：北京大兴国际机场

隐喻的形态　←支持　Jorn Utzon：Sydney Opera House

象征的形态　←支持　Antoni Gaudi：La Casa Batlló
Charles W . Moore：Piazza d'Italia

人化形态

包含　形态放生　←支持　Hans Wegner：Peacock Chairr
包含　肌理放生　←支持　北京水立方

立体构成的
形态系统

包含

語言系統

包含　点的构成　具有属性　独立性、定位性、活跃性、空间性、错觉性

包含　线的构成　具有属性　界限性、导向性、表形性、表意性
包含　线的种类：直线、曲线、自由线

包含　面的构成　包含　面的种类：几何形平面/曲面、自然形平面、
有机形平面、偶然形平面、自由形曲面

包含　体的构成　具有属性　封闭性、重量感、重力感、空间感
包含　体的种类：半立体、几何平面体、几何曲
面体、自由曲面体、自由体

包含　空间构成　空间的种类：中心式限定、天覆式限定、
地載式限定、竖断式限定、合抱式限定、
夹持式限定、围合式限定、内定间限定

包含

語汇系統

包含　线材语汇　包含　框架建构、连续建构、垒
积建构、线群建构、线织
面建构、悬垂建构、
编织建构　←支持　上海外滩金融中心

包含　面材语汇　包含　弯折建构、层积建构、插
接建构、曲面建构、壳体
建构、柱式建构、多面建构　←支持　艾洛阿尼奥：Ball chair
保罗·汉宁森：PH Lamp

包含　块材语汇　包含　分割构建、聚集建构　←支持　D.Libeskind：The
Jewish Museum in
Berlin Germany

包含

語法系統

包含　组织法则　包含　简化法则、数理法则、结构法则（整体与局部
的关系：单元形体的组合与繁殖）、解构法则、
对比法则（形态、曲直、虚实、疏密、质地、
肌理）、调和法则（同一调和、类似调和）

包含　形式法则　包含　对称、均衡、变化、统一、节奏、韵律

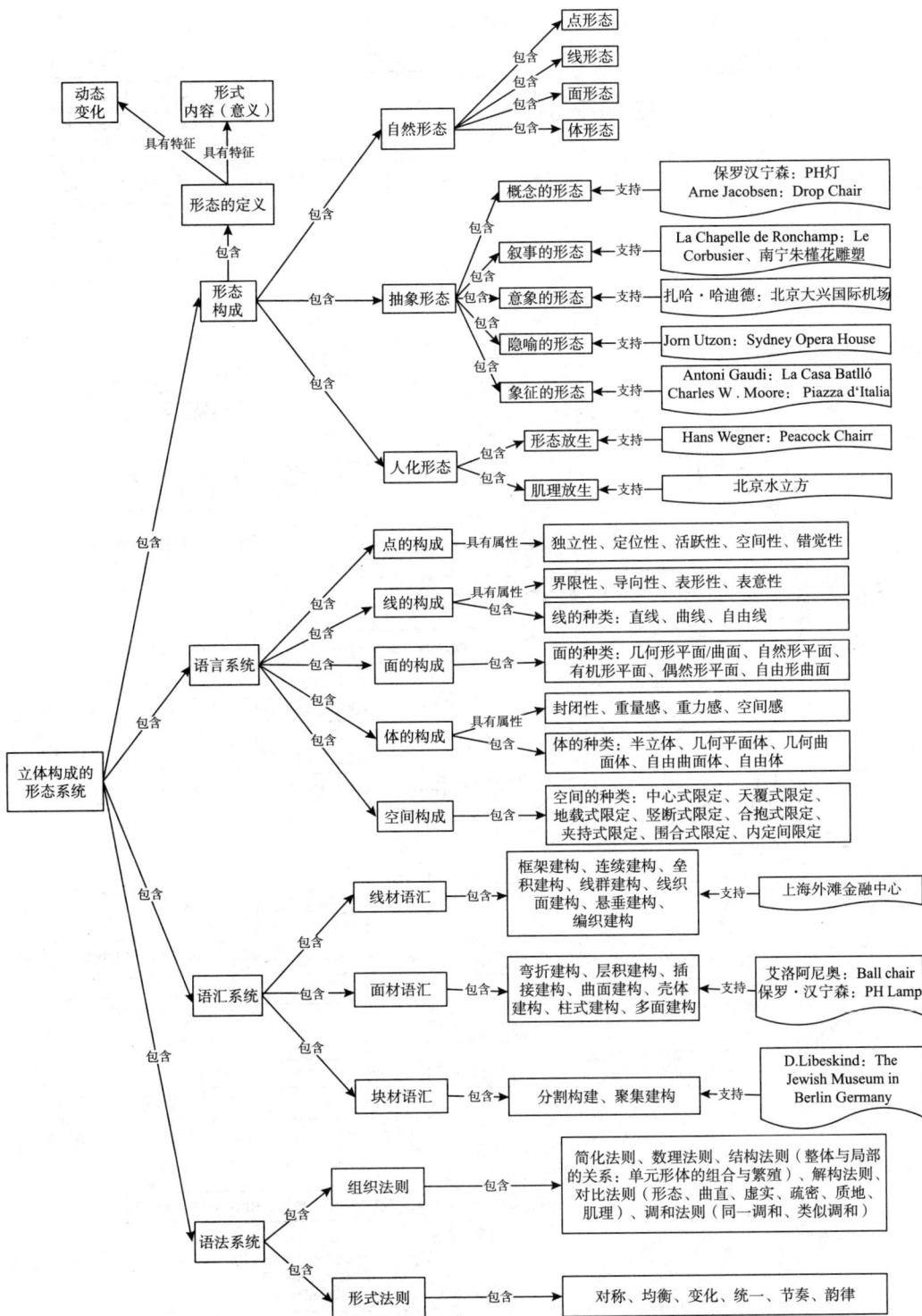

图 3-42　立体构成的形态系统知识建模

原因：奠定立体构成的造型基础，延续"平面造型"

目的：认知了解材料特性、感受体验材质、挖掘材料可塑性、造型能力

实践的原因和目的

肌理构成 —— 构成实践的具体方法
- 工具准备
- 材料选择
- 分析材料的特征
- 不同材料的组合
- 材料处理与变化
- 材料处理所遵循的形式美法则
- 材料与背景的关系处理

立体构成的创意实践

半立体构成(以纸材为主)
- 半立体构成分类
  - 抽象构成
  - 具象构成
- 构成实践的具体方法
  - 无切口折曲：做皱、抽褶、折曲
  - 柱式构成：圆柱型、棱柱型、三棱柱、四棱柱、不规则型
  - 切割：一切多折、多切多折

点体构成
- 点体的特征：色彩、形态、位置、体积
- 点体的概念
- 点体的构成方法 —— 重复点的构成、连续点的构成、聚集点的构成

线体构成
- 线体的概念
- 线体的类型
  - 软质线体 —— 棉/毛线、麻线、丝线、藤、皮筋……
  - 硬质线体 —— 枝条、木筷、牙签、金属线、吸管……
- 线材的建构方式 —— 框架、连续、垒积、线群、线织面、编织建构等

面体构成
- 面体的概念
- 面材的建构方式 —— 弯折建构、层积建构、插接建构、曲面建构、壳体建构、柱式建构、多面建构
  - 贝聿铭：苏州博物馆
  - 圣索菲亚大教堂壳体建构
  - Eero Saarinen：TWA Flight Center

块体构成
- 块体的概念
- 块体的种类 —— 实体、虚体、半实半虚
- 块体的建构方法
  - 变形：扭曲、膨胀、倾斜、缠绕等 —— 陶朱隐园建筑设计 Antony Gibbon：混凝土螺旋状建筑斯洛伐克山脉倾斜的 kezmarska 小屋
  - 分割：分裂、破坏、退层、切割、分割移动
  - 聚积：堆砌组合、接触组合、贴加组合、叠合组合、贯穿组合 —— 北京艺术博物馆

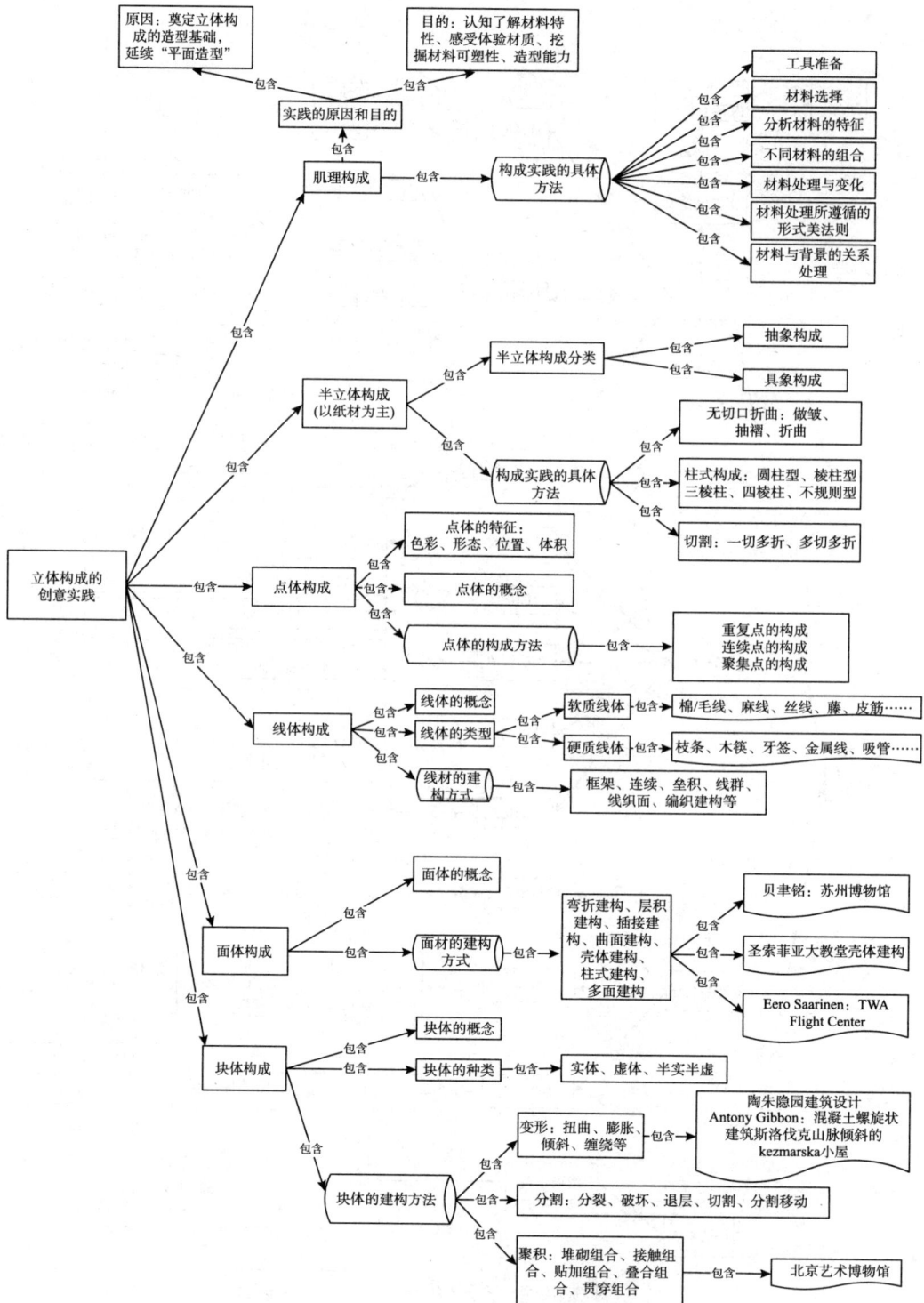

图 3-43　立体构成的创意实践知识建模

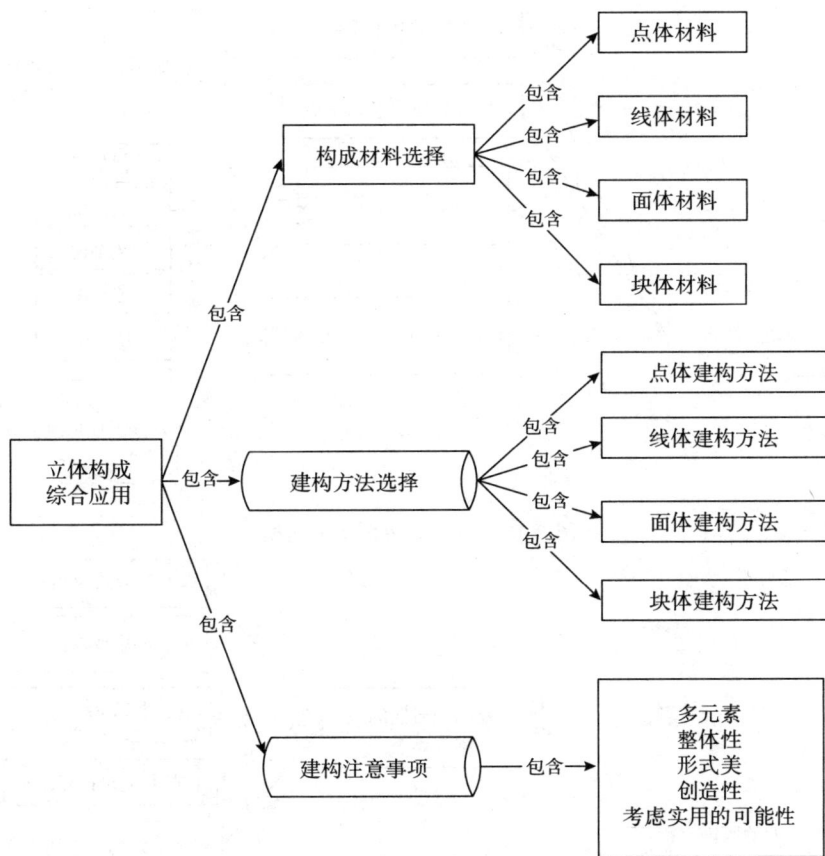

图 3-44　立体构成综合应用知识建模

迹,掌握分析服装与社会文化之间关系的方法,提高学生的艺术素养和人文精神,培养学生发现问题、独立思考和拓展思维的能力;使学生具有一定的传统文化视野,能够在设计中自发运用文化性设计元素,从而真正做到"创意融合技术,设计传承文化"。

素养目标:中外服装史课程是加强服装与服饰设计专业学生基础理论知识和文化意识素质教育的重点课程,该门课程的研究可以推动服装与服饰设计基础理论的深入和深化,促进学科理论体系的完善与发展,提高学生对服装与服饰设计史理论的认知水平。

2. 中外服装史课程知识建模图

中国服装史知识建模图如图 3-45～图 3-53 所示。

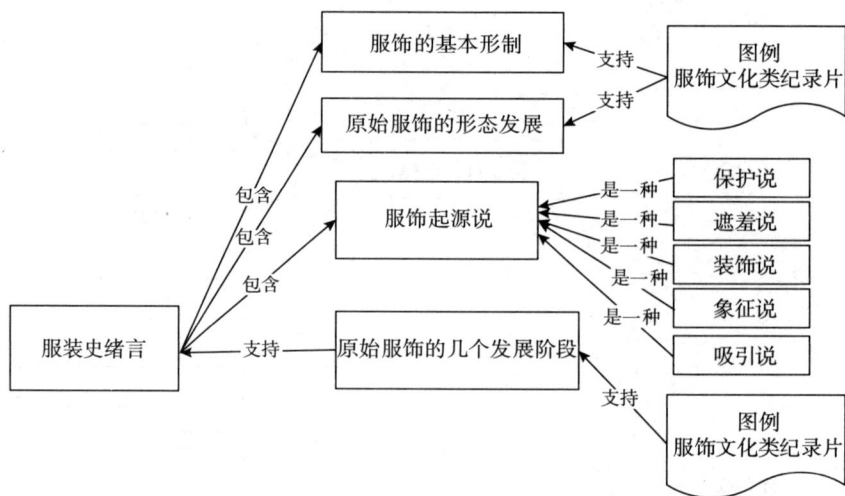

图 3-45 服装史绪言知识建模

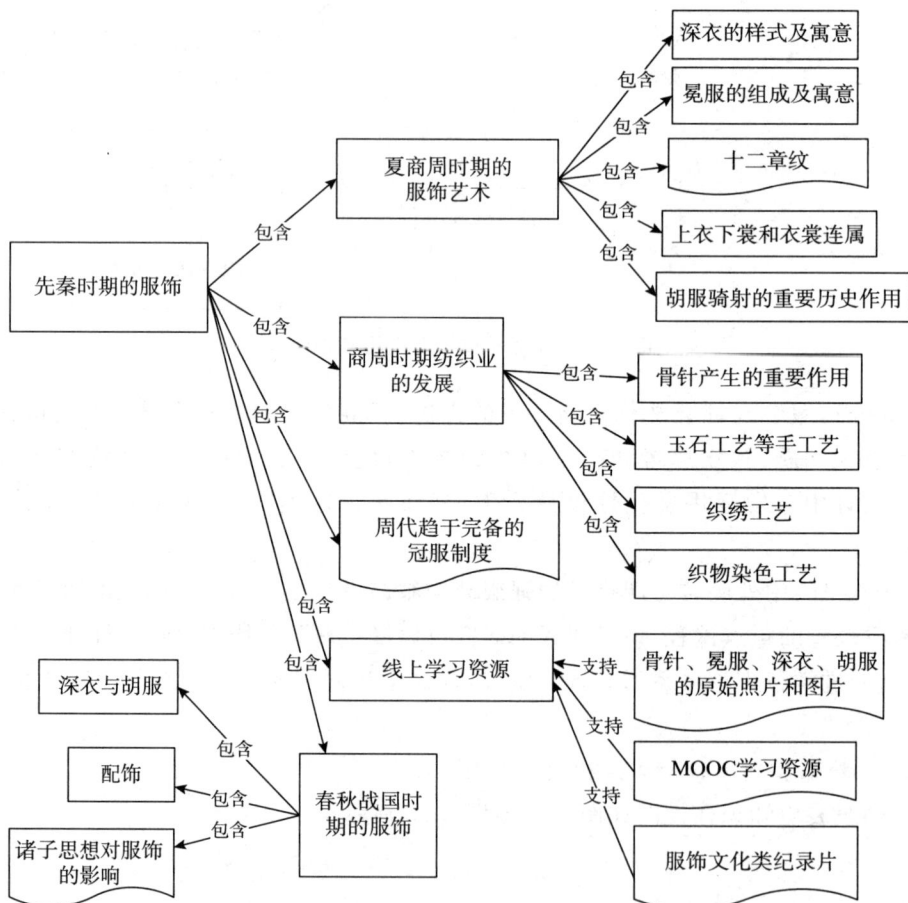

图 3-46 先秦时期的服饰知识建模

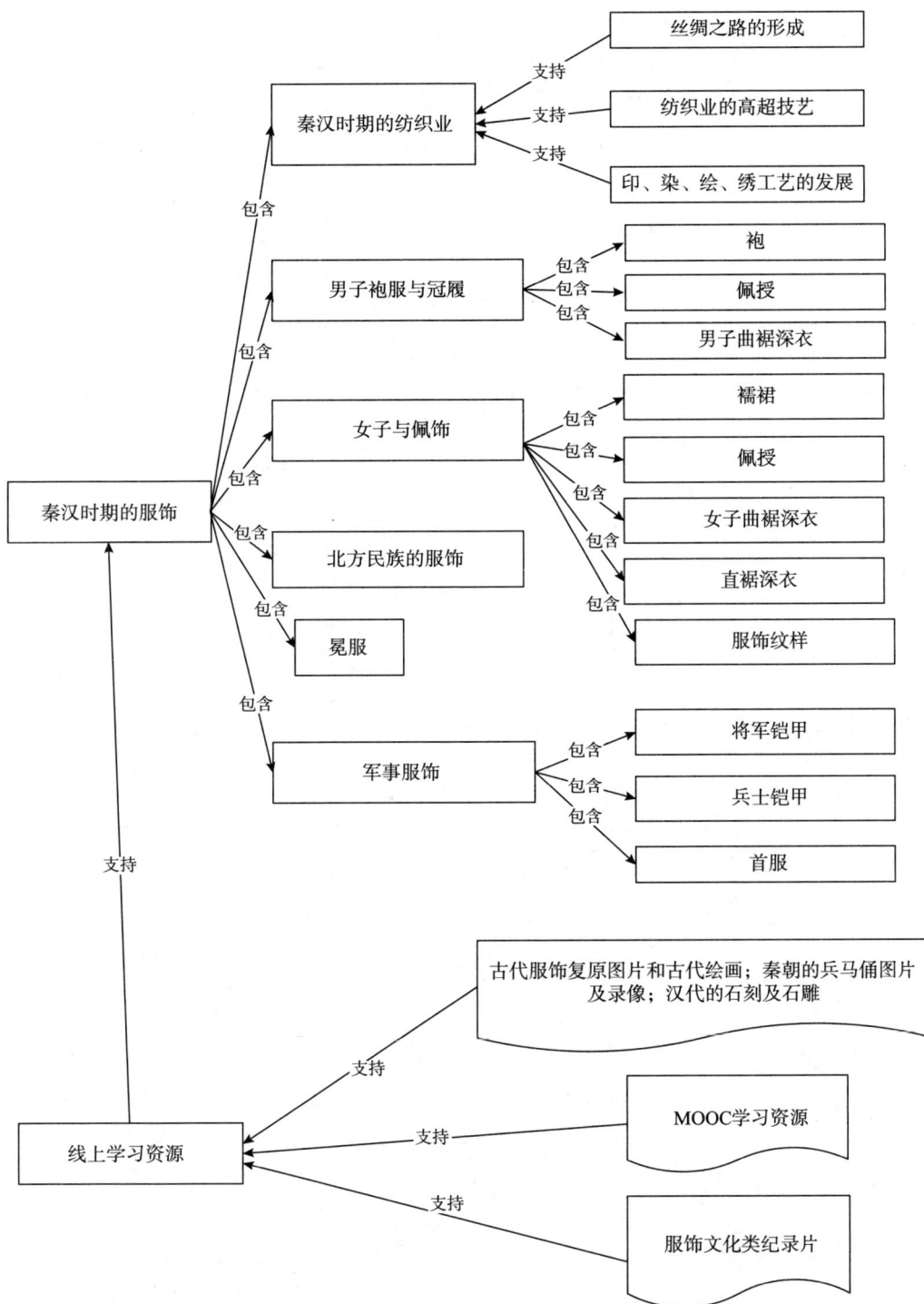

图 3-47　秦汉时期的服饰知识建模

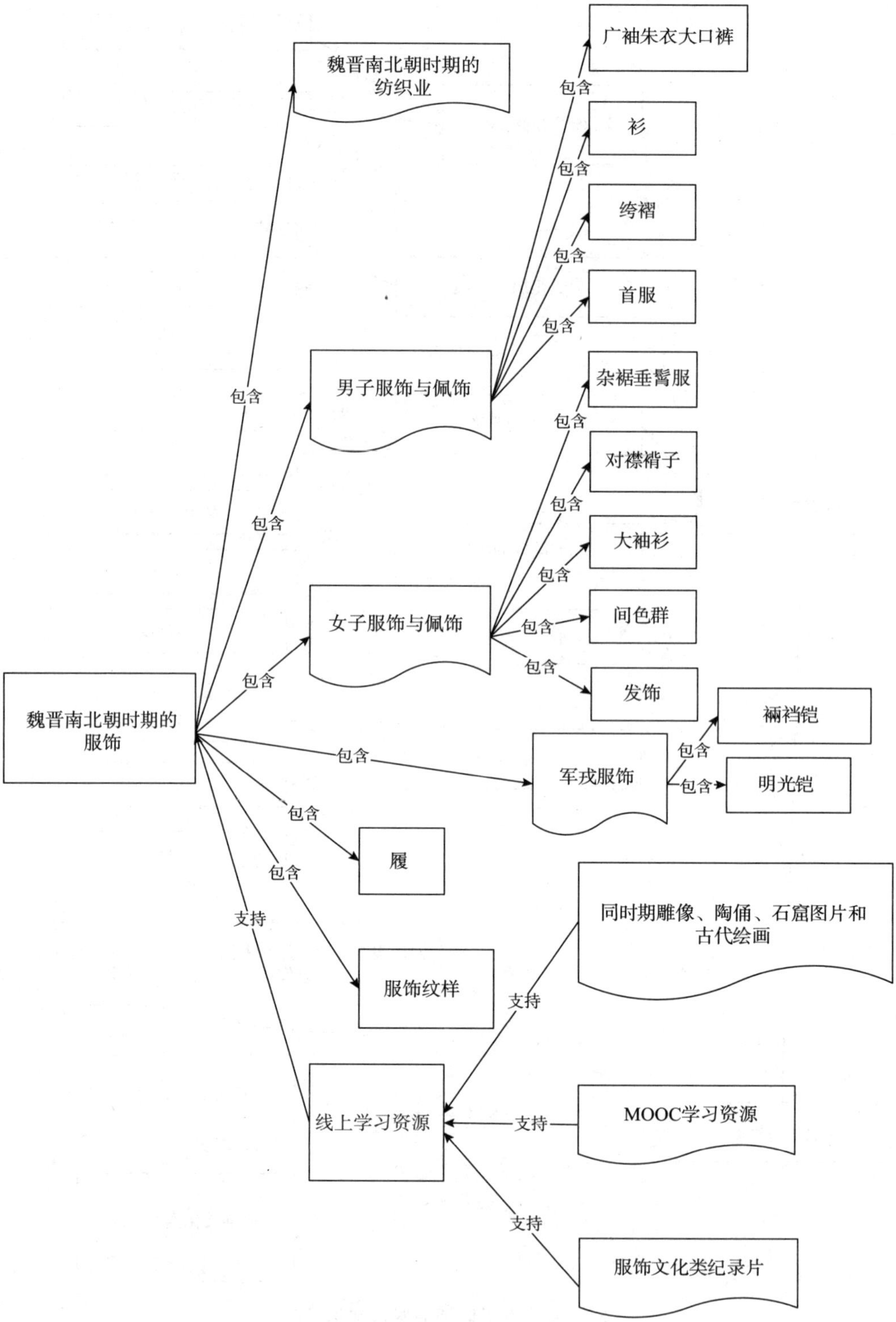

图 3-48  魏晋南北朝时期的服饰知识建模

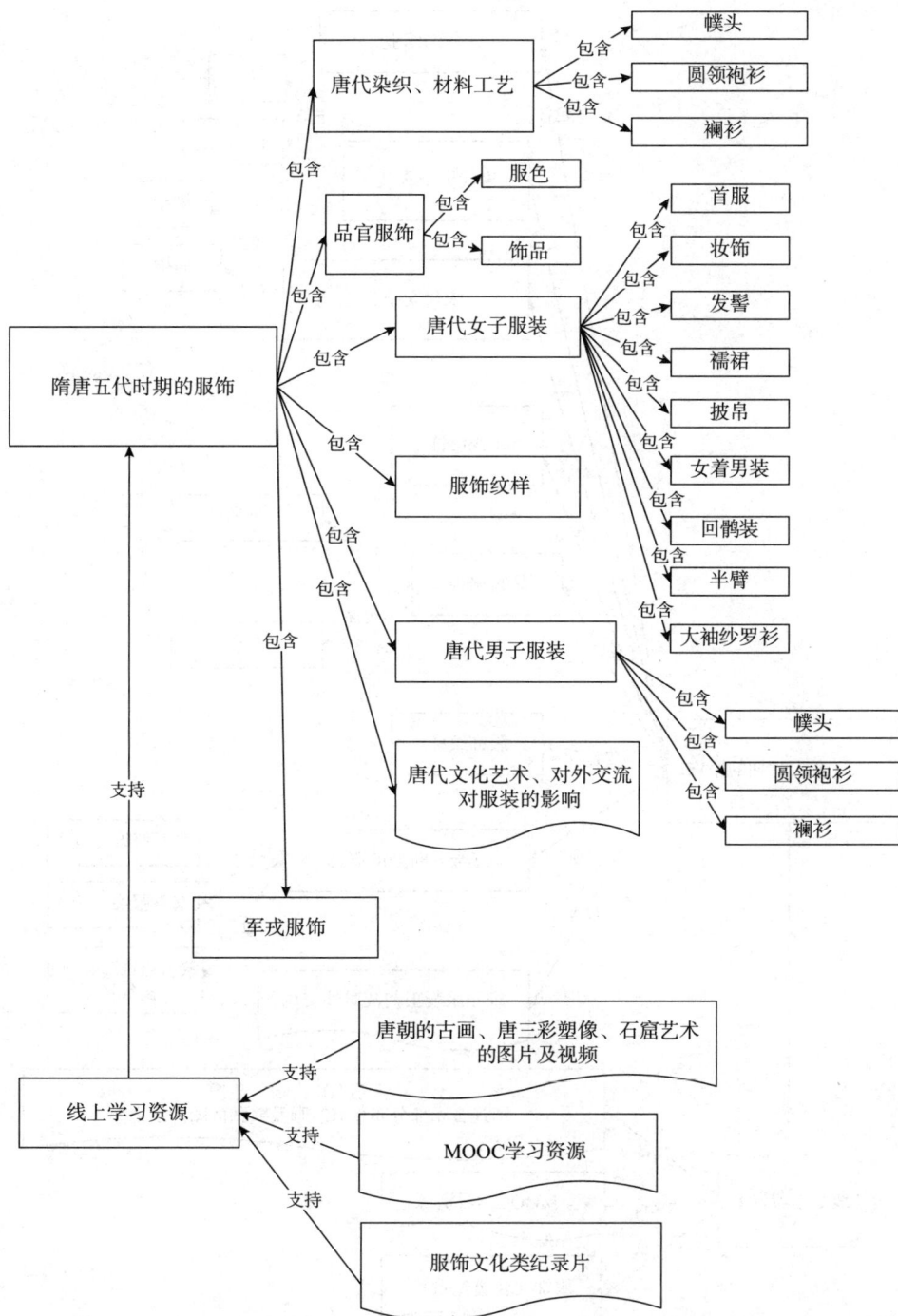

图 3-49 隋唐五代时期的服饰知识建模

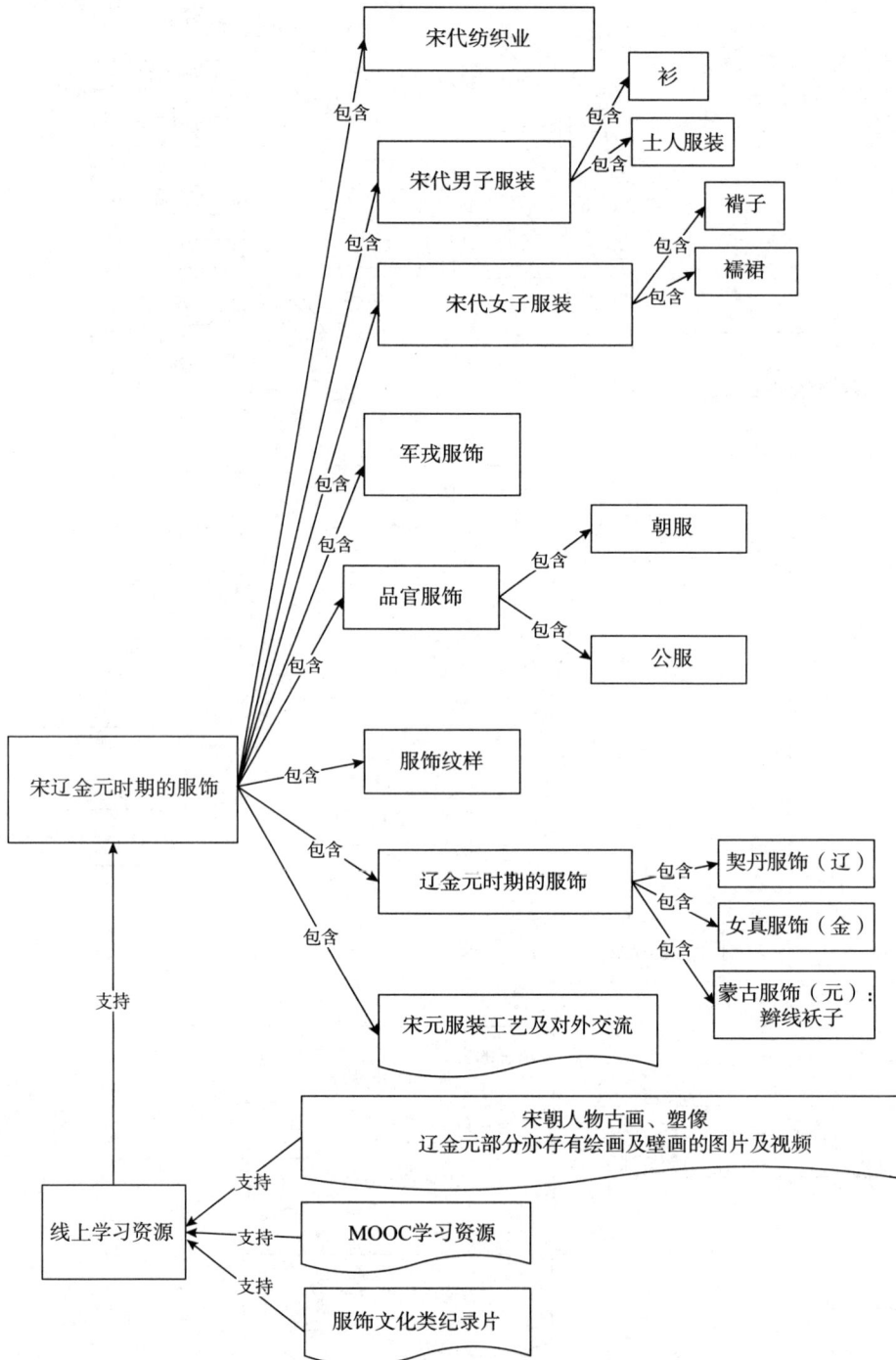

图 3-50　宋辽金元时期的服饰知识建模

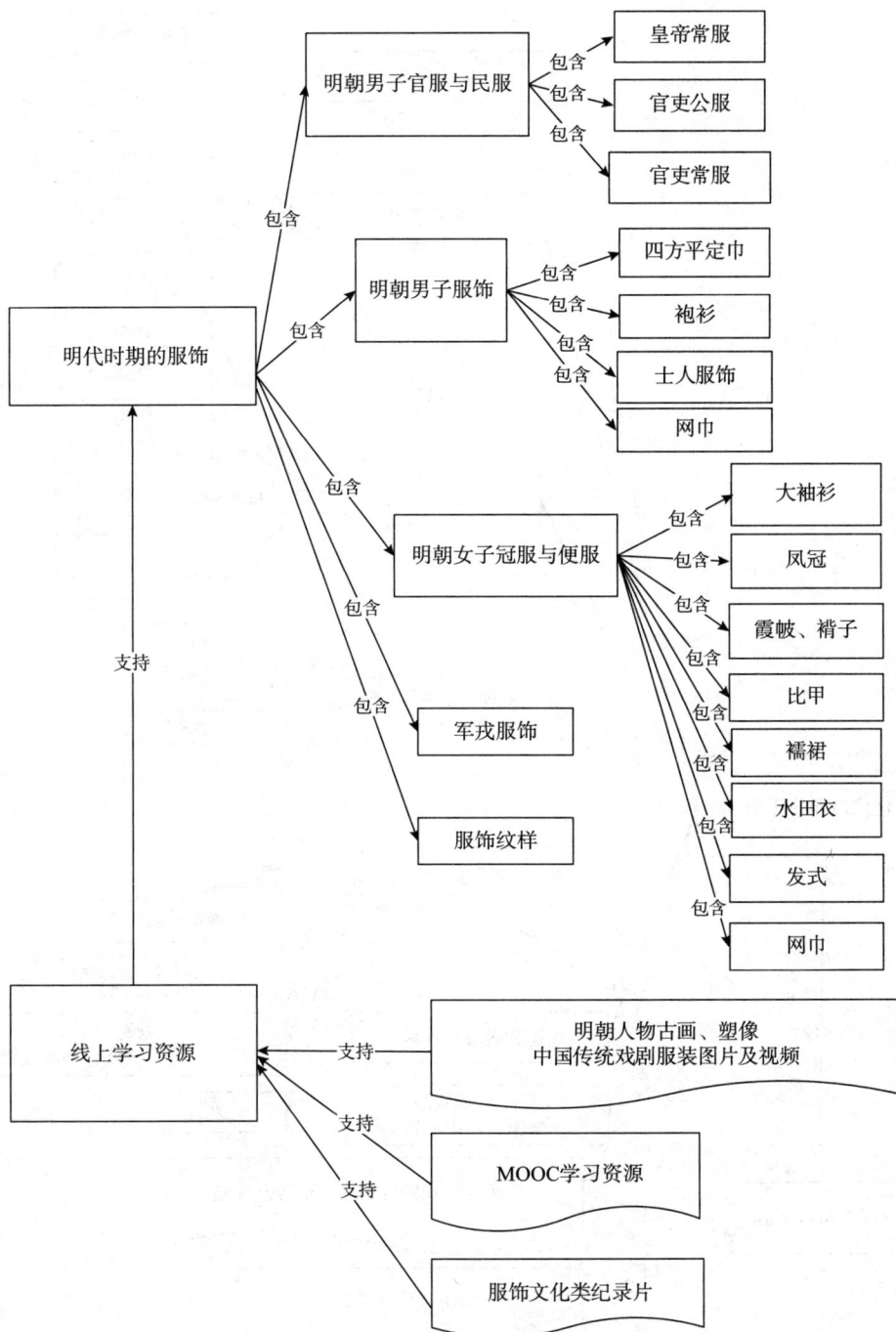

图 3-51　明代时期的服饰知识建模

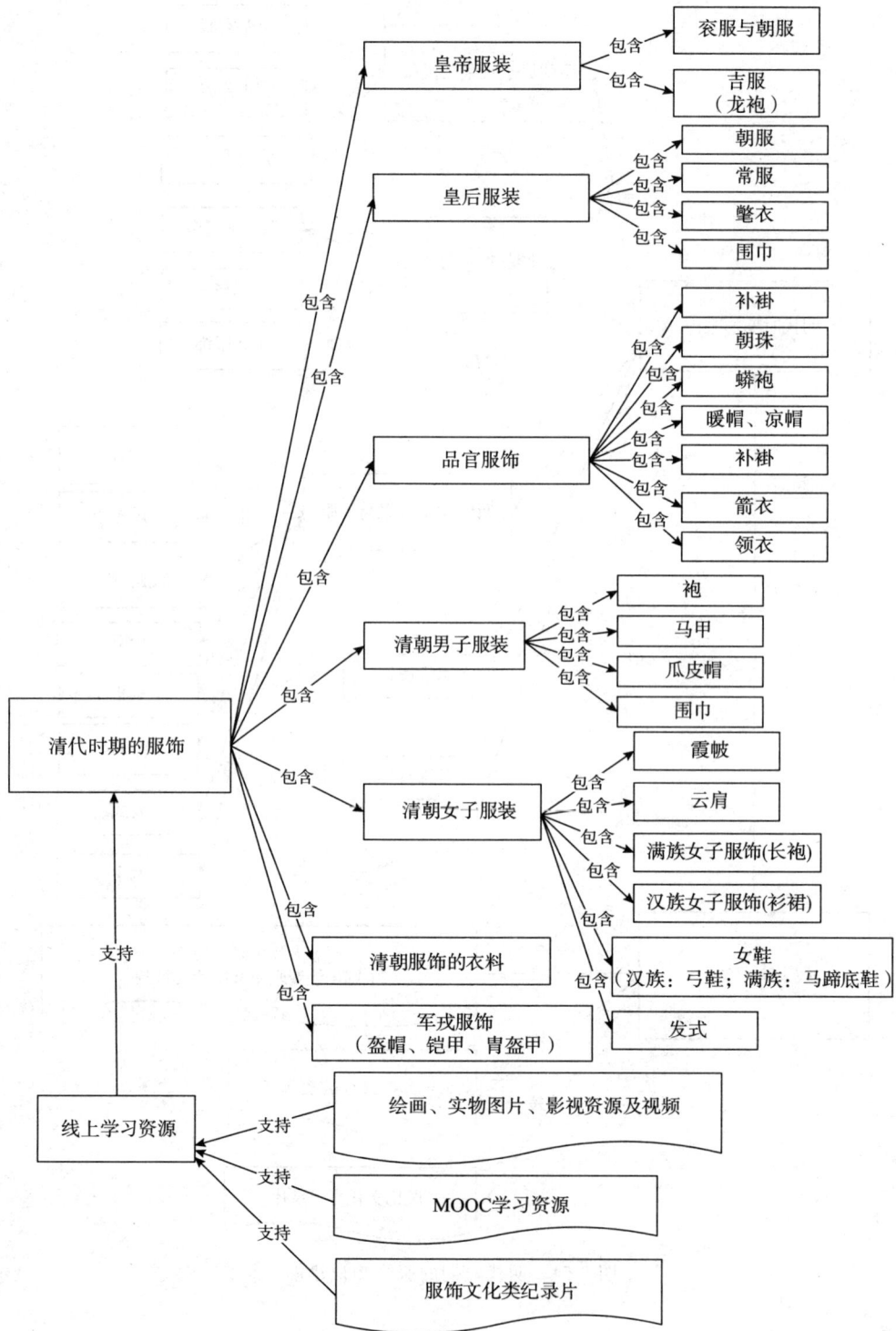

图 3-52  清代时期的服饰知识建模

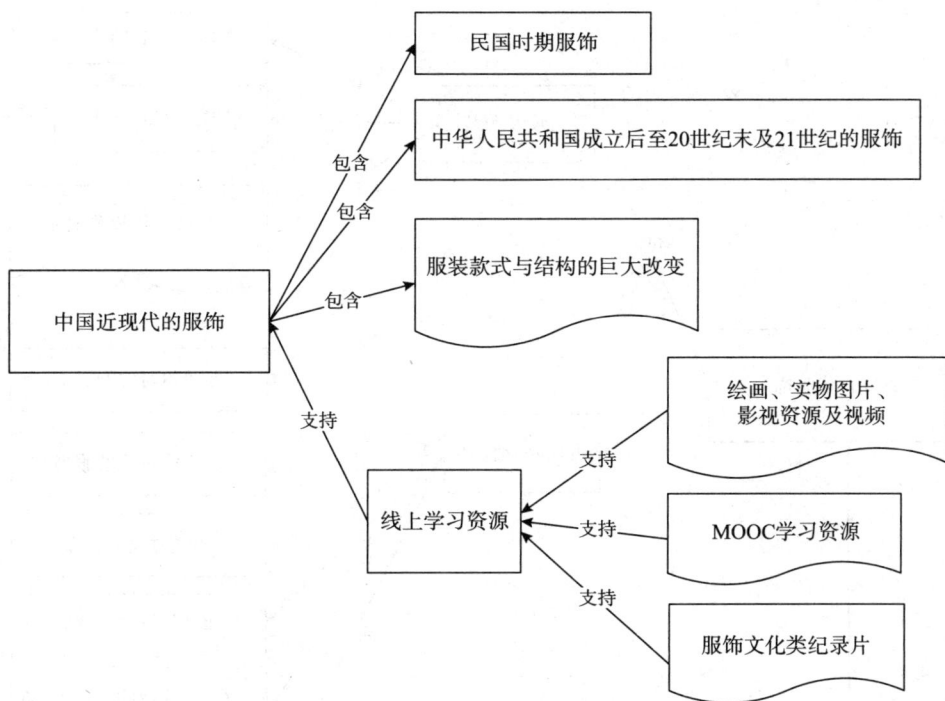

图 3-53    中国近现代的服饰知识建模

外国服装史知识建模图如图 3-54～图 3-59 所示。

### 3.2.6    服装结构基础课程知识建模

1. 服装结构基础课程简介

服装结构基础课程是服装与服饰设计专业的必修课程,也是融合审美、设计与实践的综合表现课程。学生通过学习,能够理解服装平面展开图与人体各部位之间的对应关系,以及服装各部件之间的组合与分解规律,为进一步学习服装结构设计和制作奠定基础。

该课程主要通过对人体结构的分析与认知,使学生能掌握上衣原型、袖原型、裙原型和裤原型等基本服装结构制图,从而进一步理解服装结构设计与人体的关系。此外,本课程还着重引导学生进行省道转移设计与综合材料的创新设计,体现课程的高阶性,使服装制图更具有创新性,服装成品的制作也更具挑战性。

通过本课程的学习,学生能掌握服装原型结构制图的基本原理,以及服装与人体的松量配比关系,从而具备独立进行服装设计和制图的能力。通过本课程的教学,不仅能提升学生的艺术素养,提高动手能力和创造能力,还能进一步加深专业认识,增强专业情感,为今后专业学习和职业规划做好准备。同时,也能树立学生的工匠精神,强化他们的家国情怀,让优秀的服饰设计与服饰之美服务于我们的生活。

2. 服装结构基础课程知识建模图

服装结构基础课程知识建模图如图 3-60～图 3-63 所示。

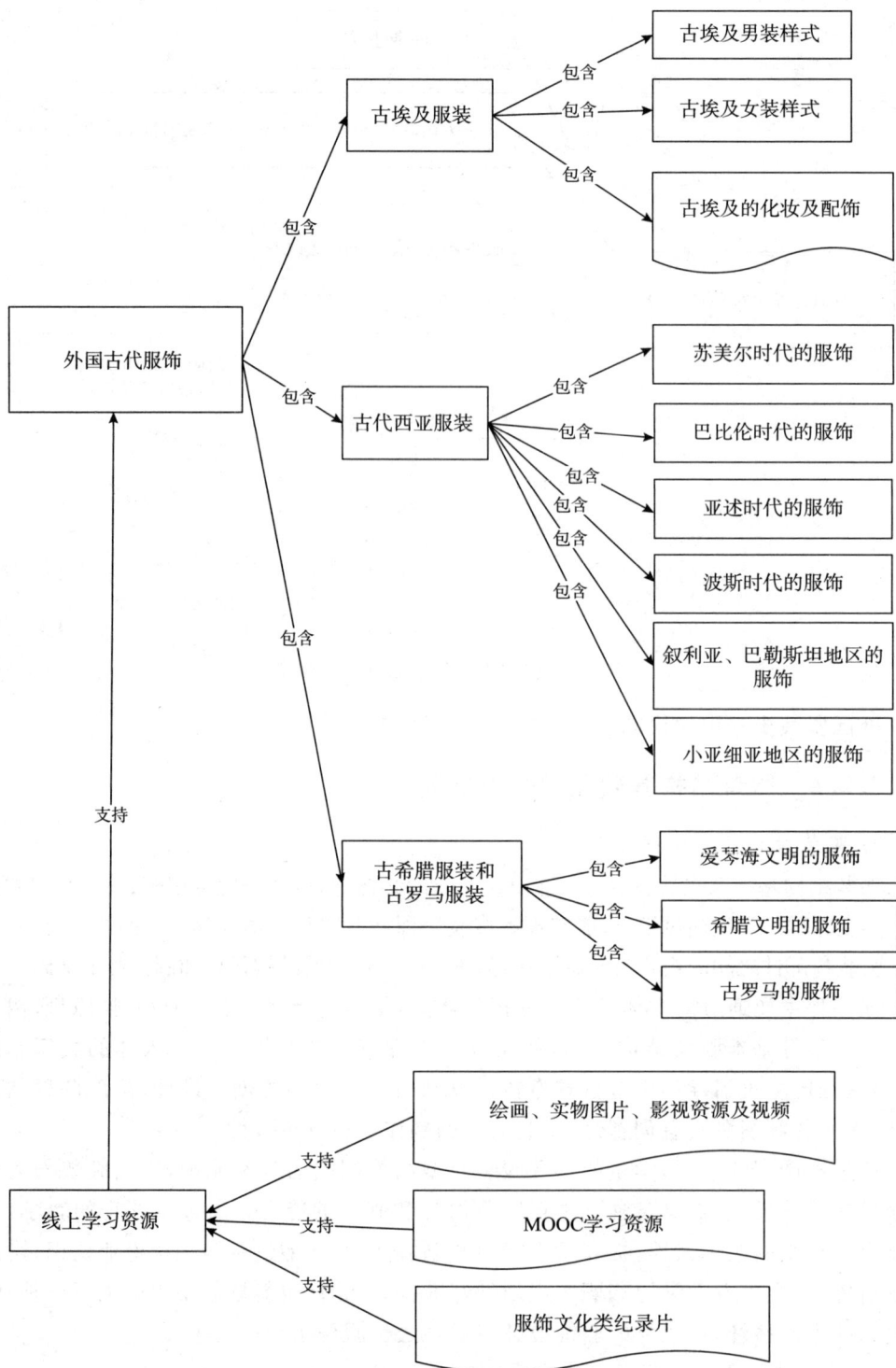

图 3-54 外国古代服饰知识建模

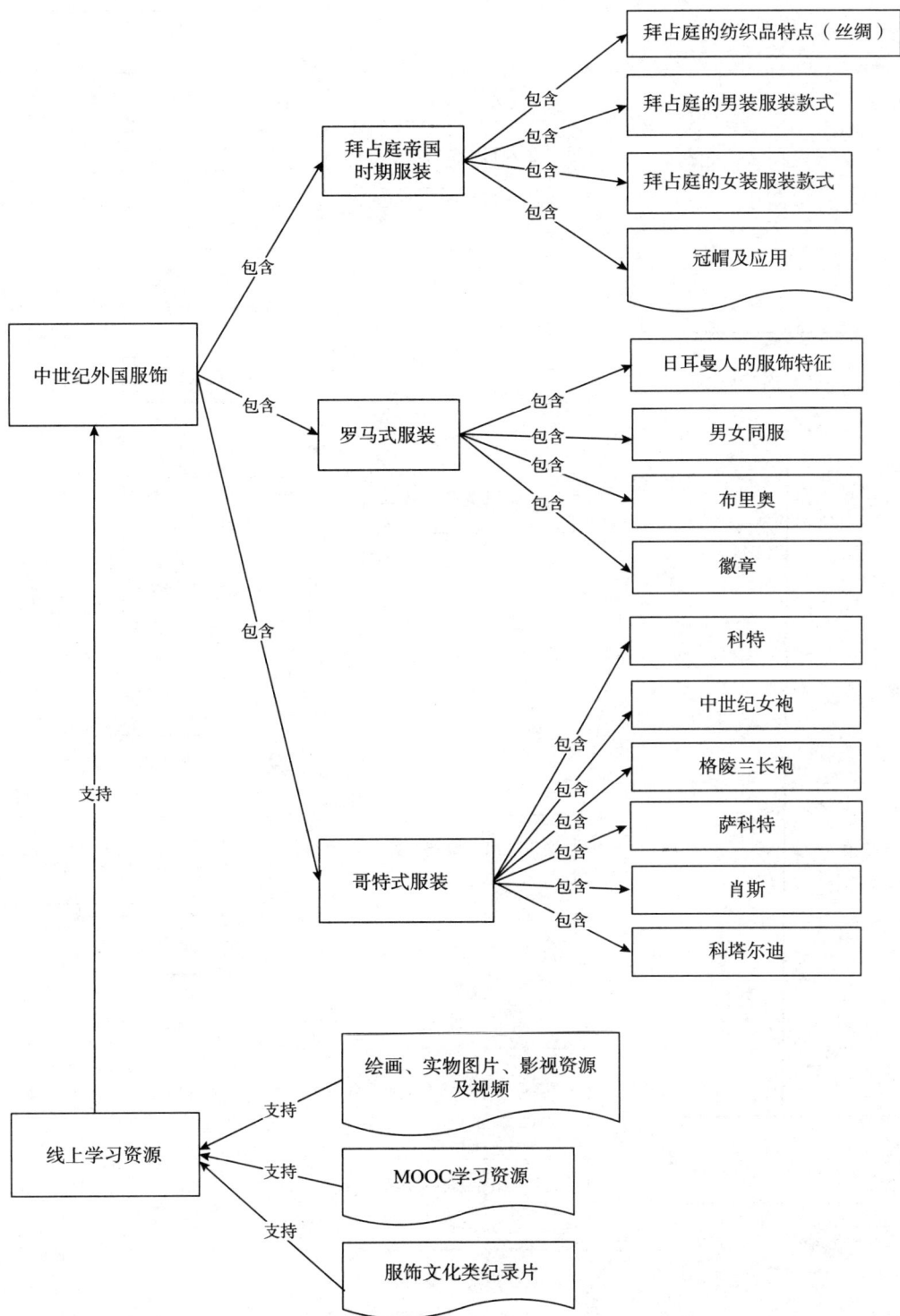

图 3-55　中世纪外国服饰知识建模

股带

珍珠饰件

袖子上开口

高立领

意大利风格服装

具有特征
具有特征
具有特征
具有特征

15—16世纪外国服饰

包含

方形低领口

切口装饰

腰节都比较高

衣身宽松呈方形

德意志风格服装

具有特征
具有特征
具有特征
具有特征

包含

施加填充物

开始使用裙撑

拉夫领，是在立领上装饰的一种独立于衣身之外的领饰

强制束腰

西班牙风格服装

具有特征
具有特征
具有特征
具有特征

包含

支持

绘画、实物图片、影视资源及视频

MOOC学习资源

服饰文化类纪录片

线上学习资源

支持
支持
支持

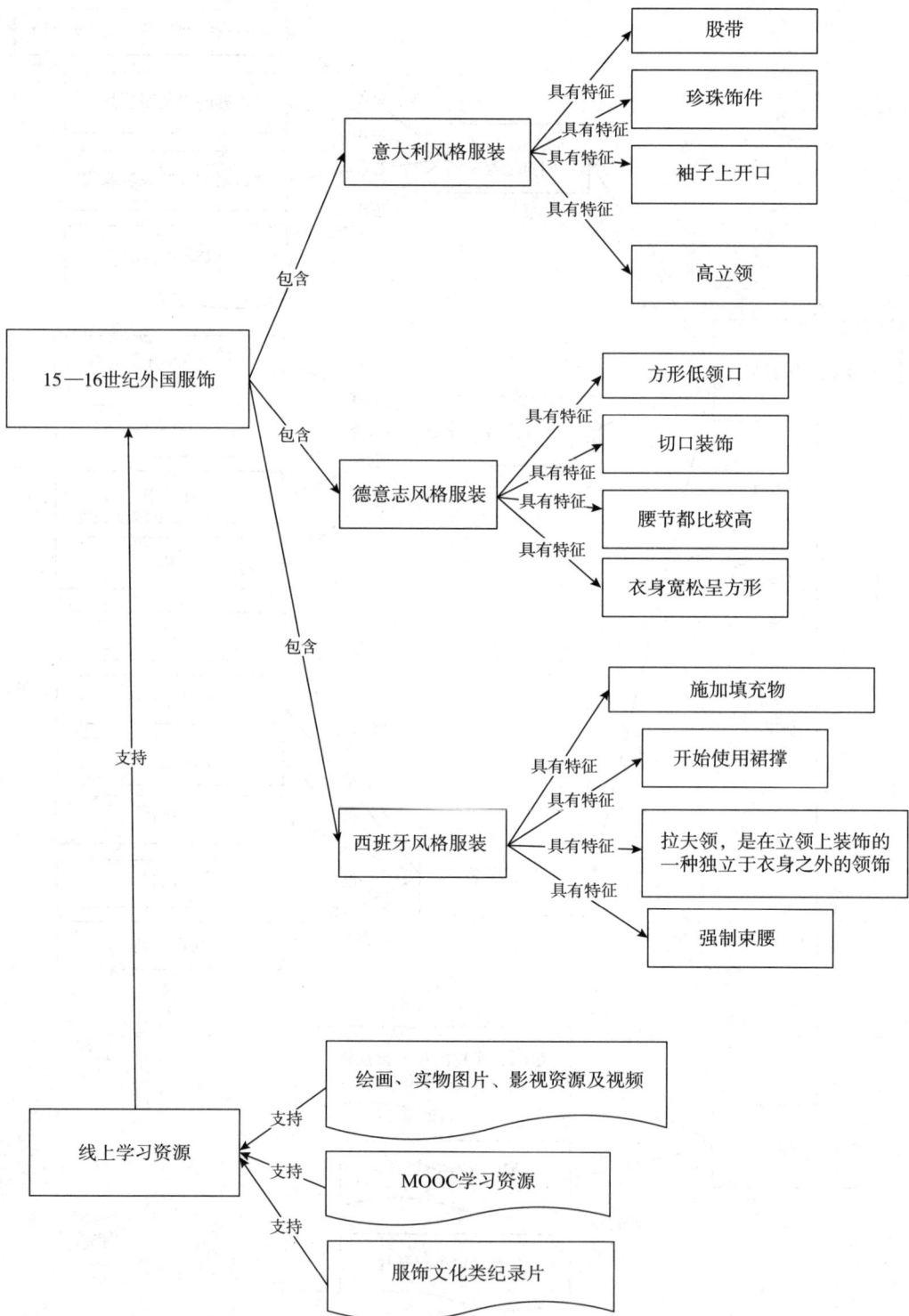

图3-56  15—16世纪外国服饰知识建模

```
                                                        ┌──────────────────────┐
                                              具有特征  │ 填充物被取掉，造型宽松 │
                                                        └──────────────────────┘
                                                        ┌──────────────────────┐
                                              具有特征  │ 拉夫领变成了翻领或      │
                                                        │ 披肩领                  │
                                                        └──────────────────────┘
                     ┌──────────┐            具有特征  ┌──────────────────────┐
          ┌──────────┤ 荷兰风    │──────────────────── │ 袖克夫越来越宽，袖子    │
          │是一种    │ 时期服装  │                      │ 上开口                  │
  ┌───────┴──┐       └──────────┘            具有特征  └──────────────────────┘
  │ 巴洛克服装 │                                        ┌──────────────────────┐
  └───────┬──┘                              具有特征  │ 出现长裤               │
          │                                            └──────────────────────┘
          │                                            ┌──────────────────────┐
          │                                  具有特征  │ 女装裙撑被取掉          │
          │                                            └──────────────────────┘
          │                                            ┌──────────────────────┐
          │是一种                            具有特征  │ 柔和、宽松、实用、      │
          │                                            │ 便于活动                │
          │                                            └──────────────────────┘
```

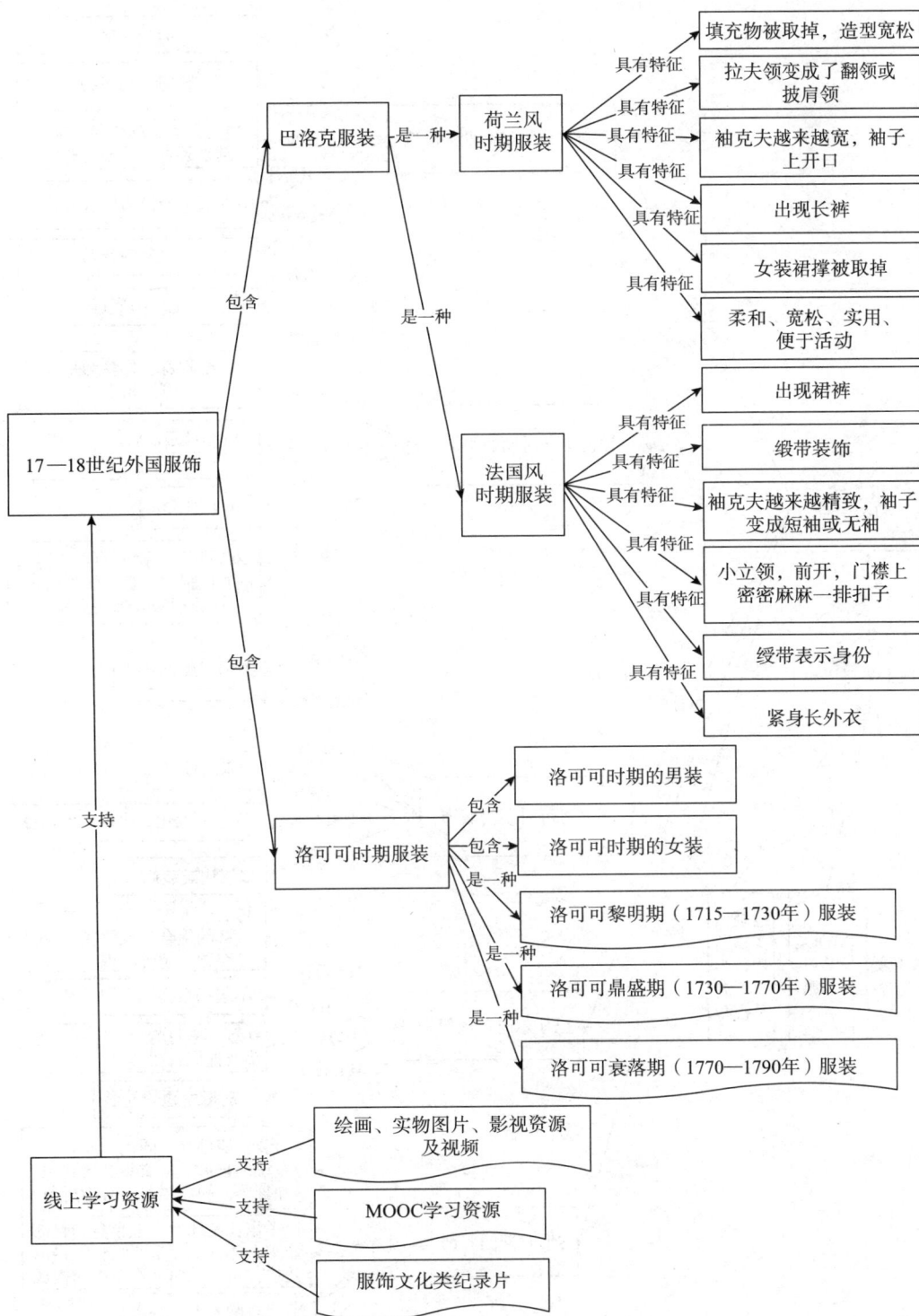

图 3-57　17—18 世纪外国服饰知识建模

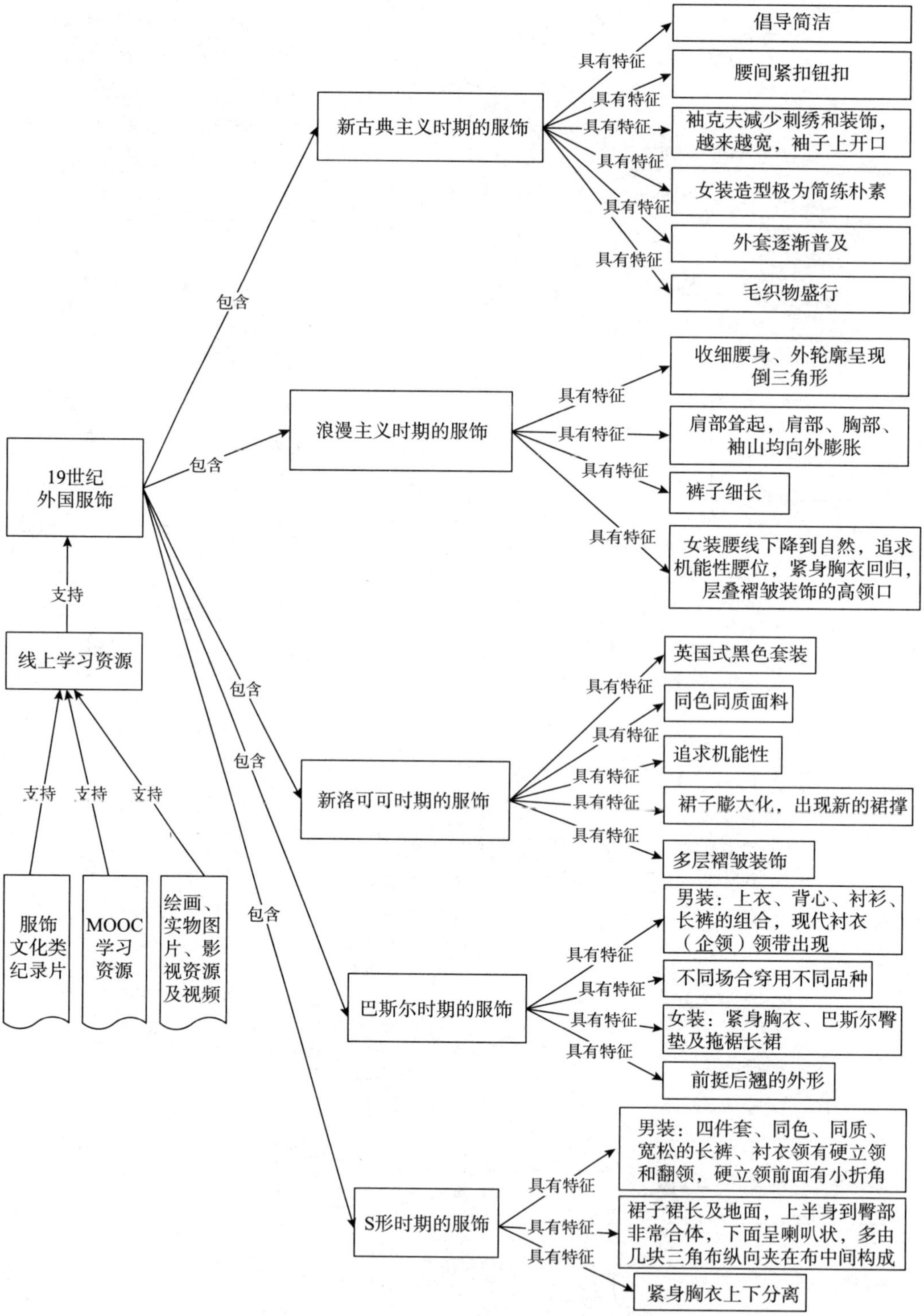
19世纪外国服饰
包含
新古典主义时期的服饰
具有特征
倡导简洁
腰间紧扣钮扣
袖克夫减少刺绣和装饰，越来越宽，袖子上开口
女装造型极为简练朴素
外套逐渐普及
毛织物盛行
浪漫主义时期的服饰
收细腰身、外轮廓呈现倒三角形
肩部耸起，肩部、胸部、袖山均向外膨胀
裤子细长
女装腰线下降到自然，追求机能性腰位，紧身胸衣回归，层叠褶皱装饰的高领口
新洛可可时期的服饰
英国式黑色套装
同色同质面料
追求机能性
裙子膨大化，出现新的裙撑
多层褶皱装饰
巴斯尔时期的服饰
男装：上衣、背心、衬衫、长裤的组合，现代衬衣（企领）领带出现
不同场合穿用不同品种
女装：紧身胸衣、巴斯尔臀垫及拖裾长裙
前挺后翘的外形
S形时期的服饰
男装：四件套、同色、同质、宽松的长裤、衬衣领有硬立领和翻领，硬立领前面有小折角
裙子裙长及地面，上半身到臀部非常合体，下面呈喇叭状，多由几块三角布纵向夹在布中间构成
紧身胸衣上下分离
支持
线上学习资源
服饰文化类纪录片
MOOC学习资源
绘画、实物图片、影视资源及视频

图 3-58　19 世纪外国服饰知识建模

线条趋于直线

具有特征

传统的廓形开始改变

具有特征

20世纪初期的服装 ─具有特征─ 平胸、松腰

具有特征

束臀件

包含

裙子变短变瘦

具有特征

功能化、轻便化

现代外国服饰 具有特征

包含 两次世界大战 ─具有特征─

期间的服装 衣身宽松呈方形

具有特征

适用、简练、朴素、活泼而年轻

自然的、符合形体的线条

具有特征

舒适、美丽、优雅

包含 具有特征

战后的服装 具有特征

华丽、奢华

具有特征

追求个性、多元化、国际化

支持

绘画、实物图片、影视资源
及视频

支持

线上学习资源 支持 MOOC学习资源

支持

服饰文化类纪录片

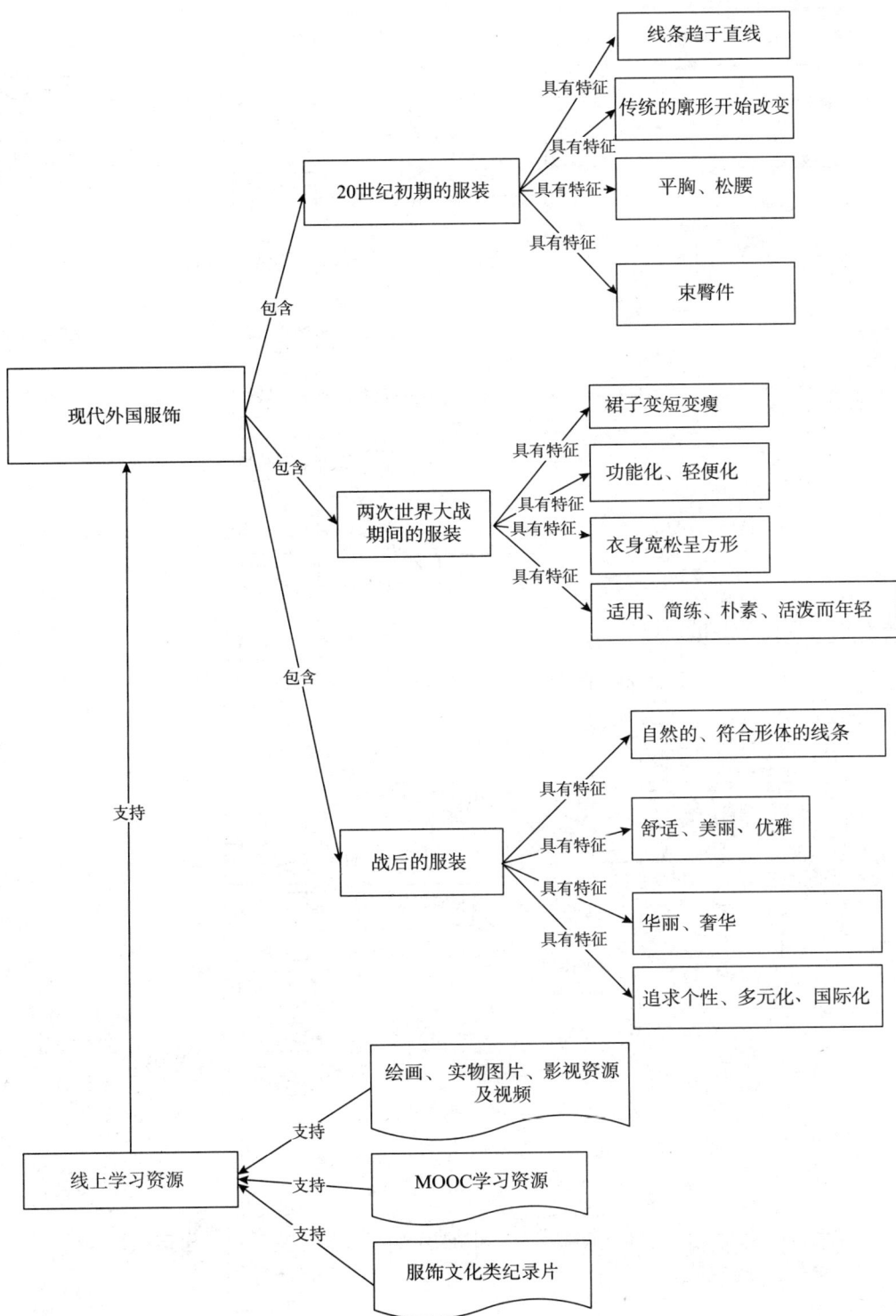

图 3-59　现代外国服饰知识建模

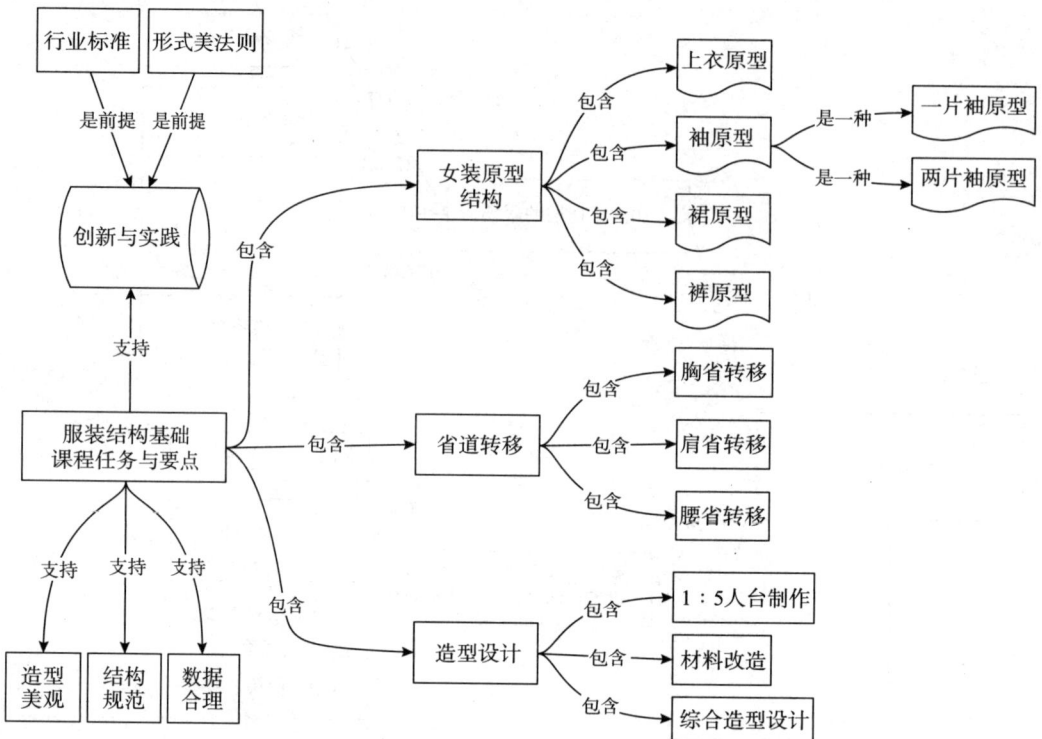

图 3-60　服装结构基础课程任务与要点知识建模

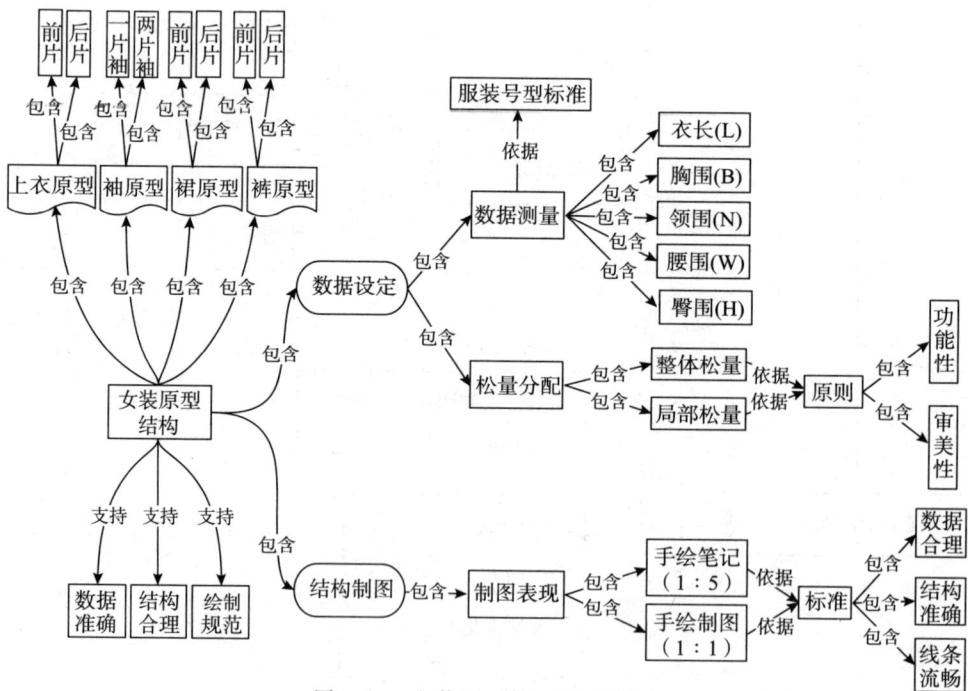

图 3-61　女装原型结构知识建模

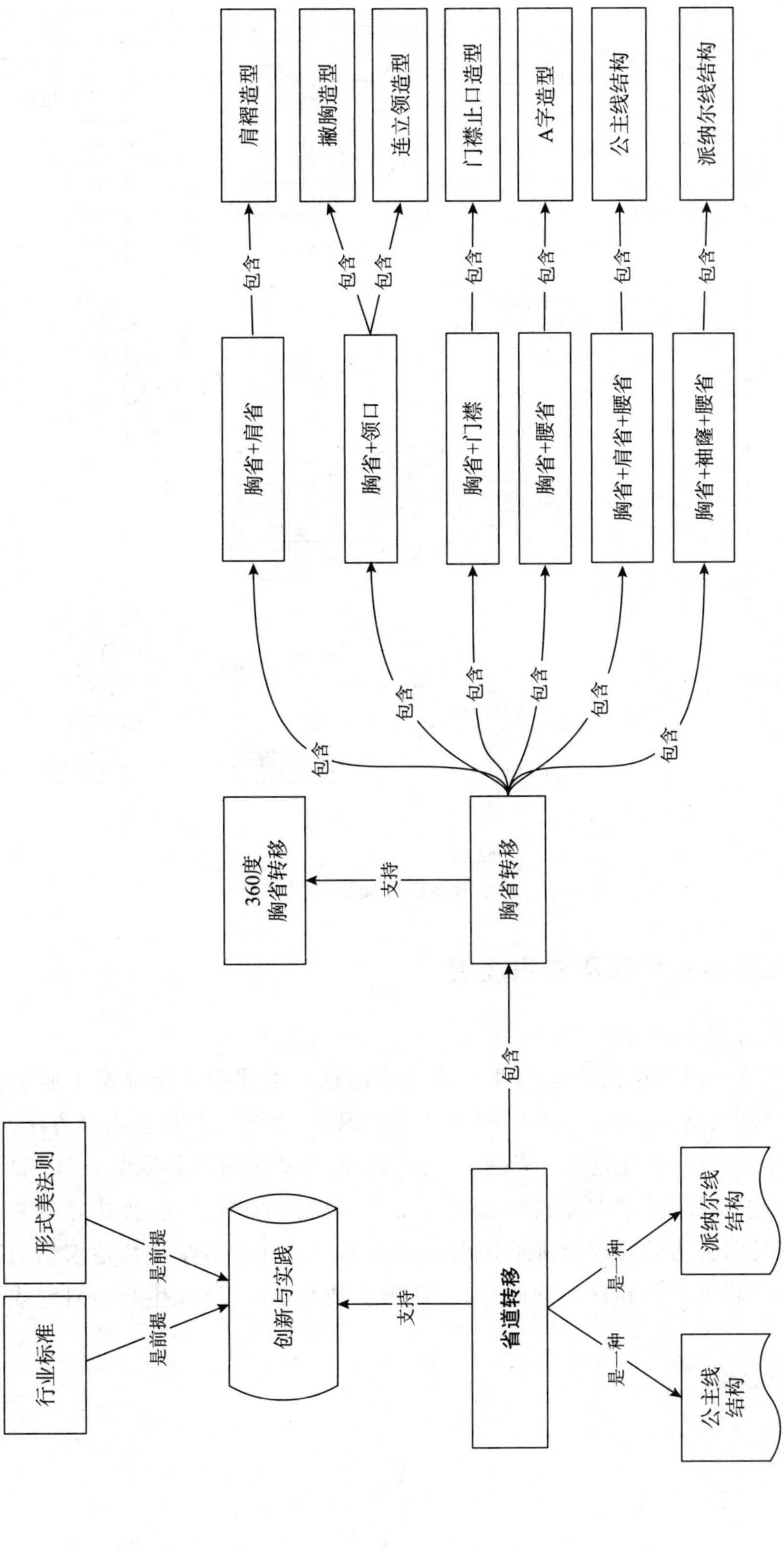

图 3-62　省道转移知识建模

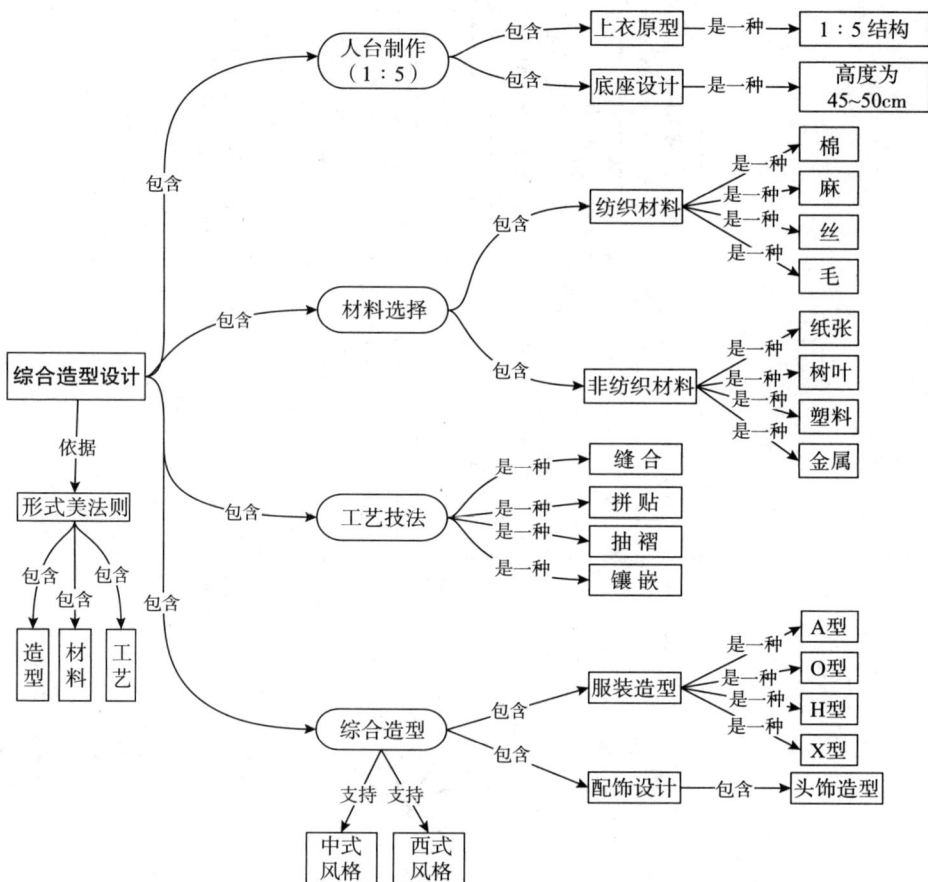

图 3-63　综合造型设计知识建模

### 3.2.7　服装材料学课程知识建模

1. 服装材料学课程简介

服装材料学是一门理论性与应用性均较强的课程。本课程系统介绍了服装材料的类别、结构和特性、品种，对服装的作用等基础知识，以及服装的材料选择方法。

通过本课程的学习，学生能够掌握服装材料的基础理论知识和服装设计、服装生产所需的专业知识和技能，掌握面料与辅料的分类、品种、性能、特征及其对服装的影响，能够正确地根据服装的要求合理选用材料。本课程旨在培养学生精益求精的科学态度，具备良好的职业道德和社会责任感，为从事服装行业的设计、生产与研究或升学打好基础。

2. 服装材料学课程知识建模图

服装材料学课程的知识建模图如图 3-64～图 3-72 所示。

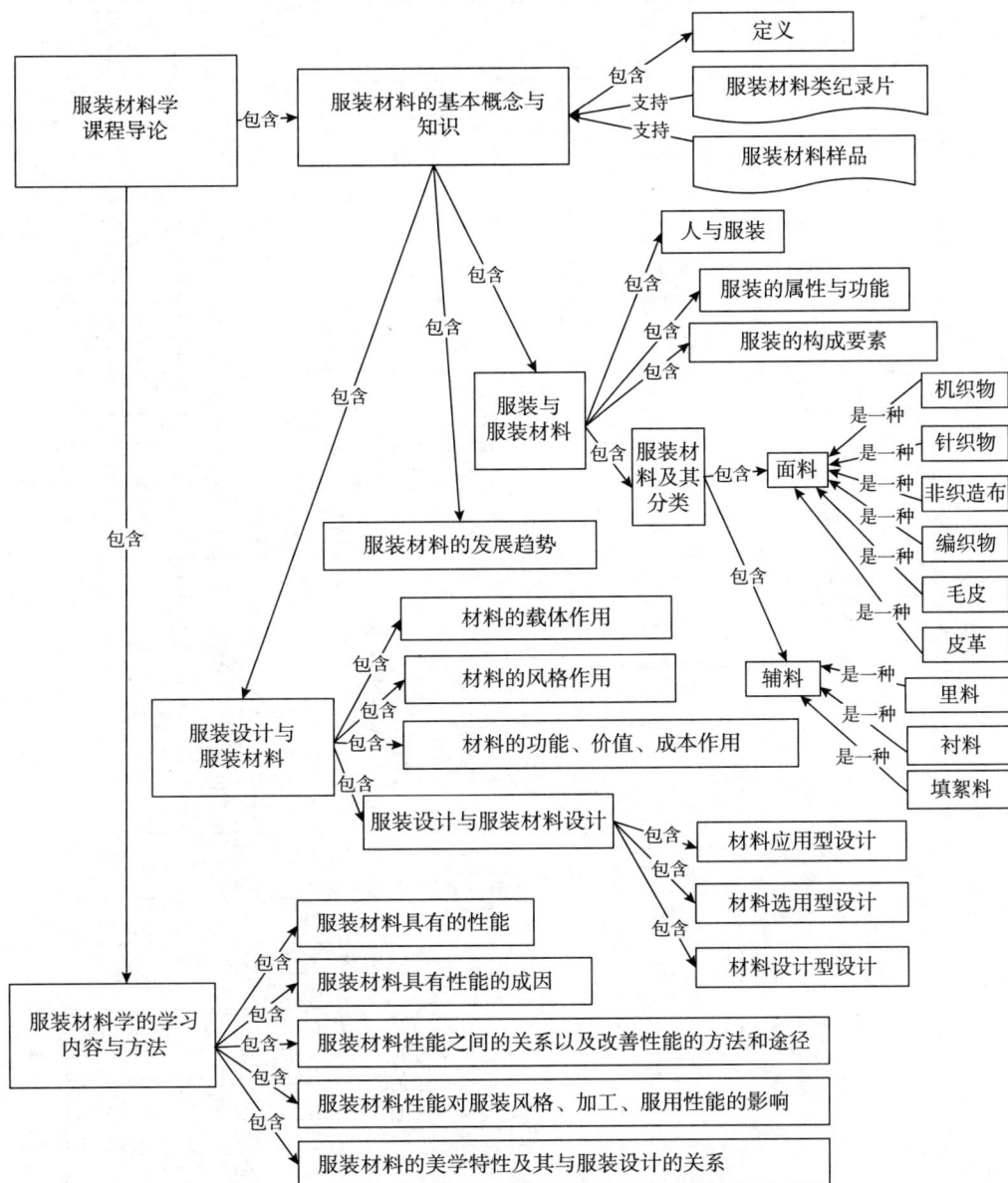

图 3-64　服装材料学课程导论知识建模

```
服装材料                植物纤维              种子纤维  ┌─ 包含 ─ 棉纤维
用纤维                  （天然纤维素纤维）            └─ 包含 ─ 木棉纤维
                                                         ┌─ 包含 ─ 亚麻纤维
  │包含            包含                       韧皮纤维 ├─ 包含 ─ 苎麻纤维
  │                                                    ├─ 包含 ─ 大麻纤维
  │                     包含                            └─ 包含 ─ 罗布麻纤维

                        动物纤维              动物毛类纤维 ┌─ 包含 ─ 棉羊毛纤维
                        （天然蛋白质纤维）                ├─ 包含 ─ 山羊绒纤维
                                                          ├─ 包含 ─ 马海毛纤维
  纤维的分类            包含                              ├─ 包含 ─ 兔毛纤维
  及基本特征                                              ├─ 包含 ─ 骆驼毛纤维
                        性能与                            ├─ 包含 ─ 牦牛毛纤维
  │包含                实物分析                          ├─ 包含 ─ 羊驼毛纤维
  │                                                      └─ 包含 ─ 骆马毛纤维
                        包含
                                              丝类纤维  ┌─ 包含 ─ 桑蚕丝纤维
                                                        ├─ 包含 ─ 柞蚕丝纤维
                                                        ├─ 包含 ─ 蓖麻蚕丝纤维
  纤维的分类            矿物纤维      包含              └─ 包含 ─ 木薯蚕丝纤维

  │包含                包含          包含        石棉纤维
  │                    性能与实物
  │                    分析                            人造纤维  ┌─ 包含 ─ 黏胶纤维
                                                      （再生纤维）├─ 包含 ─ 富强纤维
                                                                ├─ 包含 ─ 铜氨纤维
                       包含                                     ├─ 包含 ─ 聚酯纤维
                                                                ├─ 包含 ─ 大豆纤维
                       化学纤维     包含                        ├─ 包含 ─ 甲壳素纤维
                                                                └─ 包含 ─ 海藻纤维
  │包含
  │                   包含          无机纤维  ┌─ 包含 ─ 玻璃纤维
                       性能与                 ├─ 包含 ─ 金属纤维
                       实物分析               └─ 包含 ─ 碳纤维

                       包含                            合成纤维  ┌─ 聚酯纤维：涤纶
                                                                ├─ 包含 ─ 聚酰胺纤维：锦纶
                                                                ├─ 包含 ─ 聚丙烯腈纤维：腈纶
                                                                ├─ 包含 ─ 聚丙烯纤维：丙纶
                                                                ├─ 包含 包含 ─ 聚氨基甲酸酯纤维：氨纶
                                                                ├─ 包含 ─ 聚乙稀醇纤维：维纶
                                                                ├─ 包含 ─ 聚氯乙稀纤维：氯纶
                                                                └─ 包含 ─ 其他纤维：芳纶
```

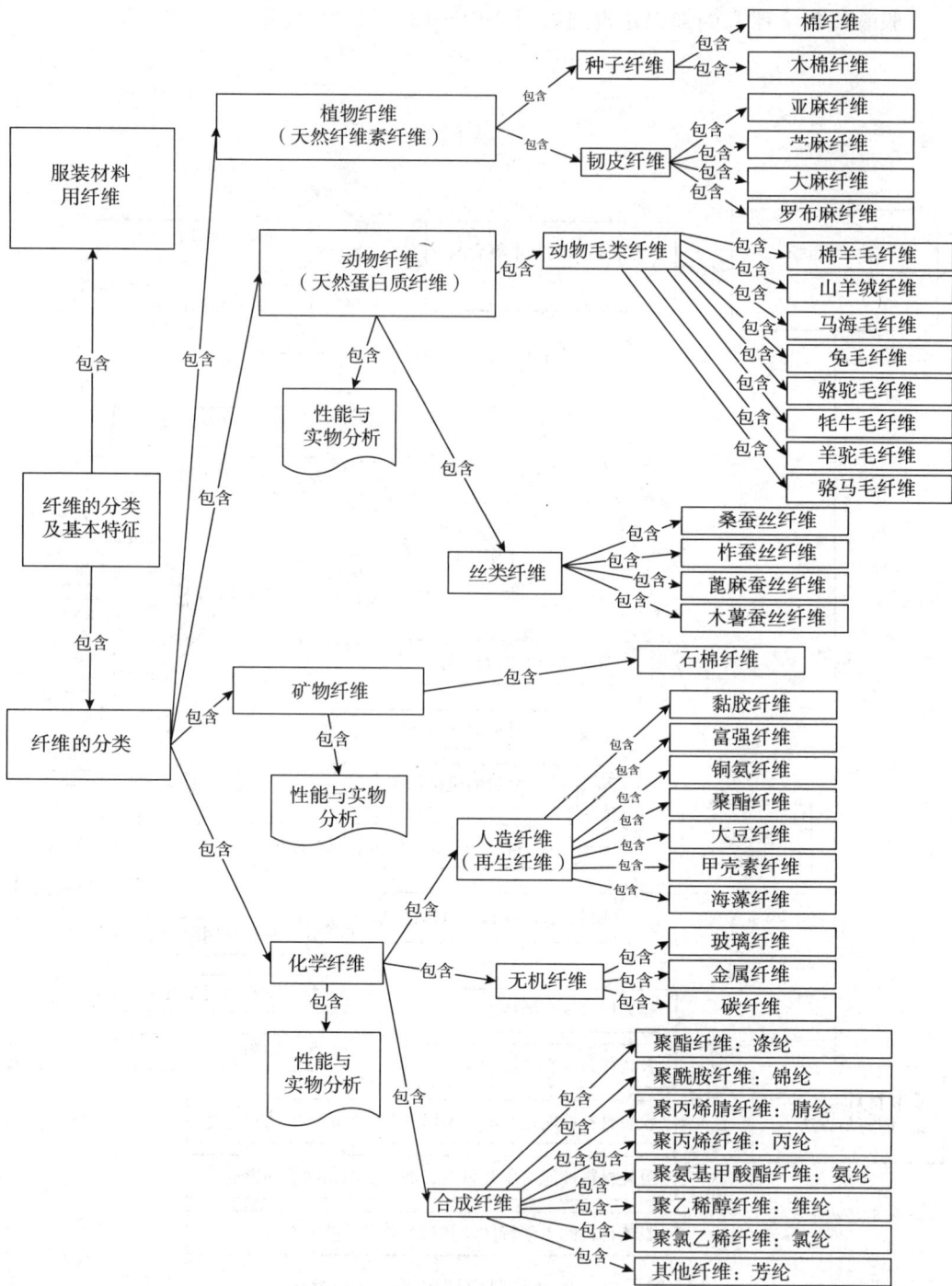

图 3-65　服装材料用纤维知识建模（1）

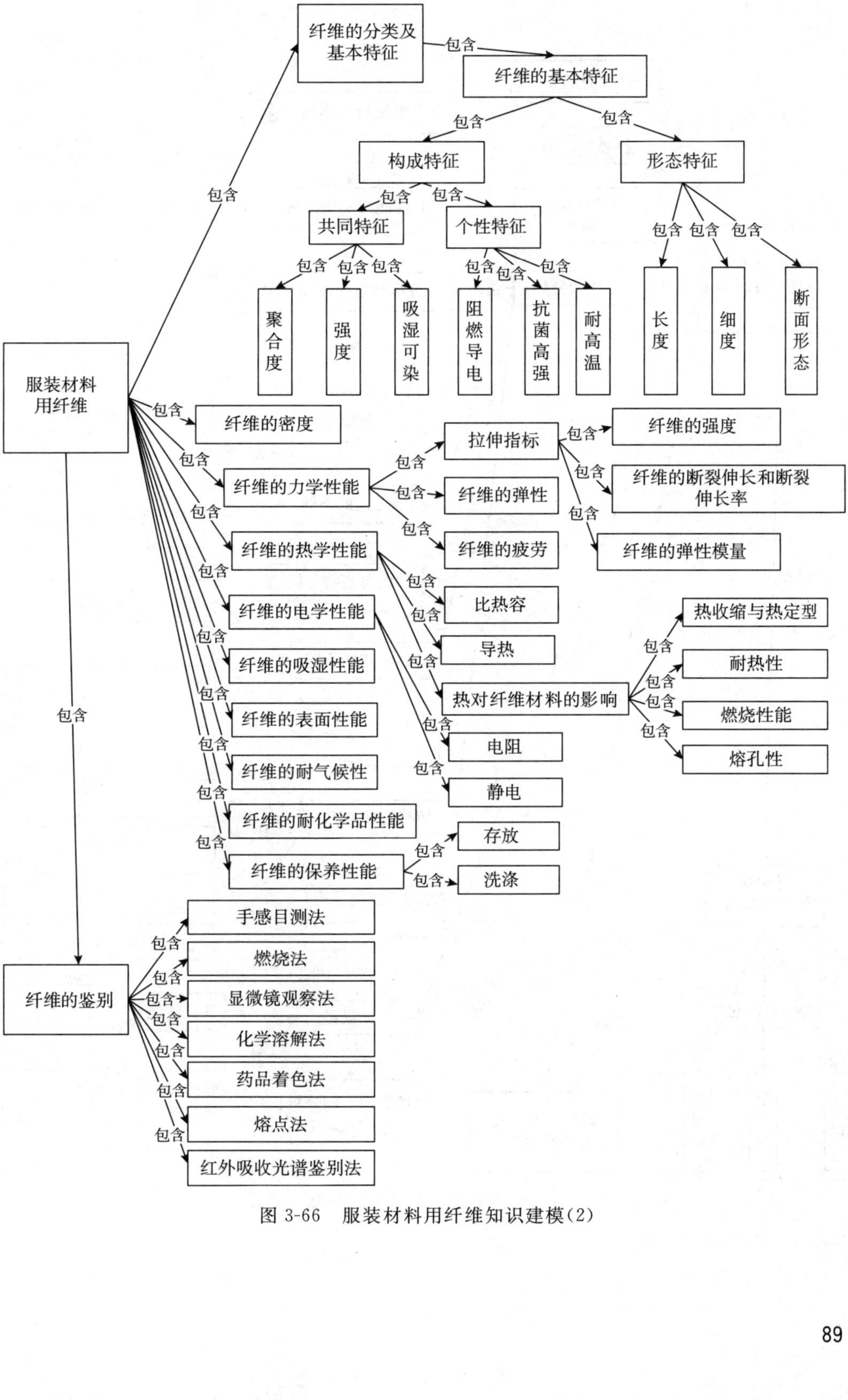

纤维的分类及基本特征 —包含→ 纤维的基本特征

纤维的基本特征 —包含→ 构成特征
纤维的基本特征 —包含→ 形态特征

构成特征 —包含→ 共同特征
构成特征 —包含→ 个性特征

形态特征 —包含→ 长度
形态特征 —包含→ 细度
形态特征 —包含→ 断面形态

共同特征 —包含→ 聚合度
共同特征 —包含→ 强度
共同特征 —包含→ 吸湿可染

个性特征 —包含→ 阻燃导电
个性特征 —包含→ 抗菌高强
个性特征 —包含→ 耐高温

服装材料用纤维 —包含→ 纤维的分类及基本特征
服装材料用纤维 —包含→ 纤维的密度
服装材料用纤维 —包含→ 纤维的力学性能
服装材料用纤维 —包含→ 纤维的热学性能
服装材料用纤维 —包含→ 纤维的电学性能
服装材料用纤维 —包含→ 纤维的吸湿性能
服装材料用纤维 —包含→ 纤维的表面性能
服装材料用纤维 —包含→ 纤维的耐气候性
服装材料用纤维 —包含→ 纤维的耐化学品性能
服装材料用纤维 —包含→ 纤维的保养性能
服装材料用纤维 —包含→ 纤维的鉴别

纤维的力学性能 —包含→ 拉伸指标
纤维的力学性能 —包含→ 纤维的弹性
纤维的力学性能 —包含→ 纤维的疲劳

拉伸指标 —包含→ 纤维的强度
拉伸指标 —包含→ 纤维的断裂伸长和断裂伸长率
拉伸指标 —包含→ 纤维的弹性模量

纤维的热学性能 —包含→ 比热容
纤维的热学性能 —包含→ 导热
纤维的热学性能 —包含→ 热对纤维材料的影响

热对纤维材料的影响 —包含→ 热收缩与热定型
热对纤维材料的影响 —包含→ 耐热性
热对纤维材料的影响 —包含→ 燃烧性能
热对纤维材料的影响 —包含→ 熔孔性

纤维的电学性能 —包含→ 电阻
纤维的电学性能 —包含→ 静电

纤维的保养性能 —包含→ 存放
纤维的保养性能 —包含→ 洗涤

纤维的鉴别 —包含→ 手感目测法
纤维的鉴别 —包含→ 燃烧法
纤维的鉴别 —包含→ 显微镜观察法
纤维的鉴别 —包含→ 化学溶解法
纤维的鉴别 —包含→ 药品着色法
纤维的鉴别 —包含→ 熔点法
纤维的鉴别 —包含→ 红外吸收光谱鉴别法

图 3-66　服装材料用纤维知识建模(2)

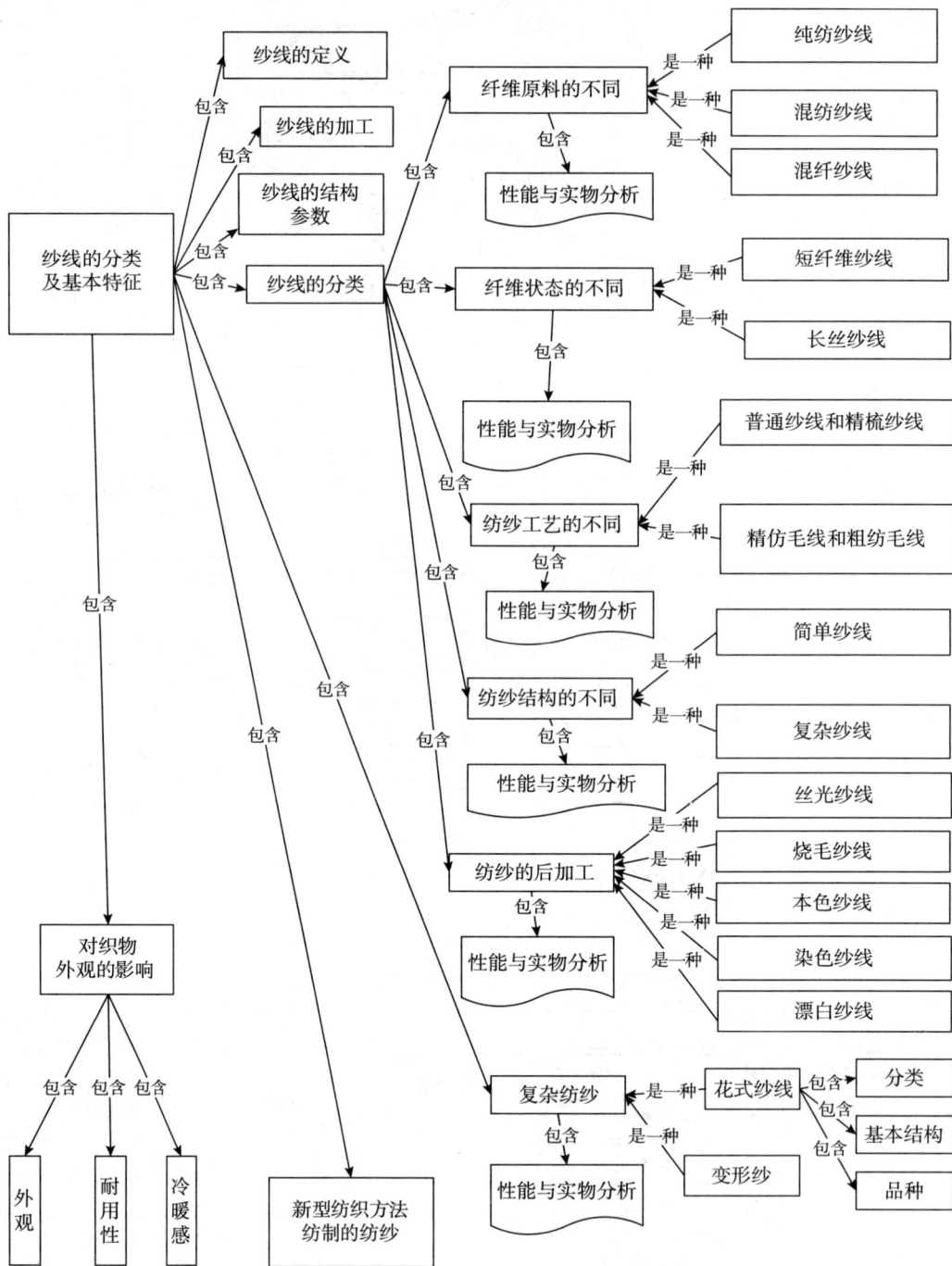

图 3-67　纱线的分类及基本特征知识建模

纯纺织物
混纺和混纤织物
交织织物
棉型感织物
麻型感织物
毛型感织物
丝型感织物
原色织物
漂白织物
染色织物
印花织物
色织物
色纺织物

服装用织物的概念
织物的分类

服装用织物的基本知识

服装用织物的组织结构与特点

涂层织物
起绒织物
烂花织物
发泡织物
起绉织物
压花织物
烫花织物
其他后整理织物

织物的匹长与规格
织物的幅宽
织物的克重与厚度

织物的基本参数

织物的结构与形成

服装用织物

机织物的组织结构
针织物的组织结构
非织造布的组织结构

实操与实物分析

天然植物（棉、毛、丝）的后整理
化学纤维织物的后整理
涂层整理
其他功能整理

织物的前处理染色和印花
织物的后整理

服装用织物的染整

视频资料

棉织物的品种和服用性能特点
麻织物的品种和服用性能特点
丝织物的品种和服用性能特点
毛织物的品种和服用性能特点
化学纤维织物的品种和服用性能特点
机织物的鉴别分析
常用针织面料

服装用织物的特征与适用性

纱线与服用织物
纤维及特性
外观特性
触感

各种织物的概念和外观特性

文化传承与创新、民族自信、工匠精神

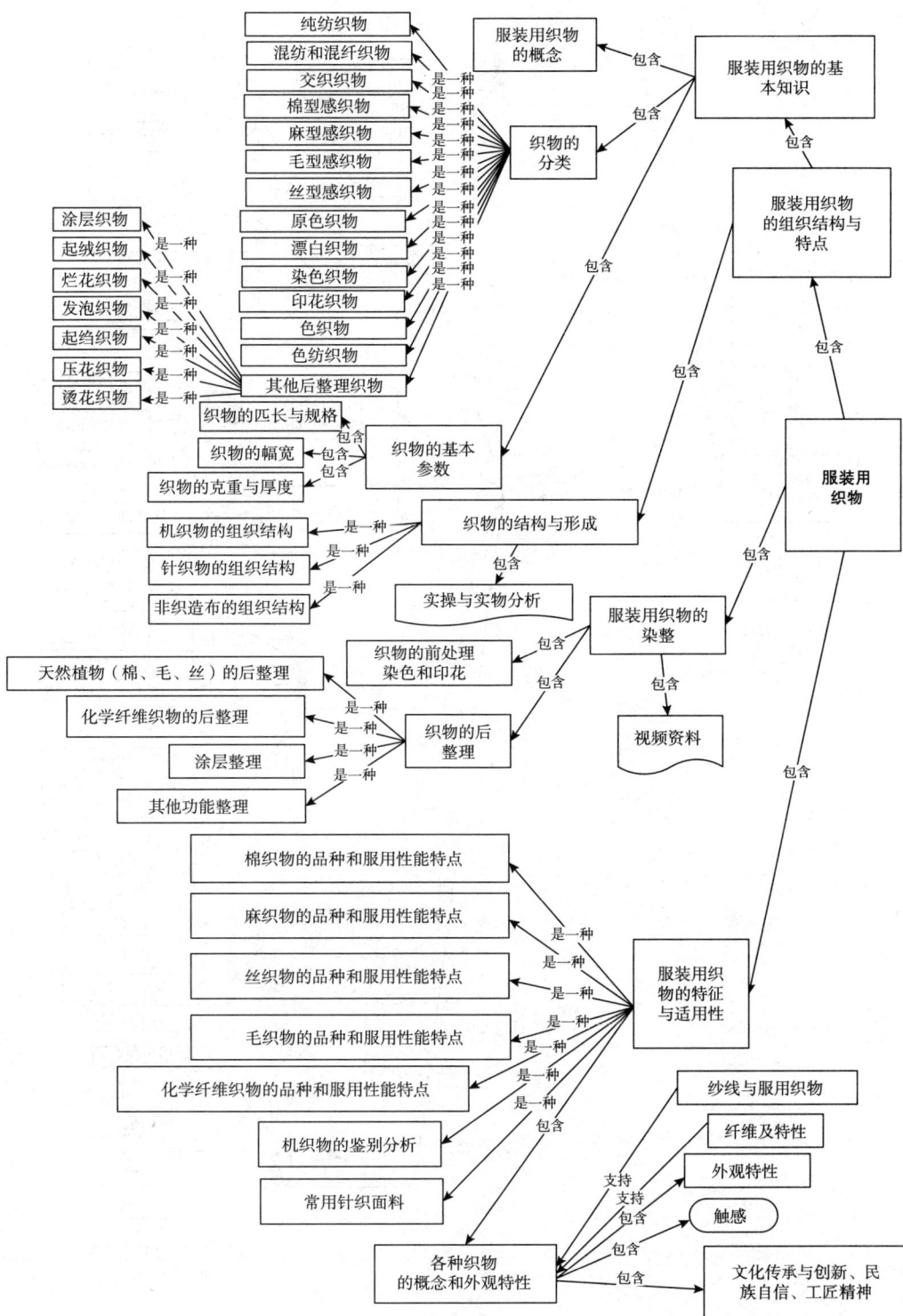

图 3-68　服装用织物知识建模(1)

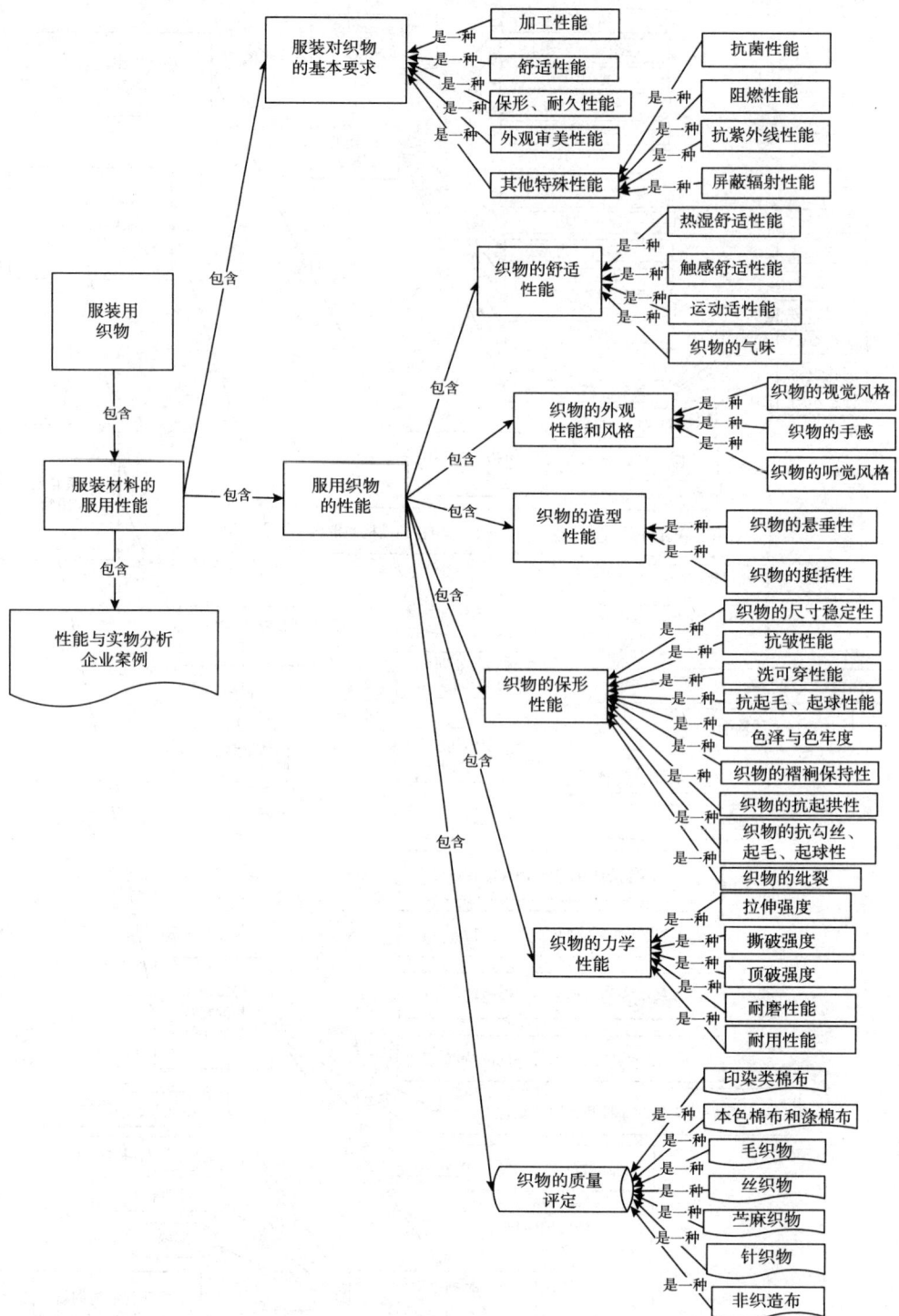

图 3-69 服装用织物知识建模(2)

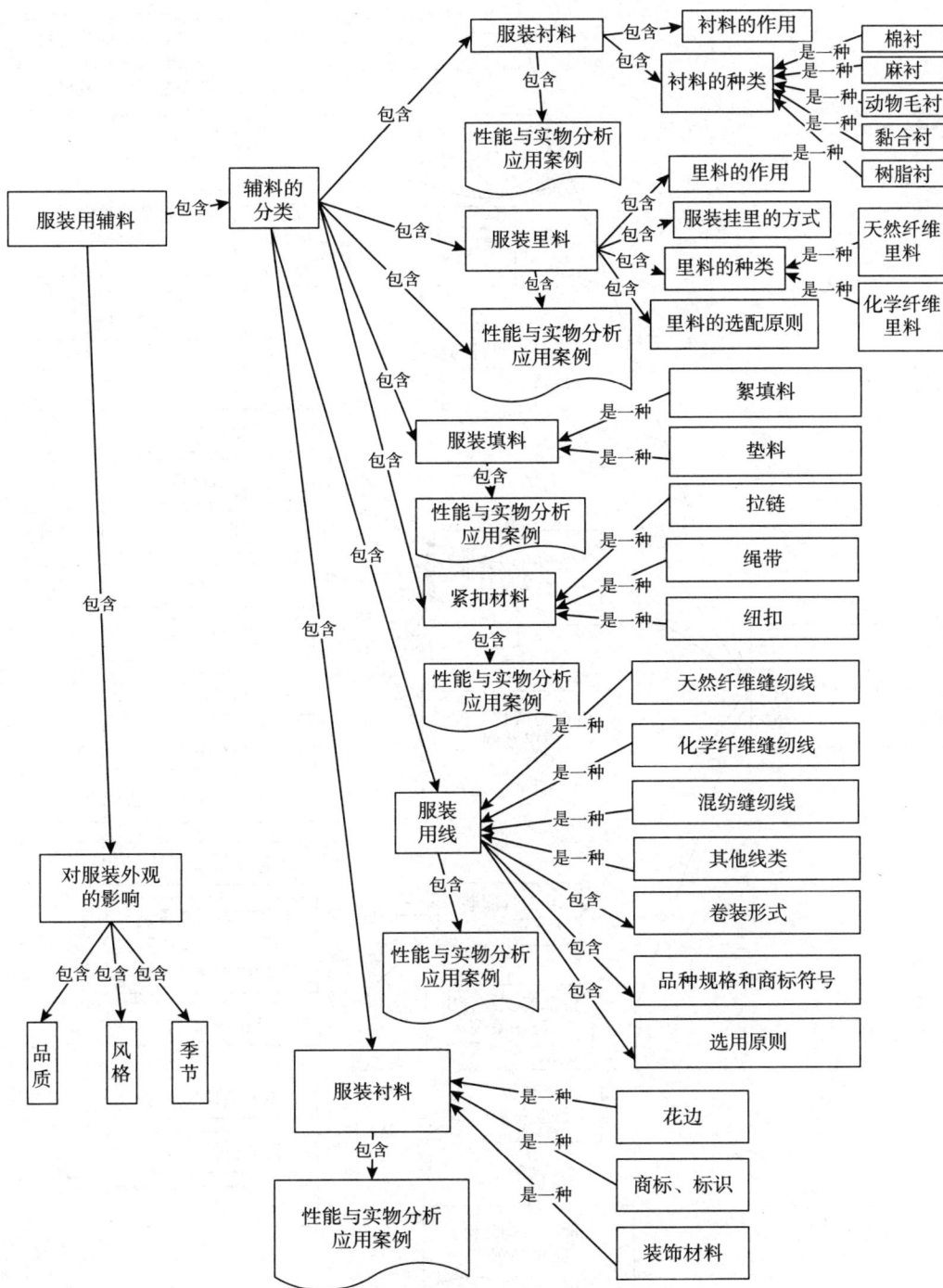

图 3-70 服装用辅料知识建模

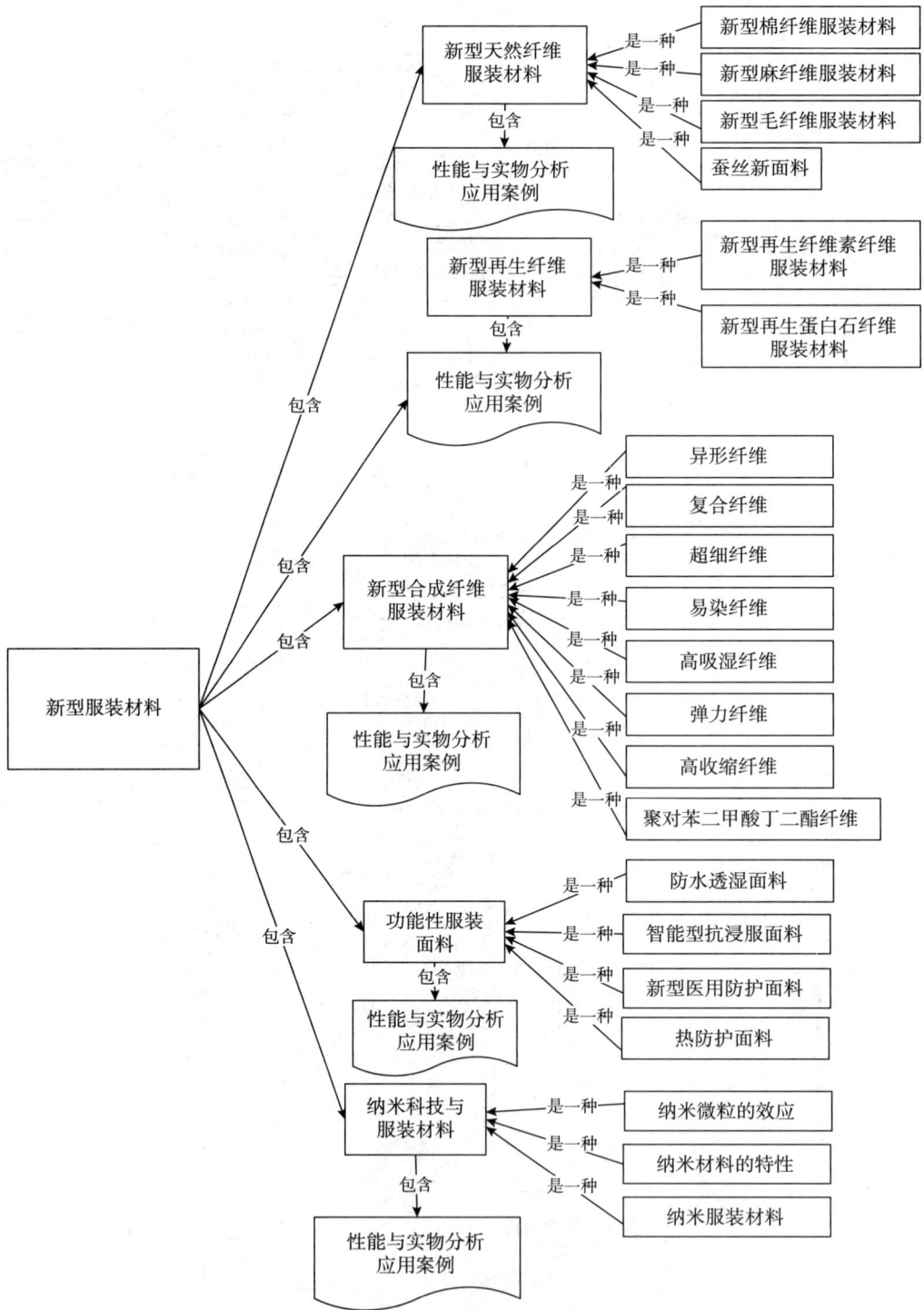

图 3-71　新型服装材料知识建模

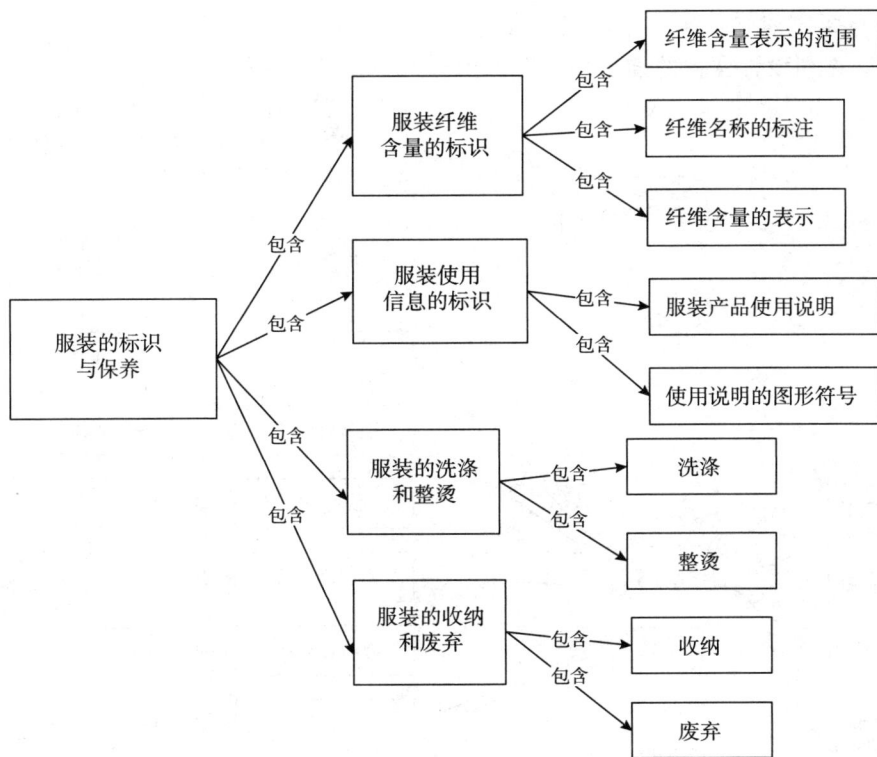

图 3-72　服装的标识与保养知识建模

## 3.2.8　服装系列设计课程知识建模

1. 服装系列设计课程简介

服装系列设计课程是服装与服饰设计专业的核心课程,旨在培养学生的设计职业岗位能力和创新创业能力。该课程围绕系列服装设计方法开展分析,通过案例分析,帮助学生掌握服装设计流程和方法,并进一步拓展到如何进行系列服装的设计。作为设计类的基础课程,它不仅为学生提供了项目化教学所需的理论知识,还积累了丰富的实训经验。

服装系列设计课程作为专业基础课程,为服装快题设计、服装市场传播、创意立裁、服装专题结构实践等项目化教学课程提供了强有力的支撑。通过本课程的学习,学生能够系统地掌握服装设计的基本方法。其中,服装快题设计课程作为升学方向的项目化教学课程,需要学生具备一定的设计能力;服装专题结构实践课程需要学生对女装细节设计有一定的认识,具备提供款式设计的知识与能力。

知识目标:培养学生设计思维能力和方法。

能力目标:培养学生艺术修养、创新能力,渗透中国传统技艺文化。

素质目标:培养学生观察能力、合作能力、工匠精神、科技意识、人文素养、数字素养。

2. 服装系列设计课程知识建模图

服装系列设计课程的知识建模图如图 3-73～图 3-76 所示。

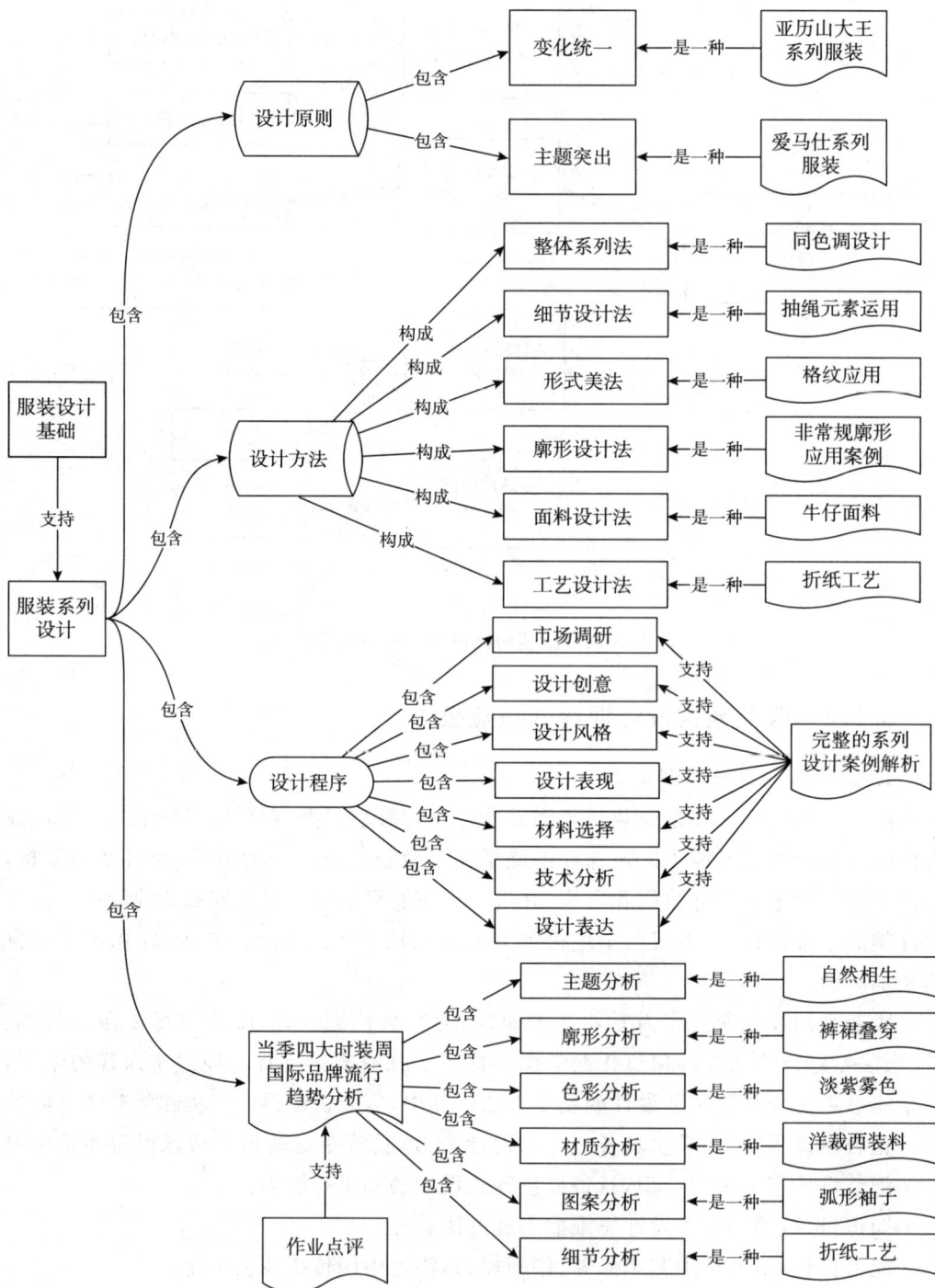

图 3-73 服装系列设计知识建模

服装品牌调研

包含

品牌历史

品牌背景 ←包含

发展历程和重要里程碑 ←包含

包含→ 品牌的传统和价值

包含→ 品牌大众评价

步骤包含

品牌风格

设计风格 ←包含

设计师简介 ←包含

包含→ 设计创新性

包含→ 品牌形象与标识

步骤包含

品牌定位

目标消费者 ←包含

市场定位 ←包含

包含→ 竞品品牌对比

包含→ 品牌优势与劣势

步骤包含

品牌发展现状

市场表现和销售数据 ←包含

包含→ 发展趋势

步骤包含

店铺实地调研

考察品牌零售店 ←包含

观察店铺装修风格、陈列方式、环境氛围 ←包含

包含→ 分析店铺的位置、客流量和销售情况

包含→ 店铺陈列产品

步骤包含

往季产品分析

过往季节的产品系列 ←包含

分析往季产品的销售情况和市场反馈 ←包含

包含→ 总结往季产品的优点和不足

包含→ 为新季设计提供参考

步骤包含

品牌市场调研总结

总结品牌设计特点 ←包含

包含→ 为自己设计提供了哪些帮助

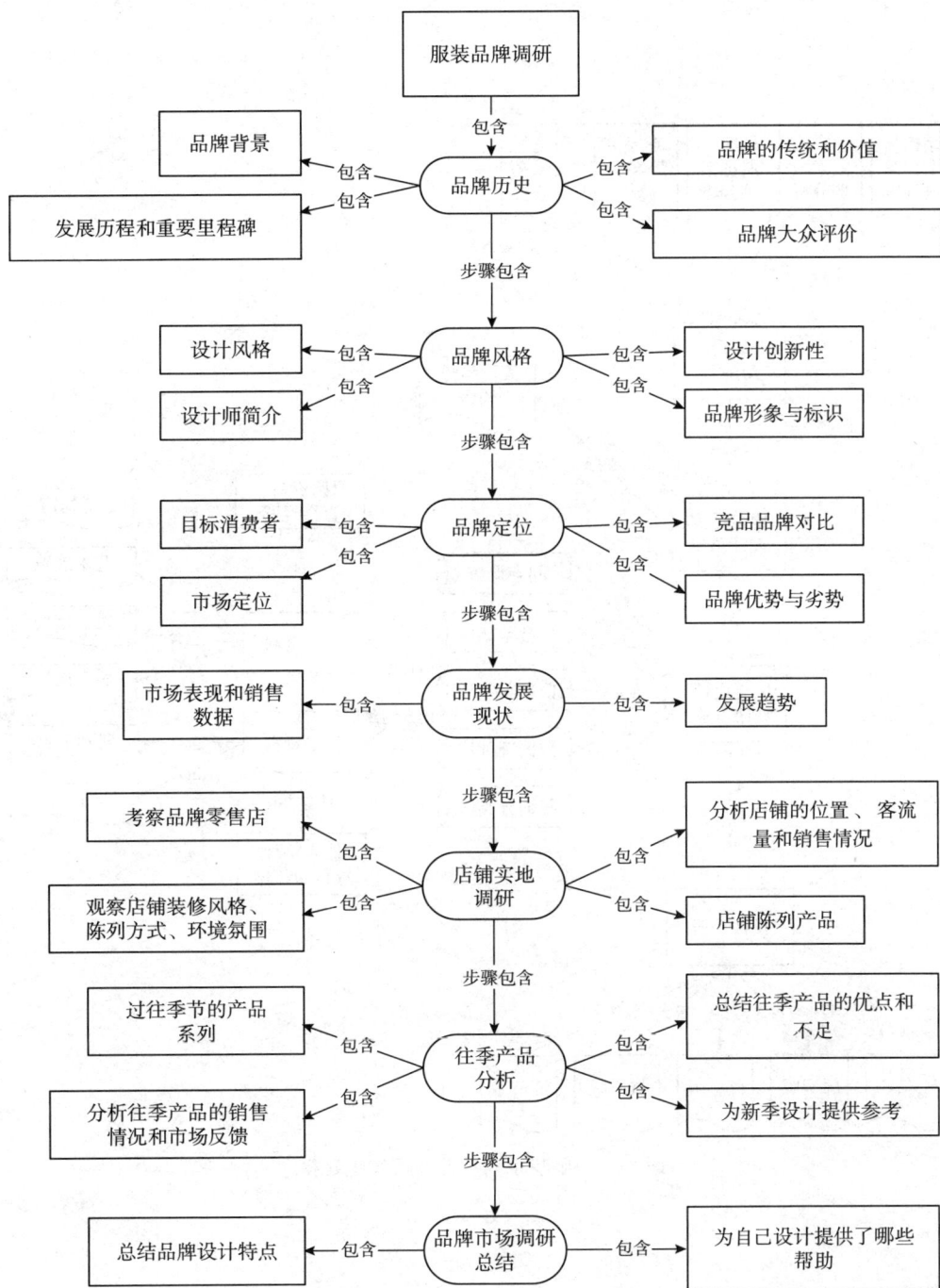

图 3-74　服装品牌调研知识建模

结构与造型案例分析 色彩与图案案例分析 面料与肌理案例分析 流行趋势案例分析 历史与文化案例分析

支持 支持 支持 支持 支持

调研目的与内容

流行趋势调研

包含

服装系列设计调研

支持

原始资料、直接经验

博物馆

包含

艺术展览

具有特征

问卷调查

跳蚤市场

包含

是一种

观察法

一手资料

旅游风景

是一种

包含

信息收集法

内容包含

是一种

服装设计调研方法

数据统计法

是一种

内容包含

归纳分类法

二手资料

期刊杂志

包含

包含

官方网站

包含

构成

具有特征

他人整理资料与数据

设计手册

包含 包含 包含 包含 包含

主题灵感版 廓型版 色彩版 材质版 细节版

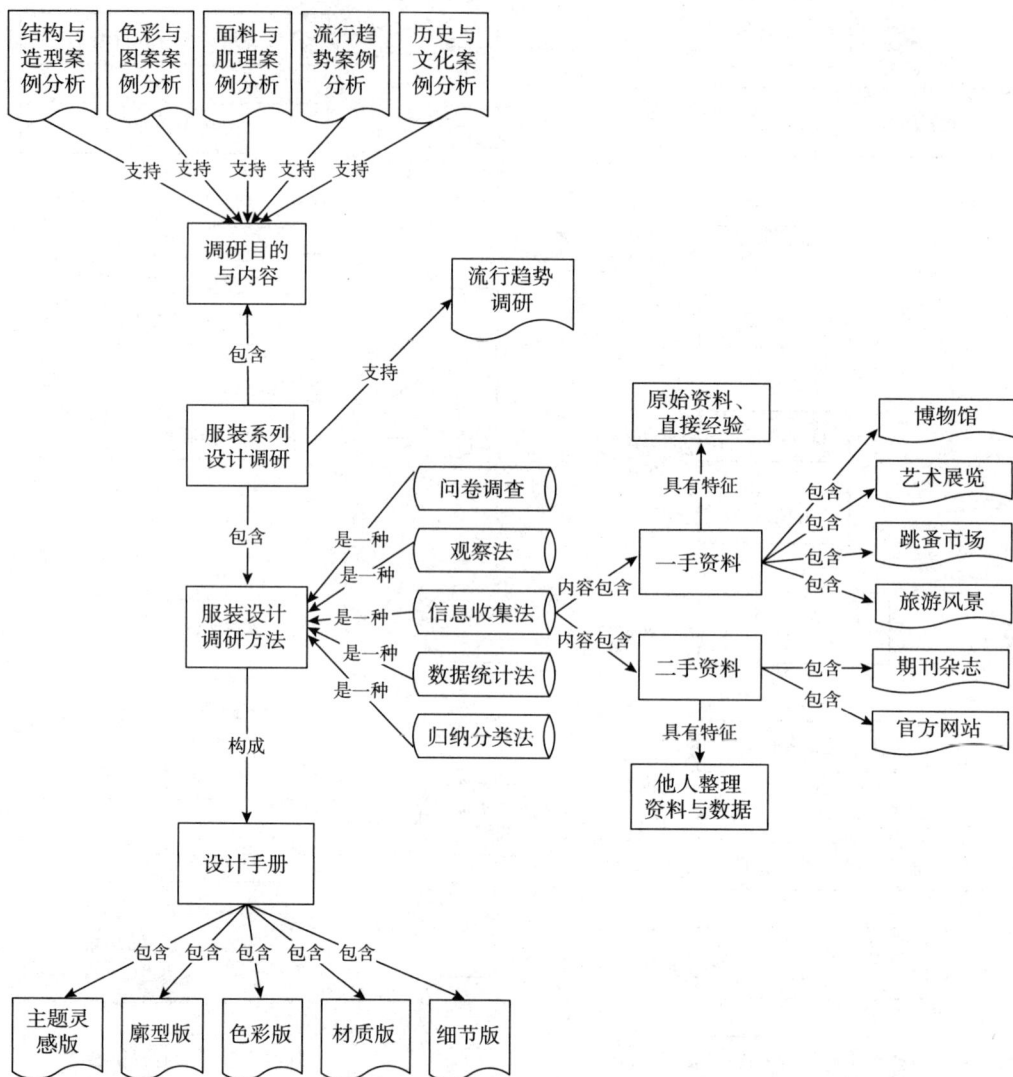

图 3-75 服装系列设计调研知识建模

调查市场上的流行趋势和消费者喜好，分析竞争对手的产品

收集相关资料和数据，探索目标受众的需求和市场空白

包含　　　　　　　包含

**设计调研**

步骤包含

观察自然界的美景，如植物、动物、地形等，获取灵感的创意源泉

思考设计的中心理念和情感表达，将灵感转化为设计的核心主题

包含

**获取设计灵感来源**

包含　参观艺术展览和博物馆，欣赏各种艺术形式，从中汲取设计灵感

包含

步骤包含

确定设计的目标受众和应用场景，定义清晰的设计方向

包含

**建立设计主题**

研究历史文化和传统手工艺，挖掘悠久历史中的设计灵感

步骤包含

结合主题和目标受众，选择适合的设计风格，如简约、复古、前卫等

包含

**设计风格选择**

确定服装的整体形态和剪裁，包括款式、长度、剪裁线条等

包含

考虑市场趋势和品牌定位，确保设计风格与品牌形象相符

包含　设计色彩搭配方案，选择合适的色彩组合和调性

步骤包含

包含　选择适合的面料和材质，考虑质感、手感和适用场景

**完成设计手册**

包含　设计服装的细节装饰和工艺处理，提升设计的精致度和品质感

铅笔绘制

包含

步骤包含

草图30款以上

包含

**绘制草图**

包含

设计手册优秀案例

步骤包含

使用计算机软件绘制

包含

**绘制效果图**

包含　绘制效果丰富　结构细节表达明确　色彩、面料表达准确

步骤包含

使用CorelDRAW软件绘制

包含

**绘制款式图**

包含　严格按照工艺单要求款式图绘制　比例准确、细节清晰

步骤包含

包含

**制作面料小样**

包含　面料小样制作案例

考虑面料的适用性和使用寿命，确保与设计风格和款式相匹配

步骤包含

**完成系列服装设计**

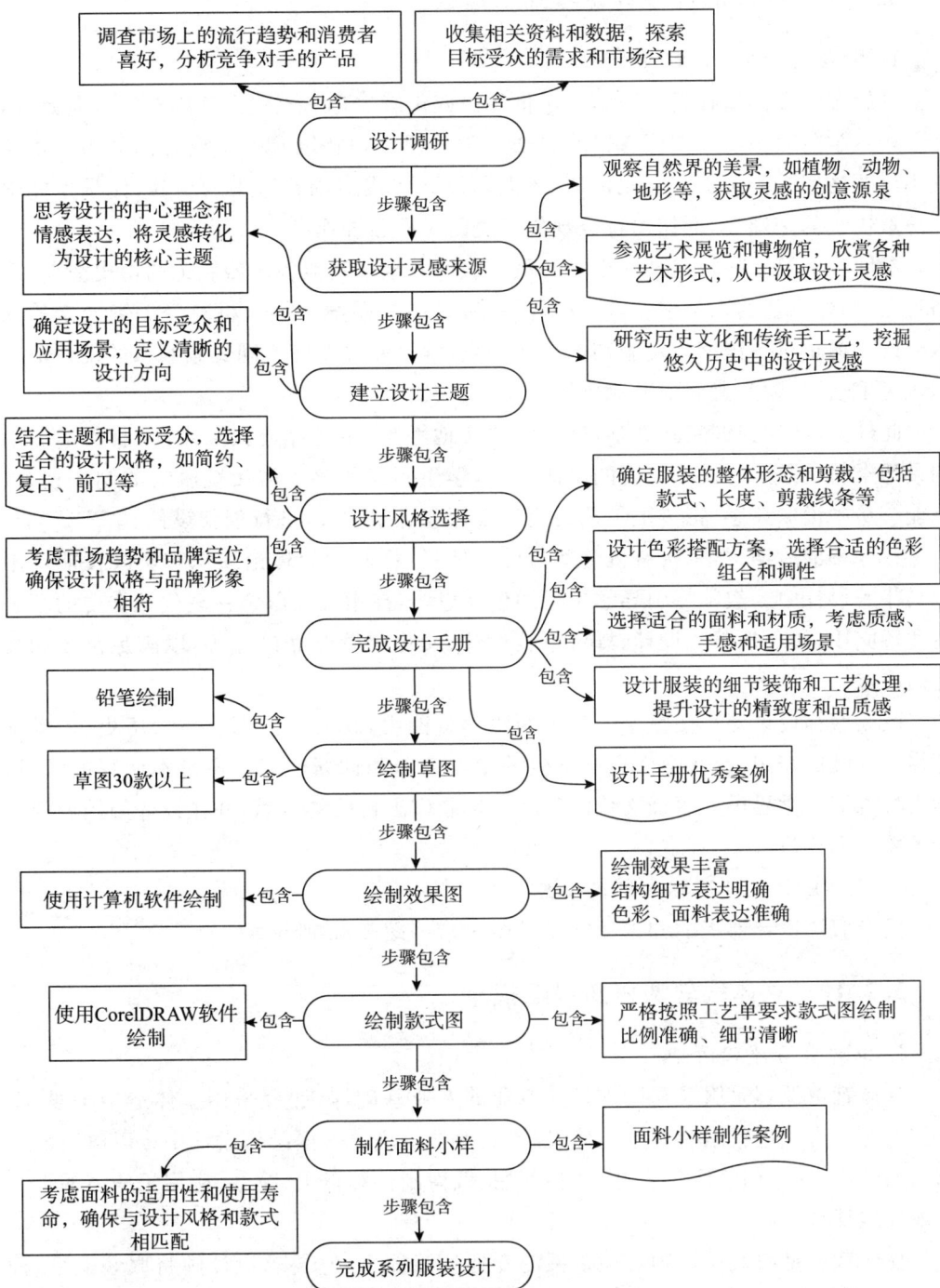

图 3-76　服装系列设计过程知识建模

### 3.2.9　民族服饰设计课程知识建模

1. 民族服饰设计课程简介

民族服饰设计课程是一门结合了世界民族传统文化与现代设计理念的专业课程,旨在培养学生对国际与中国各民族服饰文化的深入理解以及创新设计的能力。本课程不仅关注服饰的历史与文化价值,还强调设计实践与创新思维的培养,使学生能够在尊重传统的基础上,创作出符合现代审美的民族服饰作品。

本课程的核心内容包括对中国各民族服饰和全球其他各民族服饰的历史演变、风格特点、制作工艺的系统学习,以及对民族服饰中的图案、色彩、材料等关键元素的深入分析。通过对各民族传统服饰的案例研究,学生能够掌握不同民族服饰的设计语言和表现手法,理解其背后的文化内涵和象征意义。

此外,该课程强调实践教学,鼓励学生实地考察,亲身体验民族生活,收集第一手的设计素材。通过与民族工匠的交流学习,学生不仅能够了解传统服饰的制作技艺,还能够从中汲取灵感,将传统工艺与现代设计理念相结合,进行创新设计。

在课程的后期,学生将有机会参与设计项目,将所学的理论知识和实践技能应用到具体的设计中。教师将引导学生运用创新思维,探索民族服饰在现代社会中的新表达和新应用,如现代服装设计、舞台服装设计、文化旅游产品设计等,以满足市场和社会的需求。

民族服饰设计课程注重培养学生的跨学科能力,其结合艺术、设计、历史、人类学等多个领域的知识,旨在全面提升学生的专业素养和创新能力。通过本课程的学习,学生将能够为世界民族服饰文化的传承与发展作出自己的贡献,并在设计领域展现独特的才华和价值。

2. 民族服饰设计课程知识建模图

民族服饰设计课程的知识建模图如图 3-77～图 3-80 所示。

### 3.2.10　立体裁剪课程知识建模

1. 立体裁剪课程简介

立体裁剪课程是服装与服饰设计专业的专业基础课,课程采用立体造型手段,在人体模型上直接进行服装三维立体设计,有效地解决了平面结构设计中难以解决的复杂造型问题,是一门集服装设计、面料使用、裁剪制作和审美、技术、应用于一体的综合学习领域课程。

立体裁剪是服装设计师必须掌握的专业实践能力,它要求设计师将服装造型、面料运用、制作技艺综合运用,从而全面生动地呈现设计师的构思。通过本课程的学习,旨在培养学生运用立体思维与手法创作服装板型的能力,培养学生将立体裁剪的空间

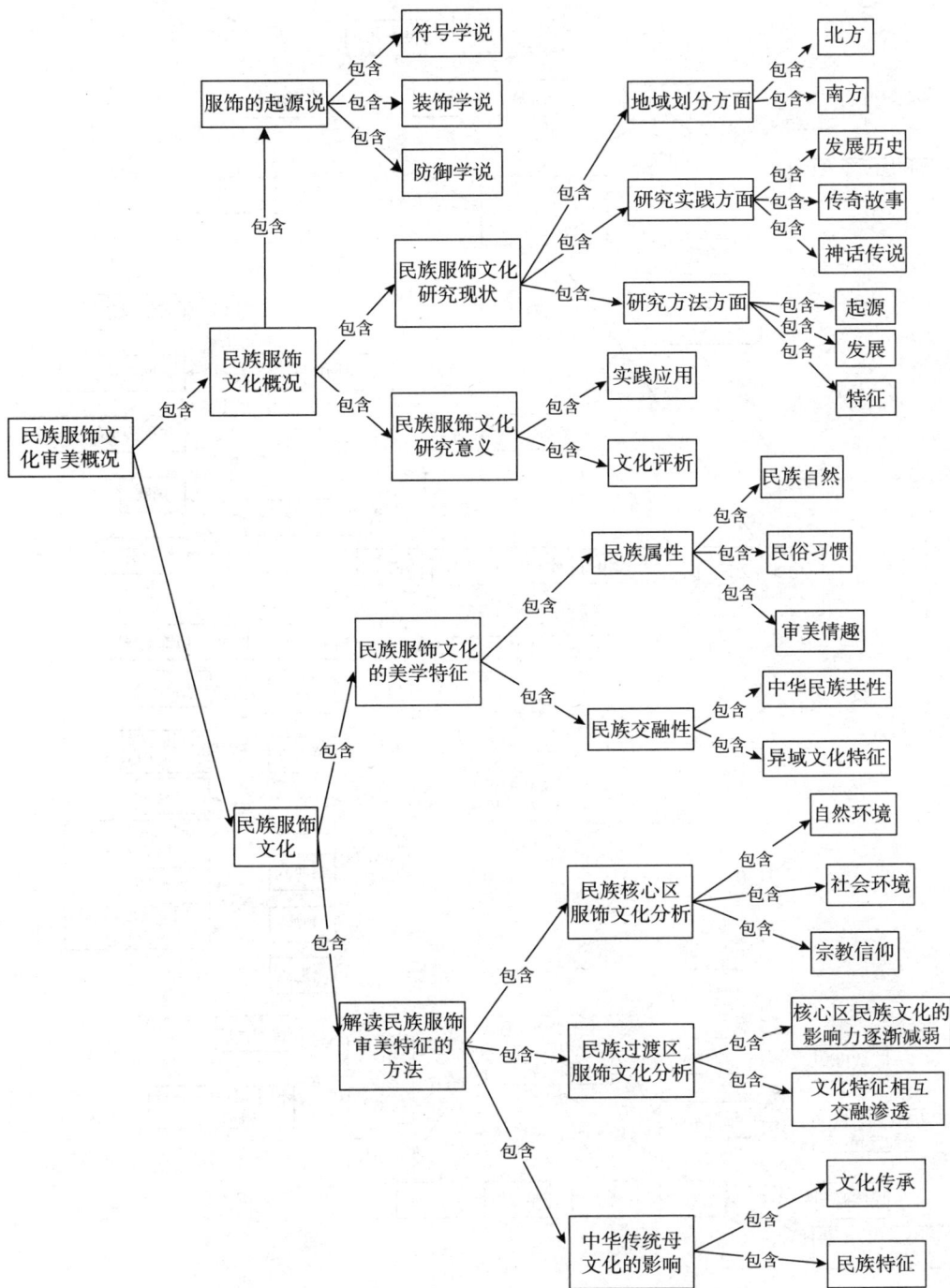

图 3-77　民族服饰文化审美概况知识建模

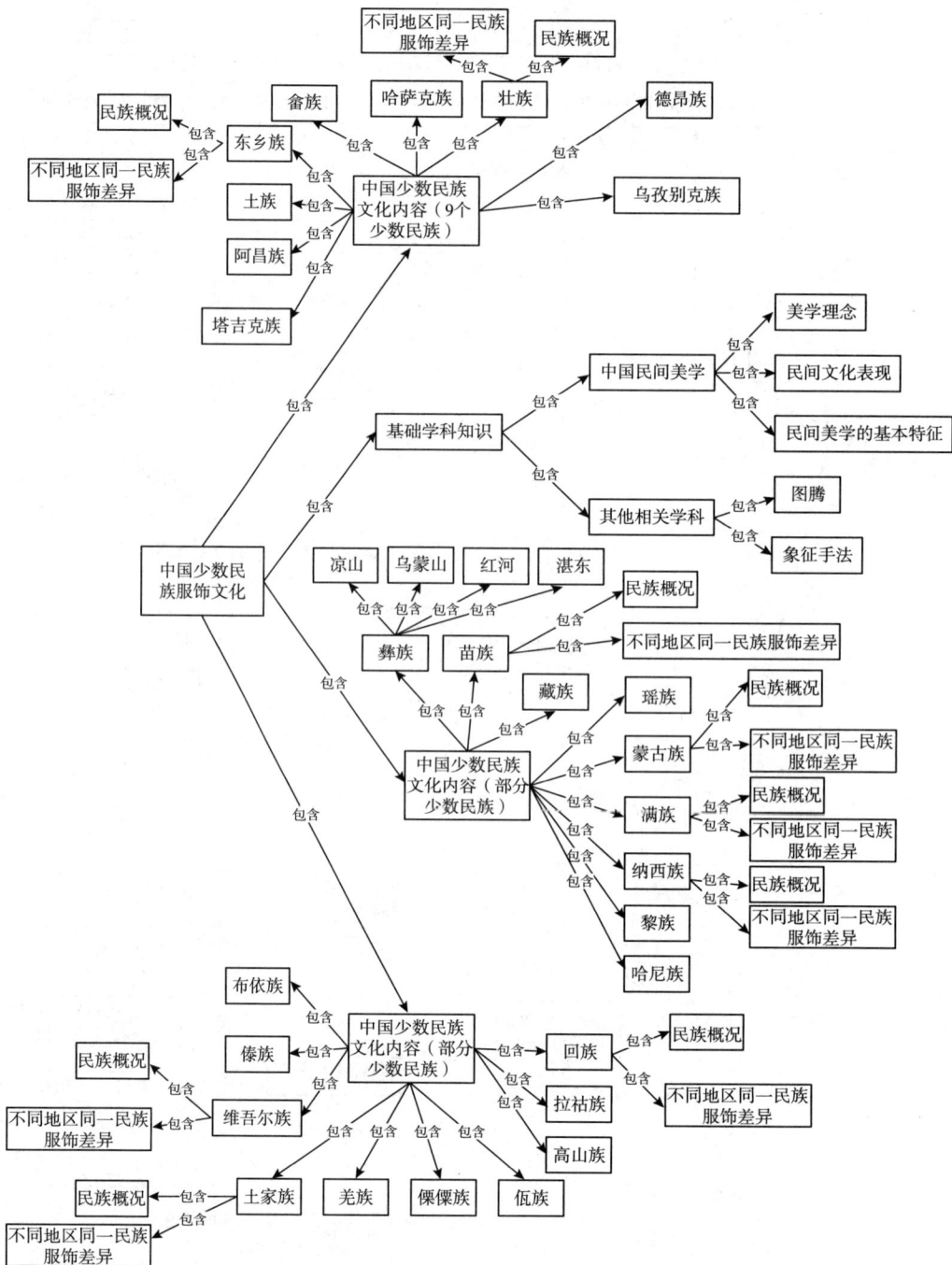

图 3-78　中国少数民族服饰文化知识建模(1)

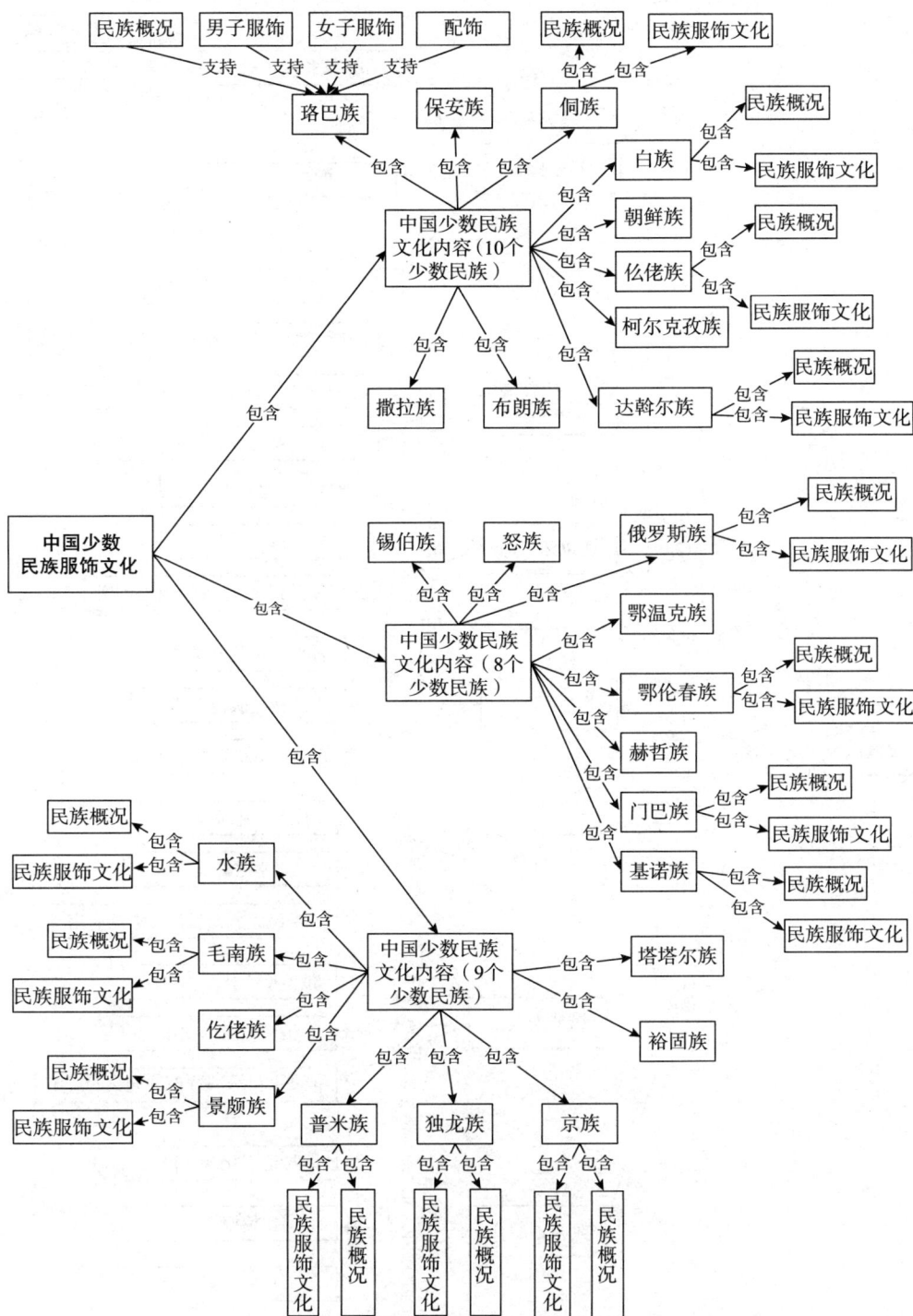

图 3-79　中国少数民族服饰文化知识建模(2)

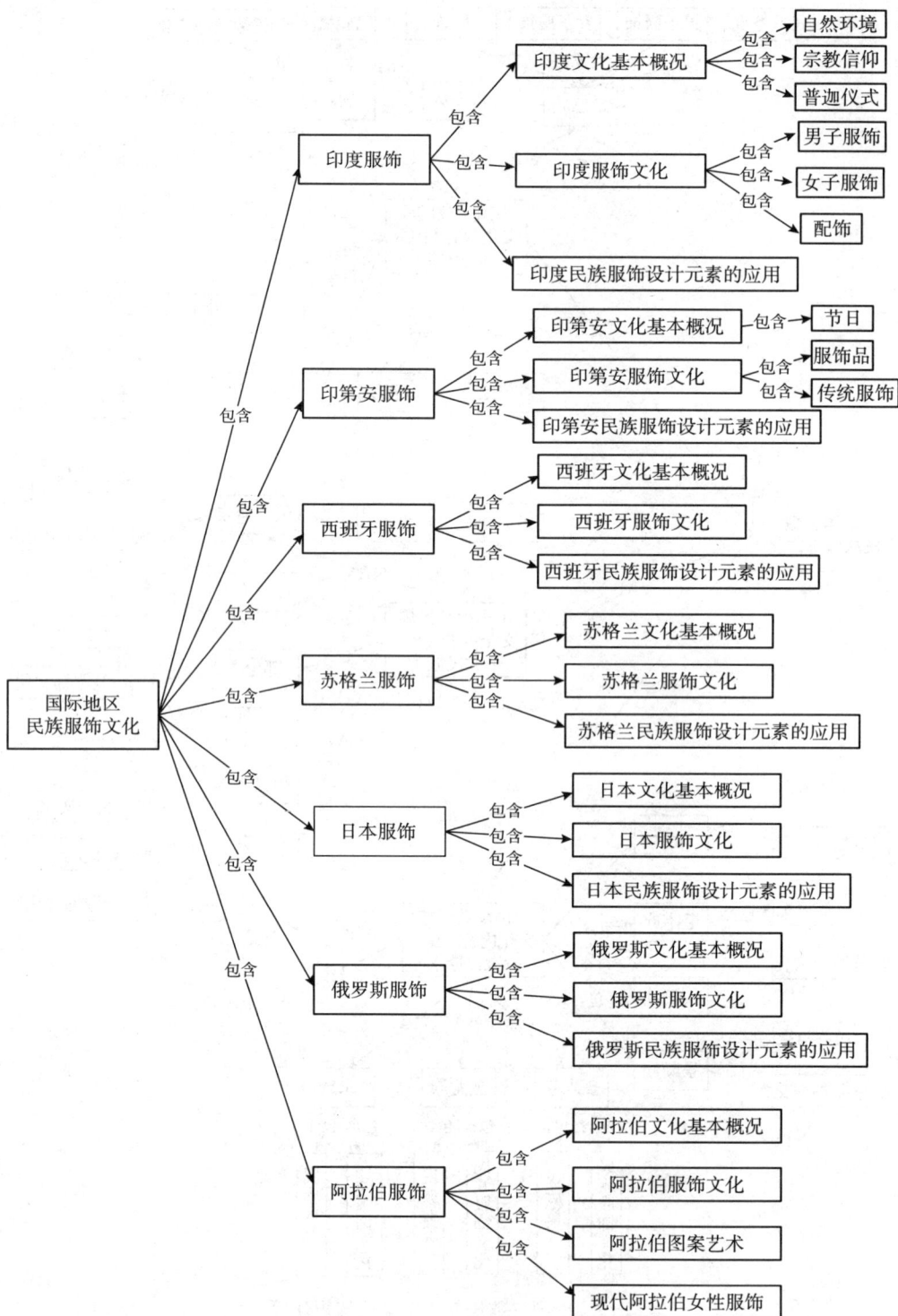

图 3-80　国际地区民族服饰文化知识建模

感、创新感与板型相结合,在制作的过程中做到"由技入道,别出心裁",体现工匠精神、艺术精神和探索精神。同时,该课程着重于将设计的内涵融入技法当中,将创新融入作品中,培养学生具备创作和设计的能力。

　　依据服装与服饰设计专业人才培养方案,立足本地区服装企业设计师与制版师岗位的人才需求和职业技能考核标准,结合职业技能大赛中服装设计与工艺赛项的比赛内容和要求,我们实现了岗、课、赛、证相融通,将"立体裁剪"课程的基础理论知识、职业能力以及职业素养要求融入教学项目,并以此为核心组织课程教学。同时,进行教学项目的再凝练设计,重新组建课程教学内容,将其划分为时装裙、夏季女上衣、合体连衣裙、创意礼服四个项目,这四个立体裁剪教学项目由单一到综合,难度逐级提升。

　　2. 立体裁剪课程知识建模图

　　立体裁剪课程的知识建模图如图 3-81～图 3-85 所示。

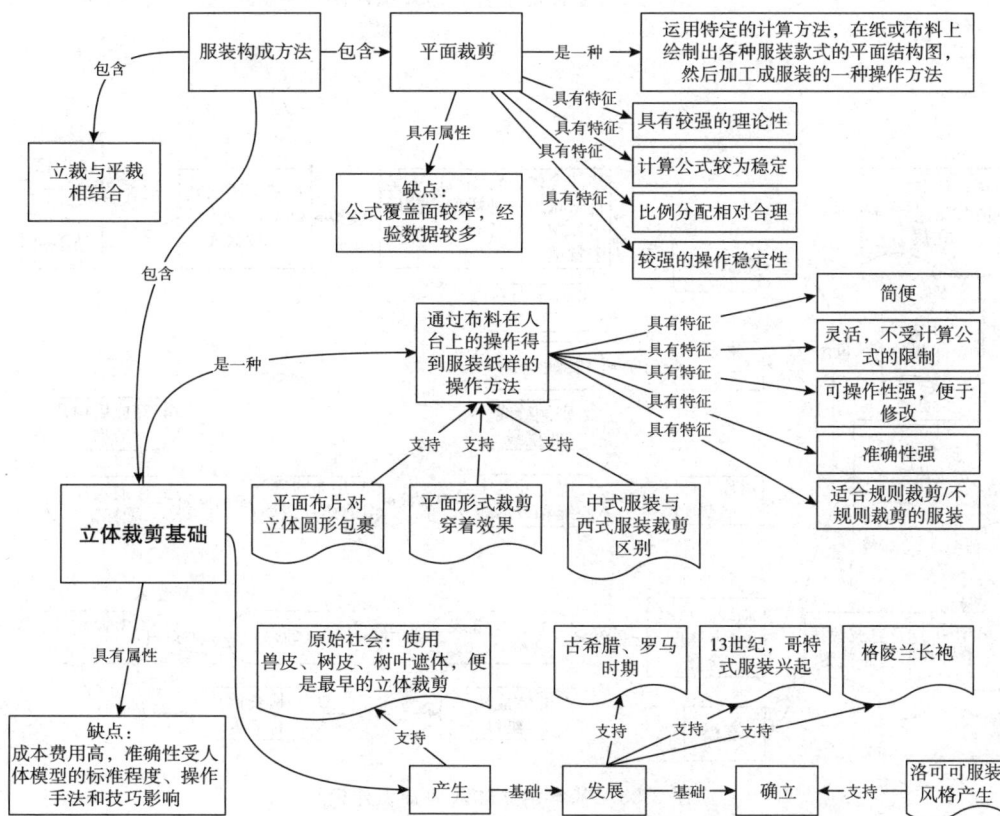

图 3-81　立体裁剪基础知识建模

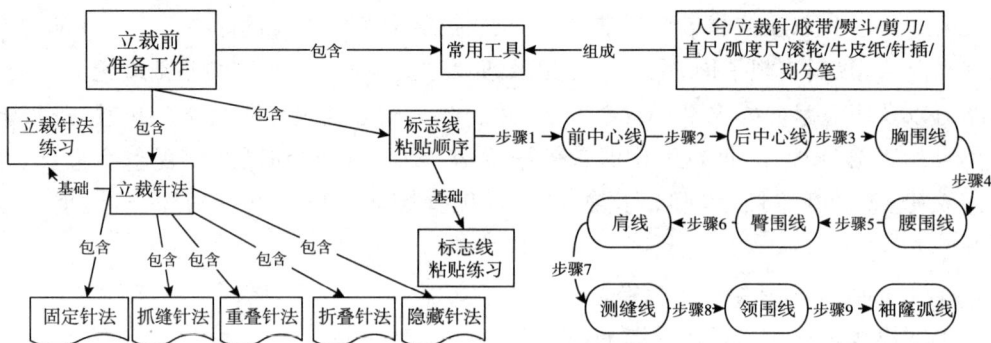

图 3-82　立裁前准备工作知识建模

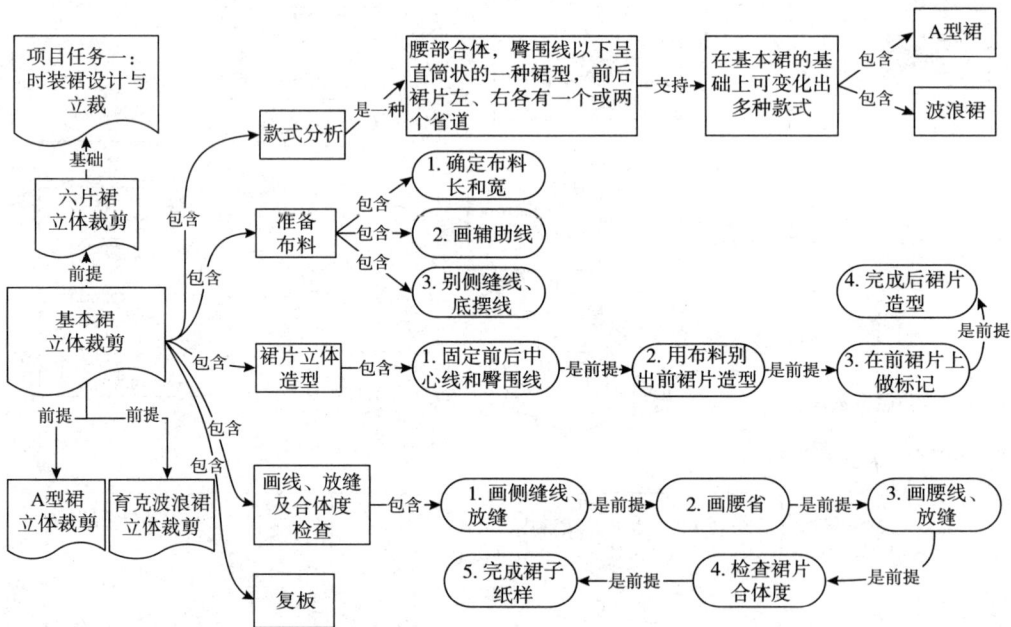

图 3-83　基本裙立体裁剪知识建模

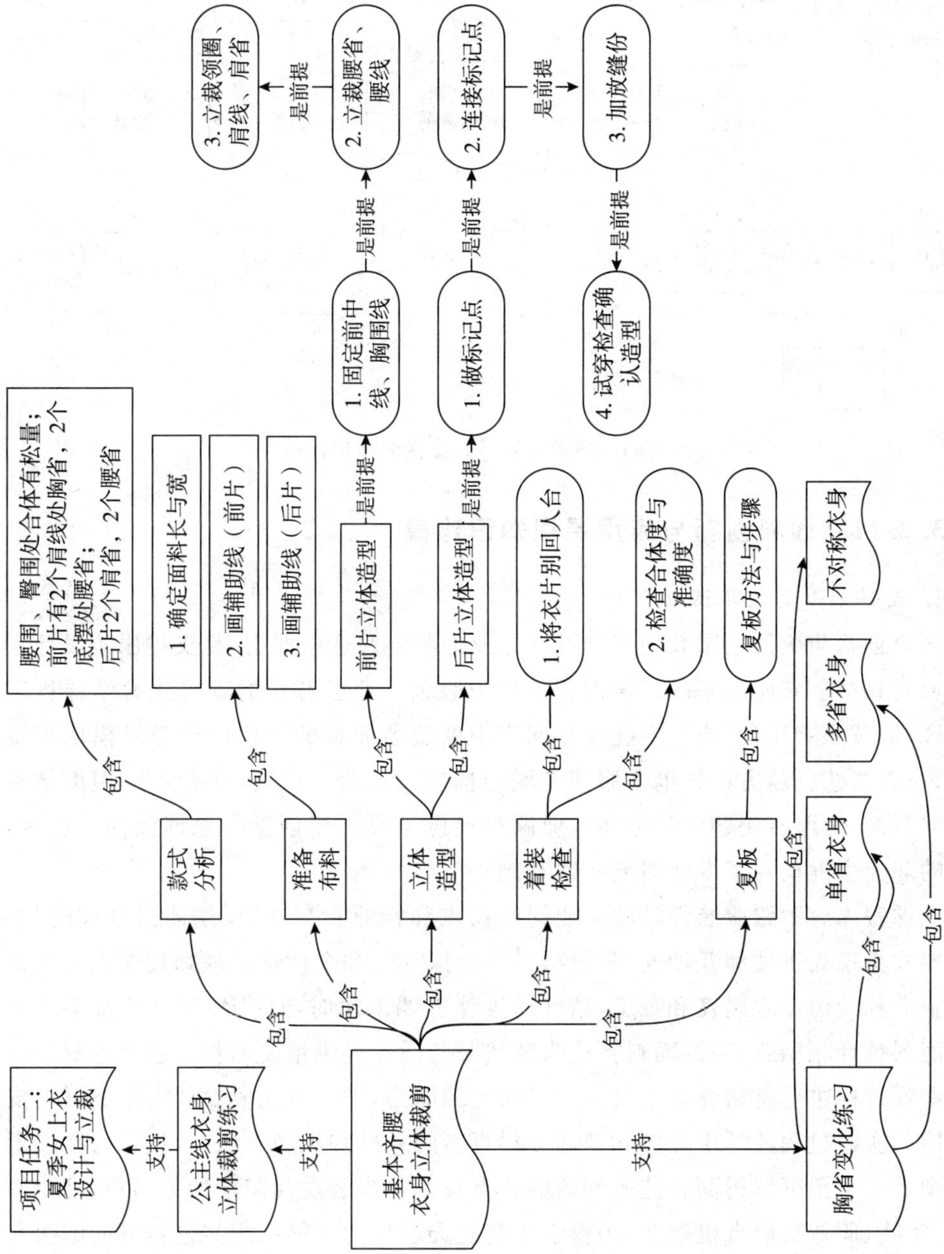

图 3-84 基本齐腰衣身立体裁剪知识建模

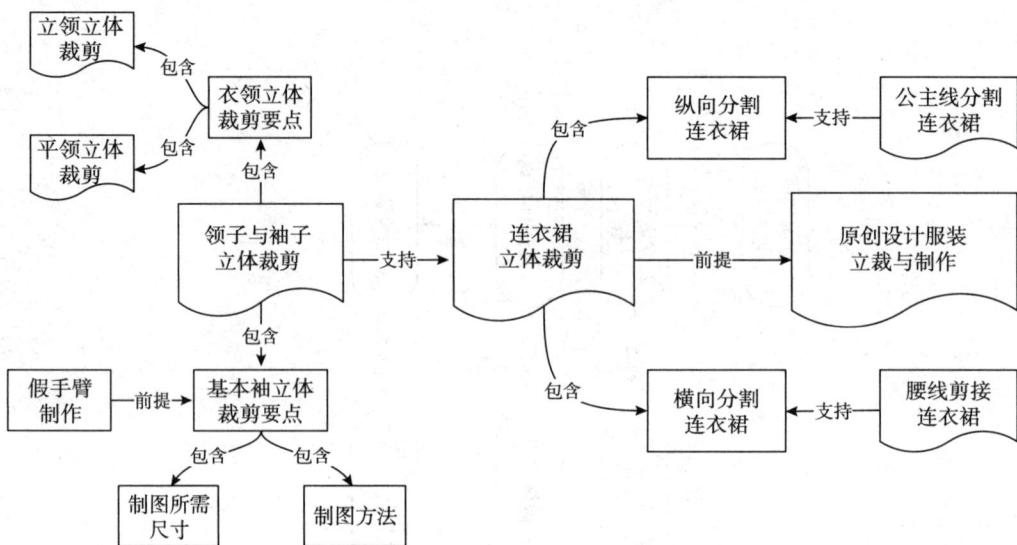

图 3-85　领子与袖子立体裁剪知识建模

### 3.2.11　面料创新与应用课程知识建模

1. 面料创新与应用课程简介

面料创新与应用是服装与服饰设计专业的限定性选修课程,是支撑服装设计实现的材料与材料创新应用基础。该课程不仅为服装专业已开设的项目化教学课程服饰品设计、服装品牌设计、服装专题设计课程中的服装面料的二次设计需求模块提供了支持,还在工艺创新方面辅助了服装专题结构实践课程。同时,还针对应用型培养人才研究方向,为服装快题设计考研专业课程提供了设计新创新与原创设计手法等,为学生的职业生涯奠定了专业研究实践基础。

该课程内容紧跟服装设计师企业岗位需求和行业新高度,反映前沿性和时代性,教学形式呈现先进性和互动性,学习结果体现探究性和个性化。教师授课内容既体现服装企业和岗位需求高度和难度,精准设置课上课下学时与内容,又将传统手工艺与现代面料设计相结合,通过面料再造为现代服装设计提供重要的材料创意素材。

课程目标主要是培养学生自主学习探究的能力,进一步完成设计需求到材料支撑的转换。实践过程使学生理解和掌握面料再造的基础知识和方法,从技术、人文、形式美法则等多个角度解析面料艺术创新的特点及其与服装设计需求的关系;将理论知识能力、实践、职业技能有机融合,培养学生在服饰设计的材料运用与创新方面解决复杂问题的综合能力和创新思维,锻炼学生的自主探索、资讯搜集和分析能力,丰富专业设计思维,服务于服饰设计材料的进一步开发需求,从而初步具备服装企业面料创新设计的基本能力与思维。

2. 面料创新与应用课程建模图

面料创新与应用课程的知识建模图如图 3-86～图 3-88 所示。

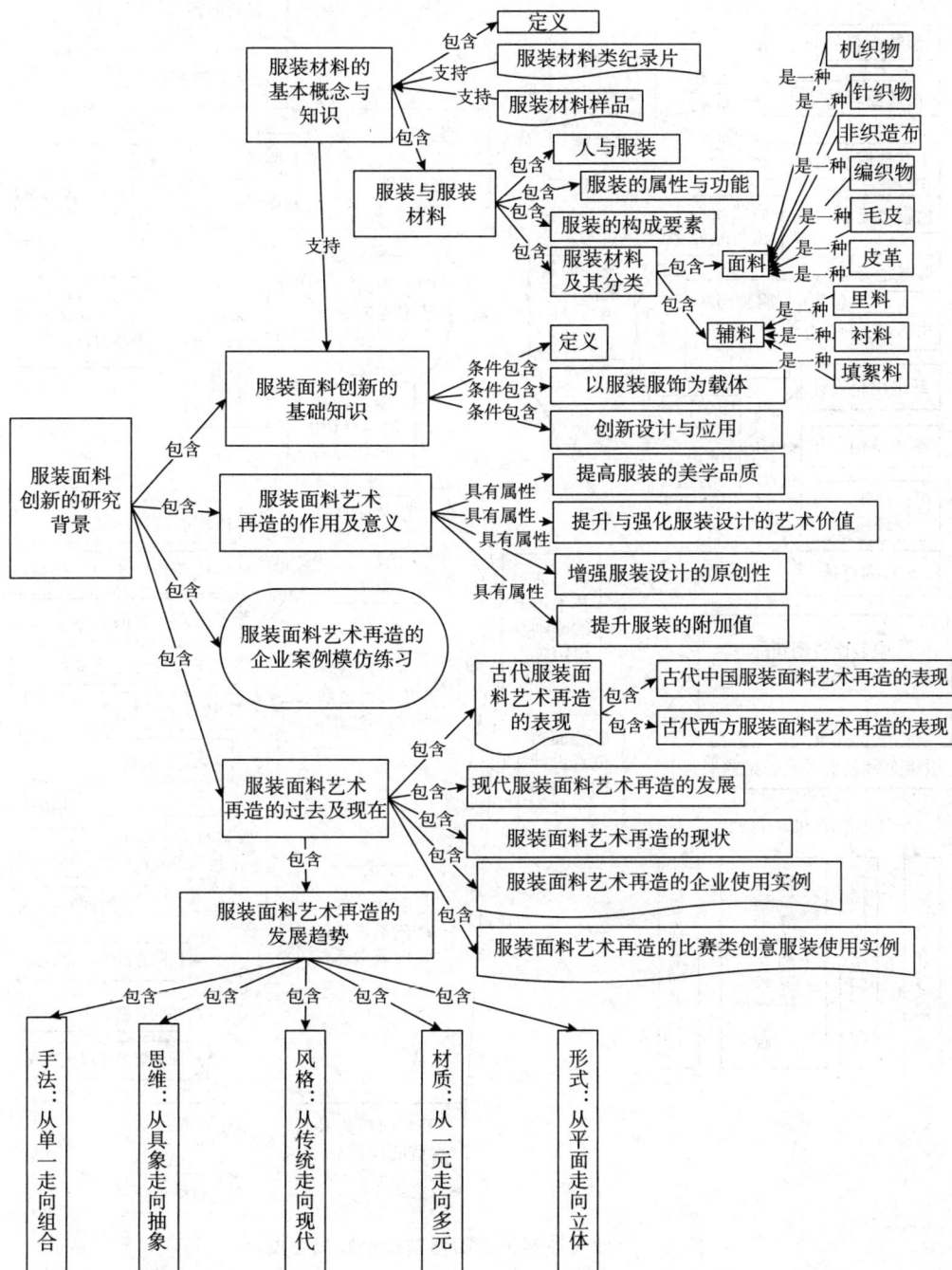

图 3-86　服装面料创新的研究背景知识建模

服装面料的特性与人的心理

服装面料与服装设计

服装面料的评价方法

服装面料的分类

服装面料的特性

其他服装面料

服装面料的种类及其性能

服装面料艺术再造的物质基础

服装面料艺术再造的设计构思

明确设计定位，从整体到局部的设计构思方法

从面料萌发设计灵感，从局部到整体的设计方法

色彩之美

形态之美

质感之美

服装面料流行趋势

服装面料的美学特征

服装面料的流行趋势与材质设计

服装面料艺术再造的设计程序

服装面料艺术再造的表达

纤维用料设计

纱线结构设计

织物组织结构纹理设计

面料的再造

服装面料材质风格的设计方法

服装面料艺术再造的模仿练习

服装面料艺术再造的设计原则

体现服装的功能性

体现面料性能和工艺特点

丰富面料表面艺术效果

实现服装的经济效益

服装面料创新的基础理论

服装面料艺术再造的原则与模仿练习

服装面料艺术再造的美学法则

基本美学规律

形式美法则

服装面料创意设计的材料和工具

服装面料艺术再造的灵感来源

服装面料艺术再造的基本型

点状构成

线状构成

面状构成

自然界的灵感

历代民族服装的灵感

其他形式艺术（绘画、建筑等）的灵感

科学技术的灵感

服装面料艺术再造的构成形式

相同骨骼的一元构成

相同骨骼的多元构成

相同骨骼的多层次构成

服装面料艺术再造的设计运用

局部运用

整体运用

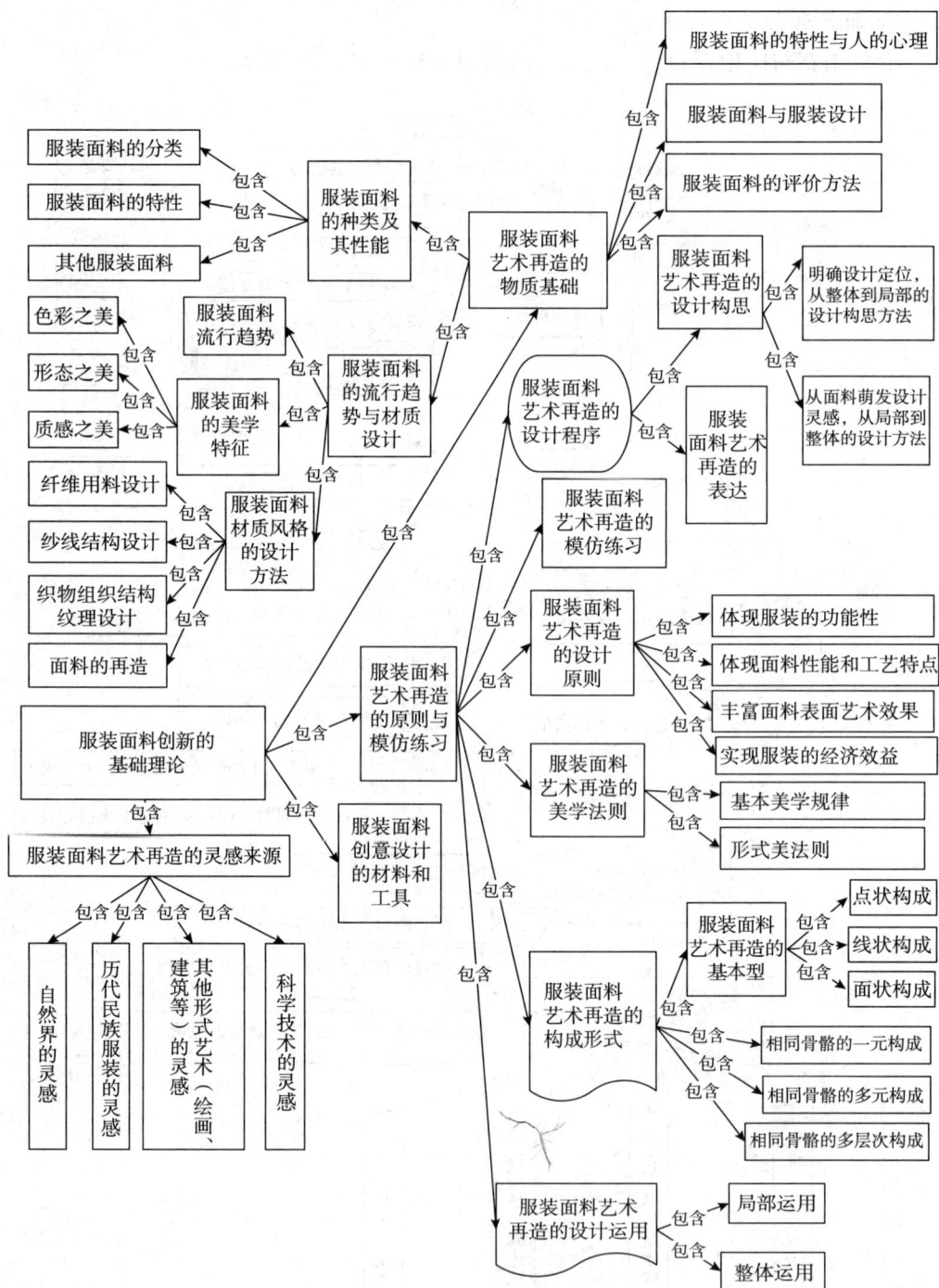

图 3-87 服装面料创新的基础理论知识建模

110

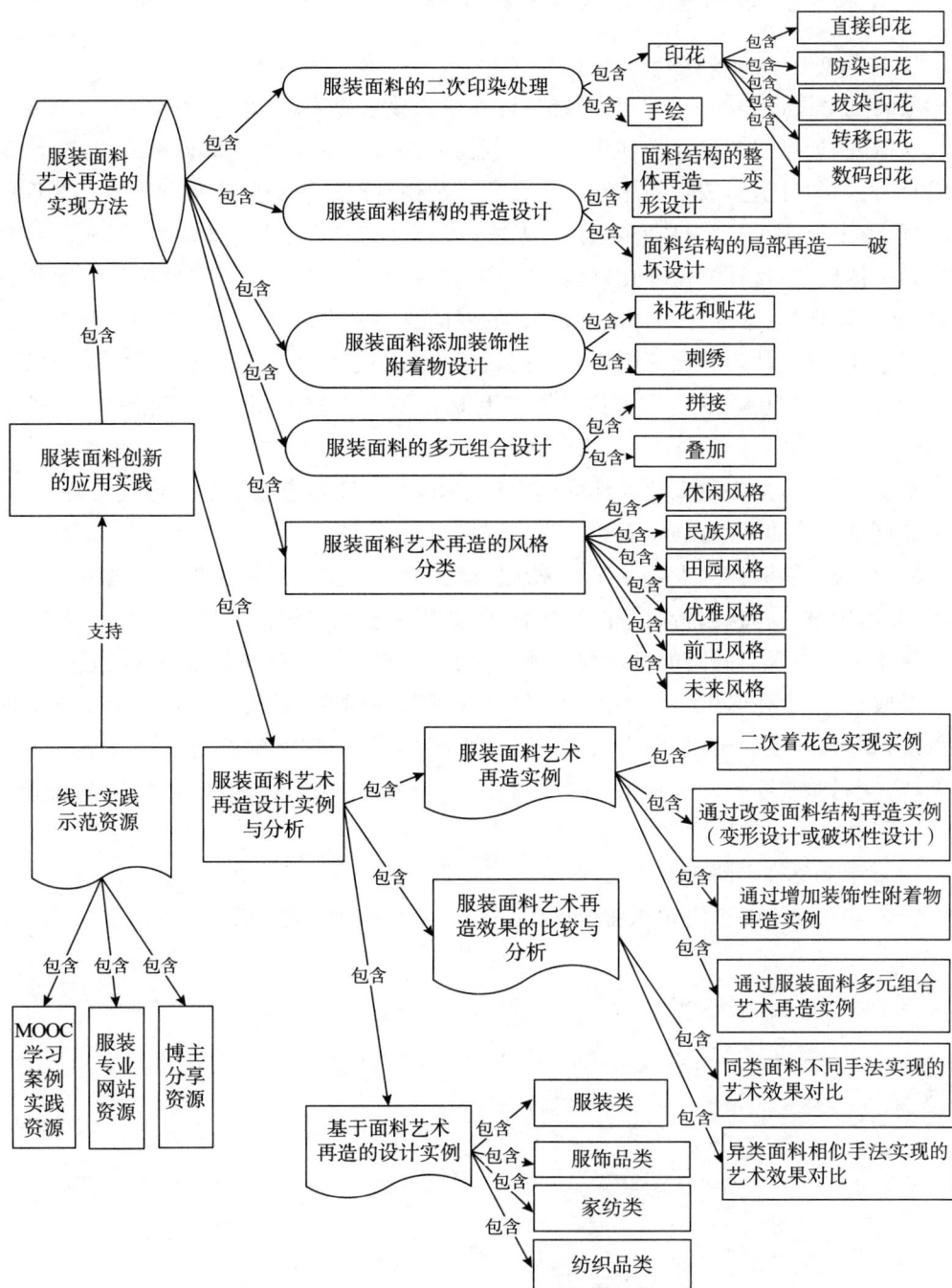

图 3-88　服装面料创新的应用实践知识建模

### 3.2.12 服装创意设计课程知识建模

1. 服装创意设计课程介绍

服装创意设计课程是服装与服饰设计专业的核心课程,本课程教学内容由创意服装设计概述、创意服装设计的创作方法和创意服装设计流程 3 个知识模块组成,注重"知识传投"和"价值引领",循序渐进地介绍服装创意设计表达的流程及内容。课程以"应用能力＋行业对接"为核心,通过"理论＋技能＋思维"三位一体的教学设计,将理论实践一体化,项目任务情境化,确保学生从碎片化知识学习向系统性项目实践平稳过渡,最终实现"创意落地"与"市场需求"的双向驱动能力培养。为后续项目化教学课程中的企业合作、品牌孵化等提供扎实的技能衔接与思维储备,最终实现"懂设计、会技术、能协作、接市场"的应用型人才培养目标。围绕学校 OBE 教育理念和"两性一度"标准,为学生制订了三阶制的教学目标。

知识目标:清楚表述服装设计的创意思维方法,服装创意设计的类型及其特点,以及服装创意设计的基本原则、表达流程及内容。

能力目标:能够根据设计主题完成从概念到设计方案的可视化表达与技术文件输出;能够运用服装材料创新改造的基本技法,通过实验性实践探索材料的艺术表现力;通过立体裁剪与平面制图的综合应用能力,初步实现二维设计向三维成衣的转化。

素质目标:增强学生对中华优秀服饰文化的认同感与创新转化能力;激发学生的创新意识与批判性思维,鼓励突破常规设计框架的同时,理解创意与市场需求的平衡关系;树立职业素养与行业意识,关注可持续设计理念,探索环保材料、零浪费裁剪等技术在创意设计中的应用。

2. 服装创意设计课程知识建模

服装创意设计课程的知识建模如图 3-89～图 3-91 所示。

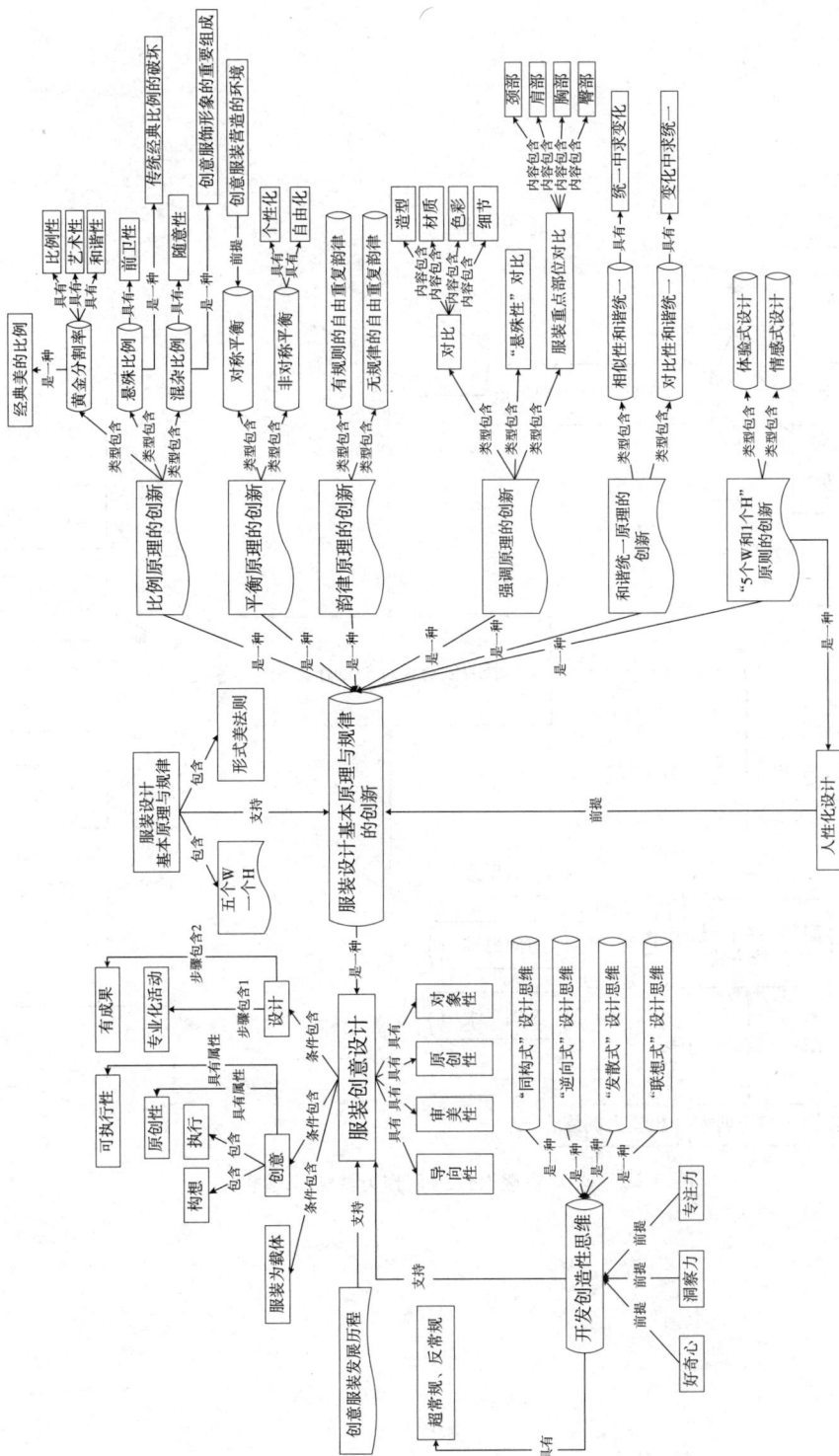

图 3-89　服装创意设计知识建模

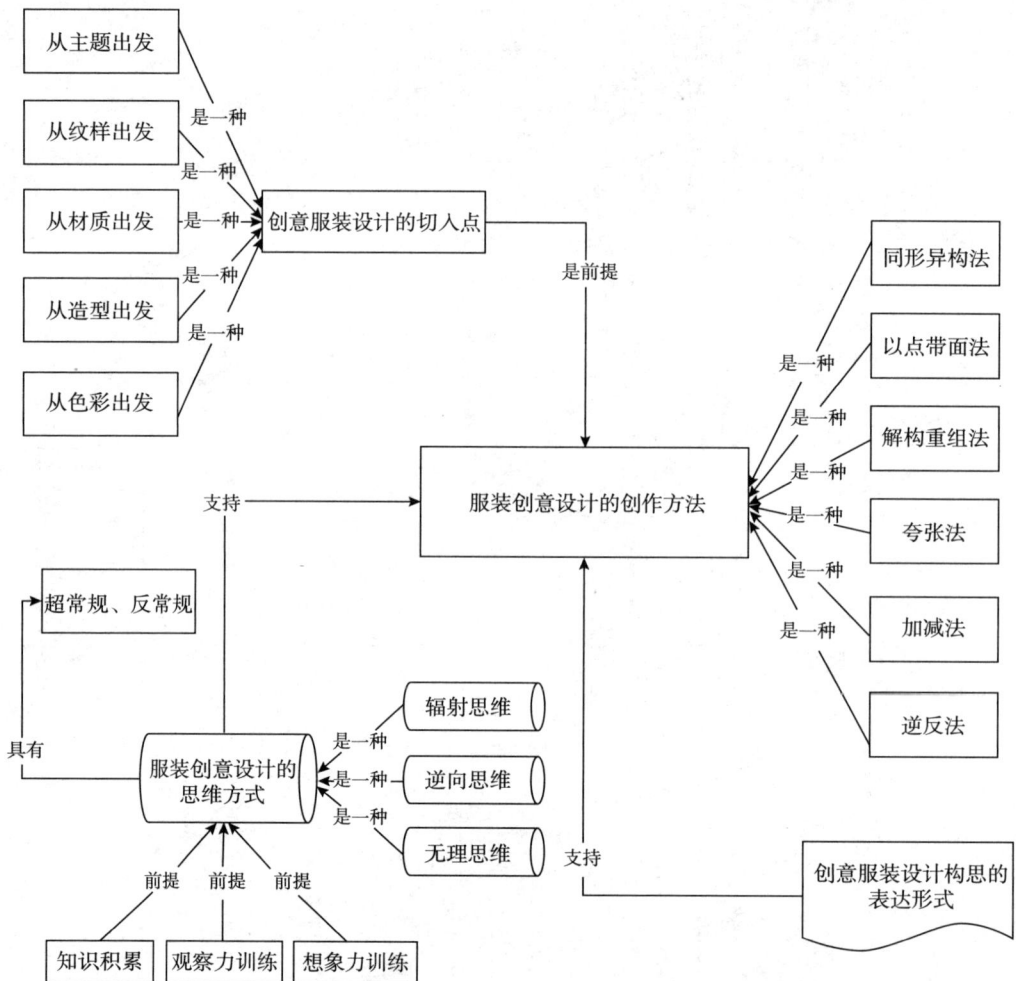

图 3-90 服装创意设计的创作方法知识建模

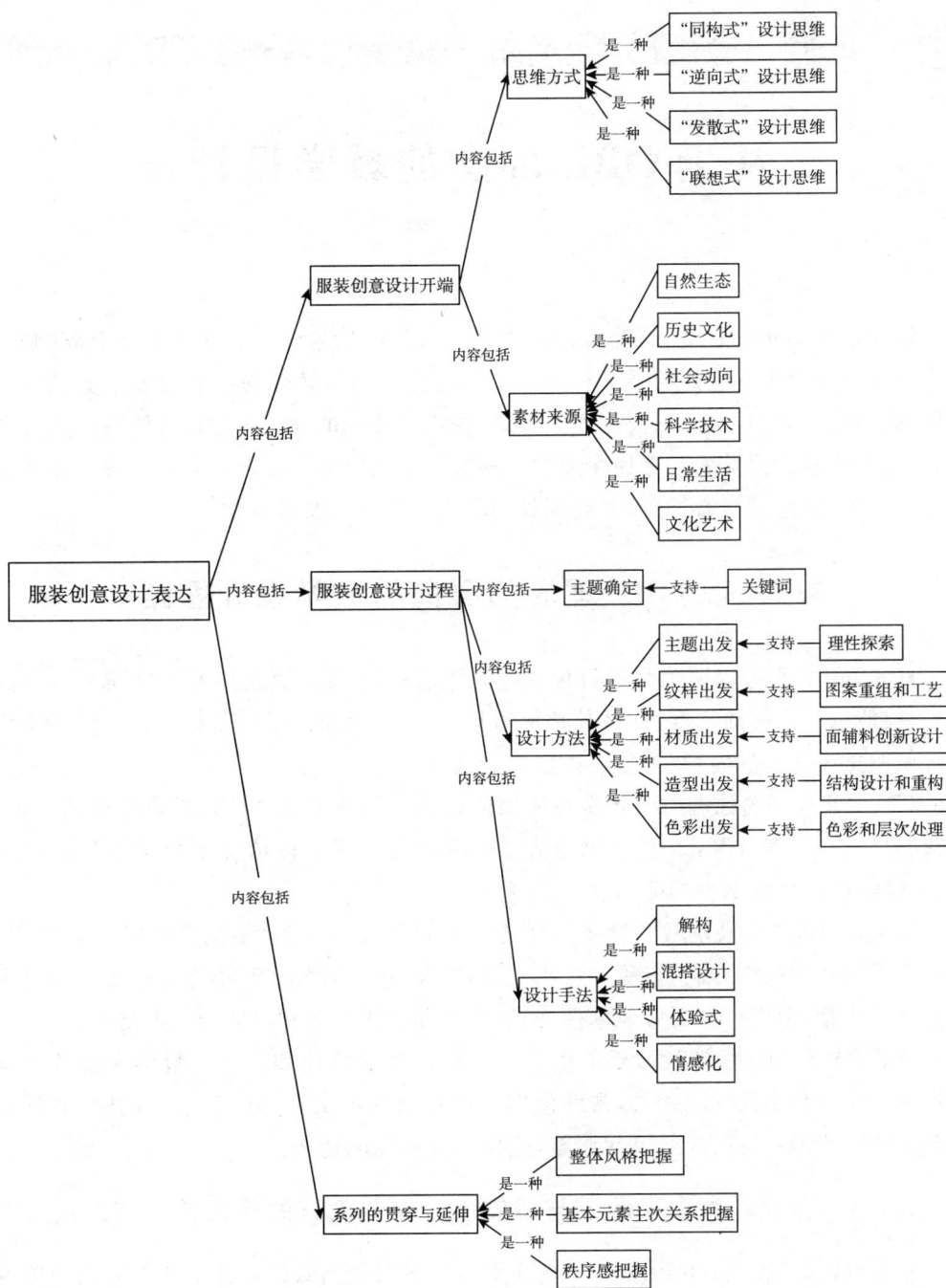

图 3-91　服装创意设计表达知识建模

# 第 4 章

# 基于 OBE 理念的教学设计

OBE(outcome-based education)理念是一种以学生为中心的教学设计思路,强调学生在学习过程中所达到的结果和能力。它与传统的以教师为中心的教学方法有所不同,它通过明确学习目标、设计评估方式、提供多样化的学习体验以及强调反馈和调整,促进学生的全面发展。更加注重学生的实际应用能力和综合素质的培养。本章节将探讨 OBE 理念的核心原则,并介绍如何将其应用于教学设计中。

## 4.1 以 OBE 理念为导向的教学设计思路

首先,OBE 理念以明确学习目标为起点。教师应该清楚地知道学生需要掌握的知识、技能以及应有的态度,并将其转化为具体的、可测量的学习目标。这有助于学生了解他们正在学习的内容,为他们提供明确的方向和目标。

其次,OBE 理念强调对学生学习成果的评估。教师应该设计多样化的评估方式,包括项目、作业、考试等,以便全面评估学生的学习成果。评估应该与学习目标相一致,并能够准确反映学生的能力和水平。

再次,OBE 理念鼓励教师提供多样化的学习体验,以满足不同学生的学习需求。这包括使用多种教学方法、资源和技术工具,以及组织实践活动、小组合作等。通过丰富的学习体验,学生可以更好地掌握知识,并培养解决问题和团队合作的能力。

最后,OBE 理念强调教师对学生学习过程的及时反馈和调整。教师应该给予学生积极的鼓励和建设性的指导,帮助他们发现自己的不足并加以改进。同时,教师还应根据学生的学习情况进行灵活调整,确保学习目标的达成。

### 4.1.1 新文科背景下服装与服饰设计专业教育的现代转型与发展

随着时代的发展和社会的进步,新文科背景下服装与服饰设计专业教育正经历着现代转型与发展。在这个信息爆炸的时代,传统的服装与服饰设计教育已经不能满足学生对于创新和多元化的需求。因此,为了培养更具创造力和实践能力的服装与服饰设计人才,服装与服饰设计专业教育不得不进行现代转型。

这就要求服装与服饰设计专业教育必须更加注重学生的创新能力和实践能力的

培养,同时与其他学科进行跨学科合作,以便更好地满足学生的需求。现代转型还包括引入新技术和数字化工具,以提高服装与服饰设计专业教育的质量和效率。

1."新文科"的基本内涵

"新文科"这一概念是由党中央于 2018 年正式提出的。为了实现高等教育内涵式发展,打赢全面振兴本科教育攻坚战。2019 年,教育部等 13 个部门正式联合启动"六卓越一拔尖"计划 2.0,系统全面地展开新工科、新医科、新农科、新文科建设。"新文科"的"新",并不是单指新旧的"新",而是创新的"新"。与传统文科相比,新文科的专业界限趋于模糊,学科建设任务具备多元化、综合性的特征,其培养的人才能力呈现多学科知识交错互融的特点。"新文科"就是文科教育的创新发展。

关于"新文科"建设与教学实施的具体策略,李志民教授[①]认为:建设"新文科",需要通盘考虑、系统变革。在办学制度上,要落实和扩大学校办学自主权,建立现代大学制度,推进学校进行现代治理,实行教育家办学。各高校要在国家战略部署和宏观政策指导下,结合本校办学定位做出办学调整,建设具有本校特色的新文科。

在教学方式上,要摒弃形式主义的学科交叉、潦草简单的课程拼盘、照本宣科的授课方法,构建跨学科的复合课程群,探索开放式课程教学模式和数字人文教学方法,建立教学质量标准体系和评价体系,着力培养学生把握、提炼、论证和解决时代性问题的理论思维能力。

在培养模式上,要打破院系专业之间、学科之间、学科与社会之间的壁垒,推进教书和育人的有机融合,把学科建设与专业建设有机融合在一起,把教学内容与学生对现实社会的认识有机融合在一起,努力培养具有批判精神、创新意识、高度社会责任感、跨学科知识和国际化视野的高素质人才。

2."新文科"建设的重要价值

"新文科"涵盖了人文社会科学的相关学科,如法学、新闻、经济、艺术、哲学、历史等。在传统文科建构的过程之中,它们内部就已经存在着或直接或间接的互溶交流,只是"点少面窄",随着 20 世纪交叉学科理念的不断普及,各个学科之间的交错融合与研究方法、研究成果的相互支撑便迅速普及开来。

进入 21 世纪,人类在技术层面获得了更多的工具支持,迅速而深远地改变着人类的生活方式、文化交流模式;随着社会的巨变,人类在精神、心灵、情感、价值观念等方面也产生了不易调和的矛盾。应对这些困境,在新时代、新使命的要求下,文科的学科体系建构必须打破固有的范畴界限。在坚定自己学科价值目标的前提下,各文科必须逐步探索与新工科、新农科、新医科等学科在知识领域、研究方法、探究工具等层面的深度融合。只有建构这种多学科之间的深度融合,"新文科"才能够有更强大的力量与

---

① 李志民. 什么是新文科[EB/OL]. 中国教育在线,[2022-02-11]. https://news. eol. cn/lzmzl/202202/t20220211_2207715. shtml.

技术手段有效解决人类社会所面临的具体的问题,这是"新文科"建设最重要的现实价值之一。

除此之外,《新文科建设宣言》着重指出,不同类型的"新文科"解决的是各领域的特定问题,并实现不同的价值:文史哲促人修身铸魂、经管法助力治国理政、教育学培元育才、艺术学美人化人。"新文科"建设的重要目标是"培养知中国、爱中国、堪当民族复兴大任的新时代文科人才;培育新时代社会科学家;构建哲学社会科学中国学派;创造光耀时代、光耀世界的中华文化"。建设好"新文科"、发展好"新文科"教育是提升国家软实力的核心支撑。

3."新文科"建设对服装与服饰设计专业人才培养的新要求

(1)学科专业的交叉融合与人才培养

服装与服饰设计专业隶属于艺术学学科,但从其属性特征上分析,服装设计专业教育需要服装设计不再是一个孤立的学科,服装与服饰设计专业本身就兼具了艺术学、材料学、结构工艺、化学印染等多学科交叉融合的特征,与时尚、艺术、商务等学科密切相关,这是本专业响应"新文科"建设的重要基础与先天优势。另外,还应理性看到,服装与服饰设计专业虽然具有上述基础优势,但现实的教育实践过程中,本专业依旧侧重于设计、艺术和传统的文科教育。课程设计基本局限于服装与服饰设计专业与设计艺术学科领域,侧重于培养学生的艺术创意能力,而对于其他学科和领域,尤其是理工类课程的引入较少,导致学生在跨学科知识的掌握上存在不足。同时,本专业学生在基础知识储备能力与素养方面,对接受、学习、掌握理工类学科的知识存在着显著的能力上的不足。由此,针对上述现实的问题,服装与服饰设计专业的人才培养体系需要逐步调整,并依据学生的知识水平与能力,同时结合跨学科专业知识学习的具体能力要求,建构适应学生能力的交叉学科的知识体系。

(2)促进服装与服饰设计专业体系和服装产业体系的有机融合

在"新文科"背景下,服装与服饰设计专业人才培养的首要目标是服务服装产业的创新发展,推动中国服装品牌的自主创新,形成中国服装的审美风格,建立影响世界的中国服装文化。鉴于此,服装与服饰设计专业的人才培养目标与课程体系内容必须与服装产业市场相对接,通过开设实践课程和实践项目,锻炼学生的设计能力,并且在实践中不断改进和创新,引入数字化工具,将信息技术、CAD 软件、5G、人工智能、智能装备、3D 打印等新兴领域的知识与技能实时更新引入课堂,学生可以更加方便地进行设计和生产,同时也可以不断丰富学生的知识结构,促进其学习能力的不断提升,更好地适应行业的发展趋势。

(3)塑造、夯实专业人才敢于担当民族复兴大任的崇高品格与鉴定信念

塑造、夯实专业人才敢于担当民族复兴大任的崇高品格与鉴定信念是"新文科"教育的神圣职责,也是响应党和国家建设文化强国的题中之意。在服装与服饰设计专业

的现代化转型过程中,这一价值观与崇高目标是不可动摇的。

## 4.1.2　服装与服饰设计专业建设主导思想

服装与服饰设计专业不仅需要关注设计技能的培养,还需要注重学生的文化素养和人文精神的培养。其专业建设主导思想以聚焦传统服饰文化和服装与服饰创新设计为核心,通过跨学科课程设置和项目合作等措施,拓宽学生的知识面和视野,旨在培养具有综合素养、创新意识和实践能力的服装与服饰设计人才。这一主导思想的实施将有助于推动服装与服饰设计专业的发展,促进传统文化的传承与创新,满足市场对高素质设计人才的需求。同时,也将为学生提供更广阔的发展空间和更丰富的就业机会。

1. 聚焦传统服饰文化和服装与服饰创新设计

在服装与服饰设计专业建设中,聚焦传统服饰文化和服装与服饰创新设计是至关重要的。传统服饰文化是中华民族的瑰宝,蕴含着丰富的历史、文化和艺术价值。通过深入研究和传承传统服饰文化的历史、风格和工艺,学生可以从中汲取灵感,将传统元素融入现代服装设计中,为现代服装设计提供源源不断的创意和动力。同时,也要注重培养学生的创新意识和创造能力,鼓励他们在设计过程中尝试新材料、新工艺和新技术,推动服装与服饰设计的创新发展。为了实现这一目标,我们采取了以下措施。

开设相关课程:在课程设置中增加传统服饰文化的内容,如中国服装史、民族服饰文化等,让学生了解传统服饰的起源、发展和特点。同时,还可以开设一些与传统文化相关的选修课程,如黑白木刻、陶瓷工艺等,提高学生的文化素养和审美能力。

举办讲座和展览:邀请专家学者或设计师举办讲座,介绍传统服饰文化或展示具有代表性的作品,让学生更直观地感受传统文化的魅力。此外,还可以定期举办一些展览活动,展示传统服饰和现代服装设计的作品,促进交流和互动。

实践项目:鼓励学生参与实践项目,如设计具有传统元素的现代服装、制作传统工艺品等,让他们在实践中学习和运用传统文化元素。此外,还可以与企业合作,将企业实际项目引入课堂,让学生在实践中学习和运用所学知识,提高他们的实践能力。

2. 优化企业项目资源

在服装与服饰设计专业建设中,应积极与企业合作,优化企业项目资源,为学生提供实践机会,让他们参与到实际项目中。通过与企业的合作,学生可以接触到真实的市场需求和行业趋势,了解企业的运作模式和设计要求。同时,学生也可以借助企业的资源和平台,展示自己的设计作品,获得更多的实践经验和反馈。这种与企业的合作将有助于培养学生的实践能力和职业素养,提高他们在就业市场上的竞争力。为了实现这一目标,我们可以采取以下措施。

建立校企合作机制:学校与企业建立长期稳定的合作关系,共同制订人才培养方案和教学计划,确保教学内容与市场需求紧密结合。

共同编写教材:组织教师和企业专家共同编写高质量的教材,确保教学内容的准确性和实用性。

（1）引入企业项目

将企业实际项目引入课堂,让学生在实践中学习和运用所学知识,提高他们的实践能力。同时,还可以邀请企业设计师或工程师参与课堂教学,分享行业经验和技能,让学生了解最新的行业趋势和技术要求,拓宽学生的视野和知识面。此外,还可以鼓励学生参与企业的实习实训项目,让他们亲身感受企业的运作模式和设计要求,提高他们的职业素养。

（2）实习实训

与相关企业合作建设实践基地,为学生提供实践机会和实习岗位,提高他们的实践能力和职业素养。增加实践教学环节的比重,让学生在实际操作中学习和运用所学知识,提高他们的实践能力和职业素养。同时,还可以与企业合作开展一些课程或项目,让学生在实践中学习和运用所学知识,进一步锻炼他们的实践能力。

3.支持学科交叉

服装与服饰设计专业建设还应支持学科交叉,与其他相关专业进行合作,拓宽学生的知识面和视野。例如,可以与纺织工程、时尚设计、市场营销等专业进行合作,共同开展课程和项目,培养学生的综合能力和团队合作精神。通过学科交叉,可以促进不同领域之间的知识共享和创新思维的碰撞,培养出更具有综合素养的服装与服饰设计人才。为了实现这一目标,我们可以采取以下措施。

（1）跨学科课程设置

在课程设置中增加跨学科的内容,如时尚营销、纺织材料学等,让学生了解不同领域的知识和技能。同时,还可以开设一些跨学科的选修课程或专题讲座,让学生根据自己的兴趣和需求选择适合自己的课程。

（2）跨学科项目合作

鼓励学生与其他相关专业的学生合作开展项目,如时装品牌推广、纺织材料研发等,让他们在项目中学习和运用不同领域的知识和技能。此外,还可以与企业合作开展一些跨学科的项目或竞赛活动等。

（3）跨学科师资队伍建设

加强跨学科师资队伍建设是实现学科交叉的关键。可以引进具有不同背景和专长的教师或邀请其他专业的教授来开设讲座或短期课程等。同时还可以组织教师之间的交流和合作活动等来促进不同领域之间的知识共享和创新思维的碰撞。

### 4.1.3　专业课程教学设计指导思想

在服装设计专业课程教学过程中,针对学生的实际情况,我们采用了多元化、多样化的教学方法。在"全员育人、全程育人、全方位育人"的背景下,我们确保了课程的实践性,并实现了立德树人的根本任务。在教学过程中,以实践为导向,结合行业发展趋势和最新技术,培养学生创新意识和综合能力,特别注重培养学生的职业素养和团队合作精神,使其具备良好的职业道德和沟通能力。

1. 强化师资建设,筑牢育人基础

建构优秀的教师团队是人才培养的基础。为了提升教师的教学水平,我们会定期组织专业知识培训和学术交流活动,邀请行业内的专家学者和资深从业者举办讲座和开展工作坊,帮助教师们及时更新专业知识,拓展视野,并鼓励研读党和国家的重要文件,深化对社会主义核心价值观的理解,引领学生树立正确的人生观和价值观。同时,教师可以分享自己在教学实践中的立德树人经验和心得体会,促进教师之间的交流和互动。通过教学案例分析和教学反思,帮助教师不断提升自身的课程思想水平和教学能力。鼓励教师参与跨学科的学习和研究,拓展思维边界。例如,邀请相关专业的教师参与服装设计课程的教学设计和实践活动,提高教学效果。

2. 完善教学设计,实现立德树人

本专业要将课程思政教学有效地融入专业教学,需要教师精心设计课程内容,确保思政元素能够有机地渗透到教学内容之中。在课程大纲和教学计划中,明确规定了思政教育的目标和要求,指导教师将思政理论与专业知识相结合,教师在教学中要引导学生深入思考与时俱进的社会问题。通过案例分析和讨论,引导学生思考专业背后的伦理、价值和社会责任等问题。教师精选与服装设计相关的案例,引导学生分析案例中涉及的道德伦理问题,启发学生的思维,培养他们的判断力和批判精神。注重实践项目的设计,通过社会实践、调研报告、设计作品等方式,引导学生深入社会,关注时事热点,增强社会责任感。在项目设计中,要求学生思考设计作品背后的社会意义和价值,培养他们的社会责任感和创新意识。组织丰富多彩的教育交流活动,如主题讲座、座谈会、文化沙龙等,邀请社会各界人士和知名专家到校园开展交流和授课,激发学生的思想活力,拓展他们的视野。

3. 创新教学方法,提高人才培养效能

探索创新教学方法是提高人才培养效能的关键。首先,可以采用多元化的教学形式,如项目驱动式学习、案例分析、实践操作等,以培养学生的实践能力和创新思维。其次,结合新技术手段,如三维虚拟仿真实验室、线上学习平台智慧黄科学习中心等,打破传统学习时空限制,提供便捷和灵活的多样学习方式。此外,加强师生互动,通过小组讨论、学生分享等方式,促进思想碰撞和交流,激发学生的学习热情和主动性。最重要的是,注重个性化教学,根据学生的兴趣、能力和特点,量身定制教学计划,最大限度地激发其潜能,实现人才培养的个性化目标。

4. 两性一度促效果,践行岗位技能教育

2018 年 8 月,教育部发布《关于狠抓新时代全国高等学校本科教育工作会议精神落实的通知》,指出了如今的高校在教育教学中要淘汰"水课",打造具有高阶性、创新性、挑战度的"两性一度"标准的"金课",增加学科知识的深度,拓展知识的难度系数和育人深度,切实提高教学质量。

高等学校艺术设计类"金课"建设目标不仅仅是传授知识,更重要的是培养学生的创造性思维和解决问题的能力。通过这些课程,学生应该能够面对各种艺术挑战,并以独特的方式进行创作和表达。这需要培养学生的想象力、创造力以及在艺术领域的专业技能,从而使他们成为具有影响力和竞争力的艺术人才。"金课"的内容体系应当具有前瞻性和深度,以满足不断发展的艺术领域的需求。这意味着课程内容不仅要涵盖传统艺术知识和技能,还要包括前沿的艺术理论和实践。教师需要花费更多的时间和精力来设计和传授这些内容,而学生也需要加大学习力度,以应对复杂的艺术问题挑战,并提升自己解决问题的能力。

在建设"金课"的过程中,应当始终坚持以立德树人为根本原则,注重培养学生的思想道德素养和社会责任感。同时,课程设计应当充分融合地域文化、民族传统和现代社会问题,引导学生关注社会热点,拓展思维视野。为了更好地实现这一目标,可以采用线上线下结合的教学模式,利用新媒体技术提供多样化的学习资源,激发学生的学习兴趣和参与度。服装设计专业的"金课"建设应当紧密结合行业实际需求,重点培养学生的实践能力和创新意识。通过与企业合作、参与实际项目和竞赛,学生可以接触到真实的工作环境和挑战,从而提前适应职业生涯的要求。此外,课程设计也应该注重跨学科的融合,引入相关领域的知识和技能,为学生提供更广阔的发展空间和职业选择。

## 4.2 以项目化教学为核心的教学设计思路

### 4.2.1 服装品牌设计课程教学设计实例

1. 服装品牌设计课程简介

服装品牌设计项目化教学课程通过行业现状和发展前景进行服装市场分析,以服装设计相关工作岗位的社会需求及对从业者的能力要求为依据,导入真实的设计任务,以项目化工作任务为中心,以工作过程为参照,集成岗位所需要的知识,力求项目化教学促使课程的理论知识与实际操作相结合,借助项目化教学使学生经过独立思考与实践经历,注重培养学生品牌服装设计的能力,更加有效地激发学生自主学习积极性与创新探索精神。

2. 服装品牌设计课程大纲

服装品牌设计课程大纲如表 4-1 所示。

表 4-1　服装品牌设计课程大纲

| 一、课程大纲 | | | | | | |
|---|---|---|---|---|---|---|
| 课程代码 | 1922813204 | 课程名称 | | 服装品牌设计 | | |
| 授课教师 | | | 杨晓艳 | | | |
| 课程性质 | 必修 | 学时 | 64 | 学分 | 3 | 授课对象　服装设计三年级 |
| 项目来源 | (1) 企业研发类项目；<br>(2) 岗位典型任务和研发类项目相结合；<br>(3) 岗位典型任务；<br>(4) 课程领域真实应用案例(仿真模拟)；<br>(5) 岗位任务真实应用案例(仿真模拟) | | | | | |
| 课程目标 | (1) 能够清楚表述服装产品开发流程与设计规范,强化成衣设计的市场意识、创新意识；初步具备产品调研、款式与结构设计、工艺单制作等所需要的岗位能力要求；<br>(2) 能够通过实际工作场景来实现分析、判断、设计、实施解决实际问题,具备服装产品设计开发的职业综合能力；<br>(3) 具备提升文献查阅、独立设计、协作研究能力,以及辩论、质疑等批判性思维能力和意识；建立健康的目标追求与正确的价值观,以及良好的职业道德和敬业精神 | | | | | |
| 学习成果 | 实物产品、作品册等 | | | | | |
| 教学方法(或学习方法) | ☑讲授　☑小组讨论　☑答疑　☑实验　☑实训　□自主学习　☑其他(请填写)示范操作、实训策略 | | | | | |
| 先修课程 | 专业基础课程:服装材料学、服装系列设计、服装创意设计、服装结构与工艺、面料创新设计与应用<br>项目化教学课程:服装专题设计、服饰品设计、创意立裁 | | | | | |
| 后衔接课程 | 服装专题结构实践、毕业设计 | | | | | |
| 课程资源 | 自主设计(选择相应选项即可,如有补充请填写内容):<br>□教材　□教辅用书　☑拓展书目　☑教具　☑实验室　☑网络平台　☑图片<br>□音频　☑视频　□软件　☑学科专家、科学家、企业家等社会人士　☑实地/现场<br>□图书馆、博物馆等社会场所　□报纸期刊杂志　☑教学过程中生成性资源<br>□其他(请填写)_____<br><br>现成资源(选择相应选项即可,如有补充请填写内容):<br>□教材　☑教辅用书　□拓展书目　☑教具　☑实验室　☑图片　□音频<br>☑视频　□软件　☑学科专家、科学家、企业家等社会人士　☑实地/现场<br>□图书馆、博物馆等场所　□报纸期刊杂志　☑教学过程中生成性资源<br>☑其他(请填写)　慕课堂 | | | | | |

续表

<table>
<tr><td rowspan="20">课程评价方式</td><td colspan="7">

（一）成绩评定原则

成绩评定须公开、公平、公正。由学生互评、教师团队评定、企业导师评定三个部分组成，满分100分。

（1）采取分步得分，累计总分的计分方式，分别计算各模块得分。按规定比例计入总分，该项目总分按照百分制计分。

（2）技能成绩与职业素养成绩确认后，由任课教师组织相关同学公开进行成绩汇总，并确认最终成绩。

（3）总成绩＝项目评价50%＋态度与出勤10%＋企业导师评价/个人评价40%

（二）技能操作评价标准
</td></tr>
</table>

| 姓名 | | 模拟岗位 | | 所属小组 | | |
|---|---|---|---|---|---|---|
| 评价项目 | | 评价标准 | 学生互评分（30%） | 教师评分（70%） | | 得分 |
| 项目评价（满分50分） | 知识方面（满分20分） | 专业基础理论知识掌握情况，对服装设计流程的掌握情况，以及品牌服装运作方面的知识运用情况；正确理解服装品牌设计运作内容的本质，熟悉项目工作流程及岗位需求 | | | | |
| | 能力方面（满分20分） | 项目制作符合行业标准，能够独立、按时、高质量完成项目训练要求完成的效果；学生项目规划能力、创新设计能力、服装设计能力，以及研究性的学习能力是否符合要求；是否具有良好的职业素养和适应社会的能力 | | | | |
| | 素质方面（满分10分） | 自主学习能力、团队合作能力、沟通表达能力，以及正确的价值观等 | | | | |
| 态度与出勤（满分10分） | | 工作积极主动，善于团队协作，能够保质保量并按期完成工作；有无迟到、早退、旷工及请假记录 | | | | |
| 评价项目 | | | 评　语 | | | 得分 |
| 企业导师评价（满分30分） | | | | | | |
| 个人评价（满分10分） | | | | | | |
| 总计得分 | | | | | | |

（三）考核等级评定

综合成绩90分以上优秀，75～89分良好，60～74分合格，60分以下不合格。

续表

| 课程评价方式 | 其中 60～74 分数段的学生完成了课程的基本要求,但未达到企业用人标准;综合成绩 75～89 分数段的学生初步具备企业设计在基本型产品调研、款式与结构设计、工艺单制作等所需要的岗位能力;90 分以上的学生具有较好的专业素养和职业素养,符合企业储备人才要求。 |
| --- | --- |

二、课程教学进度表

| 周　次 | 课　上 | | | 课　下 | | 备注 |
| --- | --- | --- | --- | --- | --- | --- |
| | 课程主题内容 | 教学场所 | 计划学时 | 学习主题内容 | 学生用时 | |
| 第 5 周 | (1) 时装产业介绍<br>(2) 市场和流行趋势 | 艺北 702 企业 | 4 | (1) 市场细分<br>(2) 季节性<br>(3) 供应链 | 6 | |
| | (3) 产品企划 | 企业 | 6 | (4) 识别和确定品牌定位和价值<br>(5) 季度企划 | 8 | |
| 第 5～7 周 | (4) 产品开发工作流程 | 艺北 702 企业 | 20 | (6) 品类规划表<br>(7) 系列波段制定 | 44 | |
| 第 8～9 周 | (5) 生产选择 | 艺北 702 企业 | 28 | (8) 设计版单/配面辅料<br>(9) 服装裁剪工程技术管理<br>(10) 服装缝制工程的组织与管理<br>(11) 服装生产能力与生产服装品质管理 | 66 | |
| 第 10 周 | (6) 服装品牌运作 | 艺北 702 企业 | 8 | (12) 产品图片审核<br>(13) 多渠道市场营销模式 | 24 | |
| 合　计 | | | 66 | 合　计 | 148 | |

3. 课程建设基础

(1) 课程开课情况

本课程自 2018 年论证通过后被列入人才培养方案,实施至今已运行了 6 个学期,课程形式历经了品牌服装设计—服装品牌设计与运作—服装品牌设计三个阶段。通过对授课模式、教师团队构成、校企合作形式的不断改革与探索,借助河南省服装行业协会、郑州原创界设计师联盟基地等多个稳定的社会实践平台,我们已将约 58% 的课程学时深入企业基层进行多维度的项目实训活动,已基本实现了研发产品的落地。

（2）课程团队情况

在师资配备方面采取"双导师"制,聘请企业设计师、总监与校内任课教师共同授课,其中由企业主导,任课教师辅助完成课程内容。企业派驻不同岗位的导师进行精确引导,相较于传统的校内任课老师,企业导师对市场更精准的把握和更实际的解决问题的方式,能够给予学生不一样的视野,并在专业方面给予更前沿的认知。

（3）与前后续课程（市场岗位群需求）关系

学生前期必须修完基础立裁、服装结构与工艺等专业基础课,在掌握简单的实操技术,独立选择合适的面料进行探索实验后,才能顺利实施本项目化教学,并在任务中有效提升其创新结构设计能力,为后续服装专题结构实践等项目化教学课程奠定更好的创意结构设计基础,真正完成课程内容与复合型实用人才培养目标的衔接。与前后续课程（市场岗位群需求）关系,如图 4-1 所示。

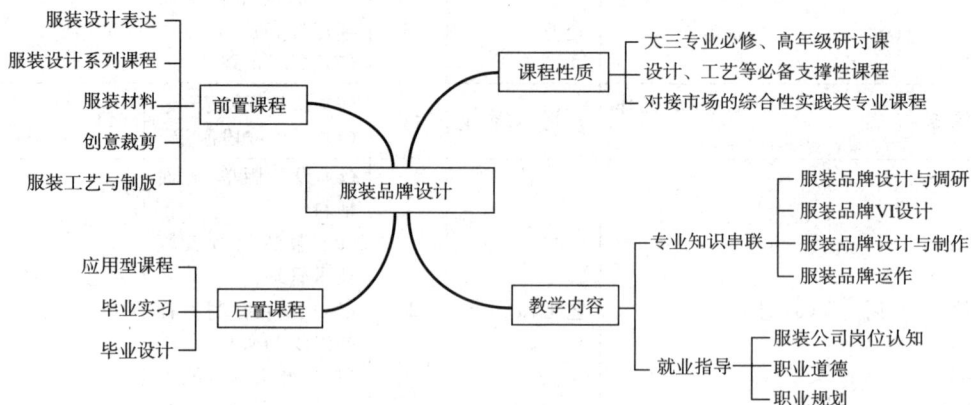

图 4-1　与前后续课程（市场岗位群需求）关系图

（4）课程建设情况

本课程以服装品牌运作流程为主线,以服装品牌整体策划为核心,对服装品牌运作的内涵实质、品牌战略、品牌规划、总体设计、设计管理、营销管理、组织运作、案例分析等方面进行了全面阐述,并在课程中加入品牌词典、品牌定位工具、顶级服装品牌设计师简介等关键词,以科学的发展观统领课程内容,具有很强的可操作性。

主要依托校外签约合作企业、校企合作实践基地、定点合作调研单位完成社会实践教学部分的内容。目前我专业共有 8 家长期建立有深度合作关系的校企实践基地,以及 30 余家建立联系的合作单位作为资源储备,为我们服装品牌设计课程选择合作企业以及社会实践活动的开展提供了良好的保障。

该课程致力于将最终教学效果落实到使学生具备良好职业素养和创新创业技能提升上,自 2018 年到 2023 年我专业初次就业率从 80.25% 提升至 88.62%;学生就职于服装相关企业的比率由 60% 提升至 71%;自主创业比率由 7% 提升至 10%。这与课程改革过程中注重"专创融合"的思路是密不可分的,同时教学中注重提升社会实践部分的比重也起到了很好的促进作用。

4.教学设计

课程设计方面,本课程秉承全面发展、打造核心、勇攀高峰的理念,体现高阶性、创新性和挑战度的要求,始终以学生为中心,以立德树人为目标,强调以项目为导向的学习情境构建,注重以科研带教学、促教学。通过阶段性任务的学习与实践,培养学生解决复杂综合问题的实践能力,促进学生在真实项目实践中做成、做好,从而达到服装设计师、时尚买手等岗位的要求,无缝衔接用人单位和市场检验,具体课程教学设计如表 4-2所示。

5.实施过程

课程以项目为依托,采用理论讲解与实践相结合、系统学习与分类练习相结合的形式,突出沉浸式教学——虚拟仿真＋实验课。将部分实验课从二维训练转化为三维立体式,让学生置身于真实项目中,便于剖析问题、解决问题。通过反复练习和经验总结,培养学生的"匠人精神",帮助学生深度理解知识,增强学生行业竞争能力。实现了"课堂教学＋研究性教学＋实践教学"三位一体的教学模式。

(1)课程目标

根据学校培养具有高素质应用型人才的目标,团队秉承 OBE 教育理念,积极开展专创融合课程建设,通过"知识传授"和"价值引领"有效结合,注重服装品牌设计课程内容与复合型实用人才培养目标的衔接,全面开展课程核心知识应用能力培养、工程素质培养和学术能力培养,并制定了三阶制的教学目标。

知识目标:能够清楚表述服装产品开发流程与设计规范,会进行产品调研、款式与结构设计、工艺单制作等,强化成衣设计的市场意识、创新意识。

能力目标:能够通过实际工作场景来实现分析、判断、设计、实施解决实际问题,具备服装产品设计开发的职业综合能力。

素质目标:提升文献查阅、独立设计、协作研究能力,以及批判性思维意识和职业岗位综合技能;培养学生良好的责任意识与职业品质,提升适应社会的能力。同时激发学生对专业的热情,提高学生认识社会、研究社会、服务社会的意识和能力。

(2)教学方法与策略

课程教学以立德树人为目标,润物无声地传递社会主义核心价值理念。明暗交织、互相推进,实现知识传授与价值引领的有机结合。将素养提升落实于具体学习场景,从实际生活导入,在实事求是的前提下,从社会主义核心价值理念和匠人精神的角度深入探讨,提出"案例教学＋文化精神＋素养提升"三位一体的教学模式。

表 4-2　课程教学设计表

| 周次 | 课堂教学 | | | 课外自主研究与实践 | | | |
|---|---|---|---|---|---|---|---|
| | 具体教学内容 | 使用项目和讲授地点（理论/实操） | 计划学时 | 任务内容（对学生课下的具体任务要求） | 计划学生用时（按小时计） | 主要参考书（资料）名称 | 备注（注明课内的线下线上线下教学设计） |
| 1 | 引导学生进行服装市场调研与行业分析<br>（1）了解服装市场细分；<br>（2）熟悉时装设计的产品领域；<br>（3）熟悉品牌服装设计的季节性特点；<br>（4）了解品牌服装供应链；<br>（5）熟悉产品调研与流行趋势分析方法；<br>（6）懂得服装产品定位与女装风格；<br>（7）懂得服装的功能性、时尚性和附加值 | 北702(理论4、实操4) | 8 | 任务一：<br>结合企业项目介绍、真正了解服装品牌及所属的市场细分，产品定位<br>计划用时 8 小时<br><br>任务二：<br>市场调研，对黛玛诗品牌及大卫城相似服装品牌的面料、结构、工艺、货品比例进行调研与分析，为项目实训搜集有效素材<br>计划用时 8 小时 | 16 | 托比·迈德斯·时装品牌·设计师[M].北京:中国纺织出版社,2017 | 线下 |
| 2 | 设计组：<br>（1）熟悉服装新产品开发流程；<br>（2）能运用 CorelDRAW、Illustrator 等软件绘制款式设计图；<br>（3）了解服装面料的识别及运用的相关知识<br>技术组：<br>（1）熟悉样衣的工艺制作与流程；<br>（2）了解新款产品试样单、生产工艺单等表单与要求；<br>规范企划组：<br>（3）了解规格设计与制板方式<br>营销企划组：<br>（1）了解品牌店铺分布情况和产品设计趋势；<br>（2）理解产品市场经营的价值与现实意义<br>采购组：<br>（1）熟悉仓库现有面辅料，了解出入库流程；<br>（2）熟悉品牌常用面辅料经销商及其货品信息 | 北702(理论8、实操8) | 12 | 任务三：<br>通过企业参观和学习了解项目流程和岗位需求<br>计划用时 8 小时<br><br>任务四：<br>分组完成项目制作标准（全班形成一个项目组，各自结合自己的特点和拟定就业岗位进行模拟岗位分工，并制定项目实施方案）<br>计划用时 16 小时 | 24 | 托比·迈德斯·时装品牌·设计师[M].北京:中国纺织出版社,2017 | 线下 |

续表

| 周次 | 课堂教学 | | | 课外自主研究与实践 | | 主要参考书(资料)名称 | 备注(注明课内的线上线下教学设计) |
|---|---|---|---|---|---|---|---|
| | 具体教学内容 | 使用项目和讲授地点(理论/实操) | 计划学时 | 任务内容(对学生课下的具体任务要求) | 计划学生用时(按小时计) | | |
| 3~5 | 设计组:<br>(1)结合其中一个主题趋势进行3~4款单品设计;<br>(2)能根据成衣设计要求选择面、辅料,并给出单品搭配方案;<br>(3)根据设计图确定规格尺寸,填写新款产品试样单<br>技术组:<br>(1)结合新款产品试样单进行服装立体裁剪与平面结构设计;<br>(2)指导新款样衣工完成样衣制作,并对样衣制作进行规范要求;<br>(3)确定样衣无误后,根据样衣编写生产工艺单<br>营销企划组:<br>(1)完善产品文案设计及产品包装;<br>(2)分析主题趋势完善产品线设计与产品组合<br>采购组:<br>(1)购买新款样衣所需面辅料;<br>(2)核算样衣成本 | 北702(理论6,实操26) | 32 | 任务五:<br>单元实训,以一个主题切入,选择3~4款单品进行岗位流程环节的对接,明确各自的岗位职责、团结合作,为项目实践打好基础<br>计划用时16小时<br>任务六:<br>综合实训,完成50款单品设计,选出25件单品进行工艺单制作和实物制作<br>计划用时:42小时<br>任务七:<br>完成服装搭配和拍摄工作<br>计划用时10小时 | 68 | 刘晓刚.品牌服装设计[M].上海:东华大学出版社,2015 | 线下 |
| 6 | (1)市场调研和流行趋势;<br>(2)品牌概念发展;<br>(3)多渠道市场营销模式 | 北702(理论2,实操10) | 12 | 任务八:<br>完成项目实践,各个岗位成员协作完成一本A4的商品企划(含2023年春、夏流行题案及趋势指导下的50个单品搭配设计),以及25个单品实物搭配设计<br>计划用时20小时 | 20 | 穆尔.服装与市场营销推广[M].张龙琳.译.北京:中国纺织出版社,2015 | 线下 |
| | 合计(课内) | | 64 | 合计(课外) | 128 | — | 课内线上:0<br>课内线下:64 |

6. 教学方法

课程尝试通过"课程项目化,课后项目＋"的实践教学体系,将教学与实践、学校与企业紧密结合;以成果导向进行阶梯性的实训引导,将课堂理论学习与企业实践学习有机结合,确定了教学实施流程:明确项目任务→项目准备→项目实践→记录归档。通过不同的阶段性任务的学习与实践,培养学生解决复杂综合问题的能力;彻底打破传统职业教育学科体系的三段式结构,实现学生就业与企业岗位"零距离",以提高服装设计专业的人才培养质量。

(1) 理论知识学习部分

由校内外导师借助线上和线下相结合的教学方法,通过理论知识讲授、对比、示范、研讨、实验等教学策略来引导学生理解和记忆。

(2) 知识应用实践部分

由企业导师主导,校内教师辅助,通过组织学生参观访问、实地调研、讨论、实训等教学策略来引导学生理解和运用。

7. 教学手段和载体途径

(1) 科教融合的课堂教学

教师将服装品牌有关的最新研究课题带进课堂,带领学生一起分析课题科学问题和关键技术,引导学生带着问题去调研文献资料,获得想法后进行小组讨论,最终获得解决问题的可行方案。

(2) 基于 TRIZ 理论的自主学习

通过课程训练强化学生基于 TRIZ 理论的自主学习能力,如在专创融合课程中设计"服装品牌可持续理念"课题。针对这个服装品牌整体策划的技术问题,对学生进行分组,分别进行文献查阅、了解品牌规划和产品开发的工艺路线;随后,比较各种工艺路线的面辅料及工艺工业化的可行性,并通过小试确定制备工艺条件;最后,验证产品在创新迭代中的可持续理念。

(3) 产教融合的专创综合实践

善用校企合作资源,遴选与企业有合作项目的教师,并吸纳企业高级工程师组成教学团队,校企双方每年共同制订教学计划,学业导师和企业导师结合情境导入提出任务,其内容与企业实际生产过程有直接的关系,确保教学计划与行业紧密结合,定位准确,再将学生吸纳到校企合作课题研究中。

(4) 因材施教的指导帮扶

在理论课程中,专业教师侧重理论知识传授,企业导师侧重实践案例诠释,推进小组化、个性化指导;在校外实践环节,专业教师着重专业解读,企业导师着重工程实践指导。在科创项目、创新创业大赛等实战环节,按团队(项目)精准匹配"双师",专业教师提供理论支撑与实验设计,企业导师提供实践论证,进行全方位资源配置。

(5)多维融合的双创文化引领

课程团队实施以项目为抓手,以新产品开发为目标,联合建立将高校科学研究成果与先进技术快速转化为企业有竞争力产品的运行机制,营造良好的学习、干事、创新创业的文化氛围。除加强专创融合课程体系和实践实训平台建设外,还充分依托各方力量,拓展与校外创业空间的相互合作,为大学生创新创业搭建舞台。

8. 教学评价

搭建起多角度、多形式的综合性考核评价体系。把控学生参与项目实施过程中的具体表现、学习反馈、作业质量等,形成"过程＋结果"的考核方式。过程考核将形成质性评价,考核标准呈现多元化,主要由对目标任务的理解、市场方向确定、实施路径及结果调整等要素构成,由课程老师协同企业顾问负责进行考评。考核中注重教师评价与学生评价的互动,综合教师、学生、社会、行业、企业等多方评价,重点考核的是学生的技能操作,关注和考查学生是否达到了之前预定的期望目标。做到评价全面、中肯、合理,强调是否已经达到了自我参照标准,引导学生树立正确的价值观。

具体评价方式如表 4-1 中的"课程评价方式"所示。

9. 特色创新之处

(1)确定教师理念突破与教学方法革新"并举"的改革思路,较好地体现"以学生发展为中心"的理论

按"学校＋区域＋产业"协同模式和"专业＋企业＋项目"协同模式,围绕项目情景、研讨式教学引导学生质疑陈规、促进反思。以提高学生批判性思维和激发创新潜质为主线,内容体现"能力主线",教学方式突出"能力形成",学习方式凸显"能力发展",评价方式注重"能力考核",重视思维训练、突破专业局限,提高创造性地解决问题的能力,从而较好地体现"以学生发展为中心"的理论。

(2)以立德树人为根本导向,推进课程建设与创新发展,实现专业学习与艺术教育的并行

从逻辑建构、资源建构、互动建构和师资建构开发服装品牌设计课程的创新路径;通过打造文化承载载体,借助于一切可为教学服务的场所、教具、资料等,采用练习法、任务驱动、参观教学、自主学习等多种教学方法,形成较完整的实践教学模式;加强学生职业竞争力与社会责任感。

(3)研究成果及时引入教学过程,进阶式创新创业教育构建与实施促进科研与教学的良性互动

将学科前沿、最新研究成果和实践经验融入课堂教学,设置研究性学习内容,以职

业岗位工作过程为导向,以育人、育才为中心,以"三全育人"为指导,以成果交流为切入,实施创新实践"433"教学模式,兼顾了通识性、专业性和工程性的创新创业教育,体现了项目化改革在课程、教材、教法、班级及实践等多个层面的进阶,建设形成"课程—教师—学生—教师—课程"的多元一体的闭环建设机制,推动课程正向的建设发展。

（4）"课程项目化,课后项目＋"实践教学体系,真正促进产教融合,完成学生无缝就业

课程项目化的核心任务是在知识与任务之间建立联系,形成"课程项目化,课后项目＋"多维度、实战型、协同式的实践教学体系,在知识与任务之间建立联系,以职业情境中的实际问题为中心,以知识与行动的产生式表征方式来组织课程内容。强调引导学生在完成工作任务的过程中主动建构理论知识和实践技能,并用典型的职业工作内容和流程培养学生的职业能力。

10. 已取得成果

近年来,本课程借助精品在线开放课程的建设,通过线上线下混合式教学,为学生自主学习提供了一个相对完善的学习平台,特别是思政教学融入项目化教学课程改革以来,课程组教师归纳总结出本课程能够融合的核心思想政治理论,并结合教学内容,进行了设计与规划,重新构建了新型的师生关系,取得较好成效。

（1）相关教学资源储备情况

① 项目化教学课程改革实现岗位相关知识储备,完成课程设计和教学流程标准化、规范化,形成一套可复制、可推广的创新实践教学文本资料。

② 围绕目标达成、教学内容、组织实施和多元评价需求进行创意立裁课程教学整体规划设计;建设课程资源库,践行课程育人的双重功能。

（2）学生成果

学生结合项目资源库,独立完成3个品牌春夏全季全品类的设计研发工作,部分设计方案被企业采纳。立项国家级创新创业项目2项,省级创新创业项目7项,市级创新创业项目1项,入围省级互联网＋大赛1项,"新人奖""新创设计师大赛""创意河南"等省部级以上专业赛事多项。

（3）教师成果

课程全面开展课程核心知识应用能力培养、工程素质培养和学术能力培养,构建了一套以创意服装设计为主导,以创意思维、面料创新设计、服装工艺知识相匹配的"一专多元"式项目化教学课程体系。课程团队主持和参与立项校级以上相关教学改革10余项,省级以上获奖3项,完成论文10余篇,其中公开发表8篇,录用2篇,待发表1篇。并且一直以校级高年级研讨课形式开展项目化教学课程改革,在2018年,立项

创新创业示范课;2021 年立项首批项目化教学课程;2022 年被评为河南省社会实践一流本科课程和河南省对外开放课程。

### 4.2.2　创意立裁课程教学设计实例

1. 创意立裁课程简介

创意立裁项目化教学课程秉承"课程思政保方向,两性一度促效果"的教学宗旨,遵循"理实一体,能力递进,任务驱动,教学做合一"的原则。深入分析行业发展趋势、岗位能力要求、学生特点等,采用讲授法,案例教学、项目教学、情景模拟等教学策略,注重理论与实践相结合,强调"工匠精神＋艺术创新"为内驱力,强化岗位技能培养,突出核心岗位技能,实现学生就业与岗位"零距离"目标,践行课程育人的双重功能。学生通过阶段性任务的学习与实践,培养了解决复杂综合问题的实践能力,促进学生在真实项目实践中"做成、做好",从而达到服装设计、制版、工艺等岗位需求要求,无缝衔接用人单位和市场检验,为企业提供实用技能型人才和高素质创新型人才,促进学生高质量就业。

2. 创意立裁课程大纲

创意立裁课程大纲如表 4-3 所示。

表 4-3　创意立裁课程大纲

| 一、课程大纲 | | | | | | | |
|---|---|---|---|---|---|---|---|
| 课程代码 | 1922810206 | | 课程名称 | | 创意立裁 | | |
| 授课教师 | 杨晓艳 | | | | | | |
| 课程性质 | 必修 | 学时 | 48 | 学分 | 3 | 授课对象 | 服装设计三年级 |
| 项目来源 | (1) 企业研发类项目;<br>(2) 岗位典型任务和研发类项目相结合;<br>(3) 岗位典型任务;<br>(4) 课程领域真实应用案例(仿真模拟);<br>(5) 岗位任务真实应用案例(仿真模拟) | | | | | | |
| 课程目标 | (1) 初步具备企业生产实际制版人员应用立体裁剪技术制作服装样板时所需要的岗位能力;<br>(2) 具备根据指定款式特点拓展创意结构设计,并选择合适的面料和造型手法,还原设计裁剪的能力;<br>(3) 具备提升文献查阅、独立设计、协作研究能力,以及辩论、质疑等批判性思维能力和意识;建立健康的目标追求与正确的价值观,以及良好的职业道德和敬业精神 | | | | | | |
| 学习成果 | 实物产品、作品册等 | | | | | | |

续表

| 教学方法（或学习方法） | ☑讲授　☑小组讨论　☑答疑　☑实验　☑实训　☑自主学习　☑其他（请填写)示范操作、实训策略 |
|---|---|
| 先修课程 | 专业基础课程：服装材料学、基础立裁、服装创意设计、服装结构与工艺、面料创新设计与应用<br>项目化教学课程：服装专题设计、服饰品设计 |
| 后衔接课程 | 服装品牌设计、服装专题结构实践、毕业设计 |
| 课程资源 | 自主设计（选择相应选项即可，如有补充请填写内容）：<br>□教材　□教辅用书　☑拓展书目　☑教具　☑实验室　□网络平台　☑图片<br>□音频　☑视频　□软件　☑学科专家、科学家、企业家等社会人士　☑实地/现场<br>□图书馆、博物馆等社会场所　□报纸杂志　☑教学过程中生成性资源（如教学活动中提出的问题、学生的作品/、课堂实录等）<br>□其他（请填写）＿＿＿＿＿＿＿<br><br>现成资源（选择相应选项即可，如有补充请填写内容）：<br>□教材　☑教辅用书　□拓展书目　☑教具　☑实验室　☑图片　□音频<br>☑视频　□软件　☑学科专家、科学家、企业家等社会人士　☑实地/现场<br>□图书馆、博物馆等场所　□报纸杂志　☑教学过程中生成性资源　☑其他（请填写）＿慕课堂＿ |
| 课程评价方式 | （一）成绩评定原则<br>成绩评定须公开、公平、公正。由学生互评、教师团队评定、企业导师评定三个部分组成，满分100分。<br>（1）采取分步得分，累计总分的计分方式，分别计算各模块得分。按规定比例计入总分，该项目总分按照百分制计分；<br>（2）技能成绩与职业素养成绩确认后，由任课教师组织相关同学公开进行成绩汇总，并确认最终成绩；<br>（3）总成绩＝平时考勤10％＋线上成绩20％＋操作成绩70％<br><br>（二）技能操作评价标准 |

| 评 分 项 目 | 评 分 要 点 | 分值权重 | 评分方式 |
|---|---|---|---|
| 省道转移创意结构设计（20分） | 衣身结构合理、纱向合理，松量适中，符合款式要求（衣身） | 30％ | 审核服装样版评分（教师评分100％） |
| | 衣领、衣袖与衣身协调，造型美观，结构准确 | 30％ | |
| | 制图结构准确，线条清晰，顺直流畅，干净整洁，(线迹)数量准确 | 20％ | |
| | 服装样版规格准确，标注正确、合理、完整 | 20％ | |

| 评 分 项 目 | 评 分 要 点 | 分值权重 | 评分方式 |
|---|---|---|---|
| 披挂式服装裁剪(20分) | 服装整体效果美观；规格准确，比例协调；设计线、造型线准确，符合款式比例要求；放松量合理 | 20% | 根据样衣穿着效果评分(学生互评40%＋教师评分60%) |
| | 衣身结构平衡，无起吊、起皱现象 | 20% | |
| | 衣袖符合款式造型，左右对称、前后适中，袖窿曲线圆顺、合理，袖山吃势均匀、无不良褶皱 | 20% | |
| | 衣领符合款式造型、左右对称，领与颈部松紧适中 | 20% | |
| | 部件制作完整，纱向合理，无遗漏等现象 | 10% | |
| | 缝制工艺合理、正确 | 10% | |
| 款式设计(10分) | 设计创新与绘画表现力 | 33% | 纸质设计稿评分(教师评分40%＋企业60%) |
| | 与立裁图片的系列感 | 27% | |
| | 可实现性 | 20% | |
| | 完成度 | 20% | |
| 服装制版(20分) | 衣身结构合理、准确，符合款式要求 | 30% | 审核服装样版评分(教师评分50%＋企业导师评分50%) |
| | 衣领、衣袖与衣身协调，造型美观，结构准确 | 30% | |
| | 制图结构准确，线条清晰，顺直流畅，干净整洁，(线迹)数量准确 | 20% | |
| | 服装样版规格准确，标注正确、合理、完整 | 20% | |
| 服装制作(30分) | 服装整体效果美观；规格准确，比例协调；设计线、造型线准确，符合款式比例要求；放松量合理 | 20% | 根据样衣穿着效果评分(教师评分50%＋企业导师评分50%) |
| | 衣身结构平衡，无起吊、起皱现象 | 20% | |
| | 衣袖符合款式造型，左右对称、前后适中，袖窿曲线圆顺、合理，袖山吃势均匀、无不良褶皱 | 20% | |
| | 衣领符合款式造型、左右对称，领与颈部松紧适中 | 20% | |
| | 部件制作完整，纱向合理，无遗漏等现象 | 10% | |
| | 缝制工艺合理、正确 | 10% | |

（左侧合并单元格：课程评价方式）

（三）考核等级评定

综合成绩90分以上优秀，75～89分良好，60～74分合格，60分以下不合格。其中60～74分数段的学生完成了课程的基本要求，但未达到企业用人标准；

续表

| 课程评价方式 | 综合成绩75～89分数段的学生初步具备企业生产实际制版人员应用立体裁剪技术制作服装样板时所需要的岗位能力;90分以上的学生具有较好的专业素养和职业素养,符合企业储备人才要求 |
| --- | --- |

二、课程教学进度表

| 周 次 | 课 上 | | | 课 下 | | 备注 |
| --- | --- | --- | --- | --- | --- | --- |
| | 课程主题内容 | 教学场所 | 计划学时 | 学习主题内容 | 学生用时 | |
| 第6周 | (1) 创意立裁的设计观 | 艺北203 | 6 | (1) 人台选择与标识 | 2 | |
| | | | | (2) 省道转移的创意结构设计剪裁实践 | 11 | |
| | (2) 面料与人台的互动<br>(3) 披挂式造型手法 | 艺北203 | 6 | (3) 披挂式创意结构设计实践 | 11 | |
| 第7～8周 | (4) 分割造型手法 | 艺北203 | 2 | (4) 面料与造型的互动 | 16 | |
| | (5) 穿插造型手法 | | 4 | | | |
| | (6) 折叠造型手法 | 企业 | 4 | | | |
| | (7) 拓展系列设计 | 企业 | 4 | (5) 根据指定结构,拓展系列设计 | 8 | |
| 第9周 | (8) 创意立裁手法的综合运用 | 艺北203 | 18 | (6) 设计款服装裁剪、拓版与制作 | 48 | |
| | (9) 综合测试＋研讨 | 艺北203 | 4 | (7) 作品册与短视频制作 | 10 | |
| 合　计 | | | 48 | 合　计 | 106 | |

**3. 课程建设基础**

(1) 课程开课情况

创意立裁课程为服装与服饰设计专业必修课,每学年第二学期面向大三学生开设,迄今为止线下已开设5期,授课人数近500人,线上已开设3期,授课人数1000余人。课程团队始终围绕OBE教育理念,课程设计始终遵循"理实一体,能力递进,任务驱动,教学做合一"的原则,强调"工匠精神＋艺术创新"为内驱力,强化岗位技能培养,突出核心岗位技能,实现学生就业与岗位"零距离"目标,培养了学生批判性思维、科研创新和实践能力。

(2) 课程团队情况

团队教师均为双师型教师,课程聘请企业导师,以科教融合和产教融合为手段,共同进行课程设计、岗位分析和项目实施。其中专业教师主要对接项目建立资源库,贯彻项目实施及检验教学成果;企业导师参与项目实践指导及评价,包括概念生成、方案设计及展评环节。

（3）与前后续课程（市场岗位群需求）关系

学生前期必须修完基础立裁、服装结构与工艺等专业基础课，在掌握简单的实操技术，独立选择合适的面料进行探索实验后，才能顺利实施本项目化教学，并在任务中有效提升其创新结构设计能力，为后续服装专题结构实践等项目化教学课程奠定更好的创意结构设计基础，真正完成课程内容与复合型实用人才培养目标的衔接。与前后续课程（市场岗位群需求）关系图如图 4-2 所示。

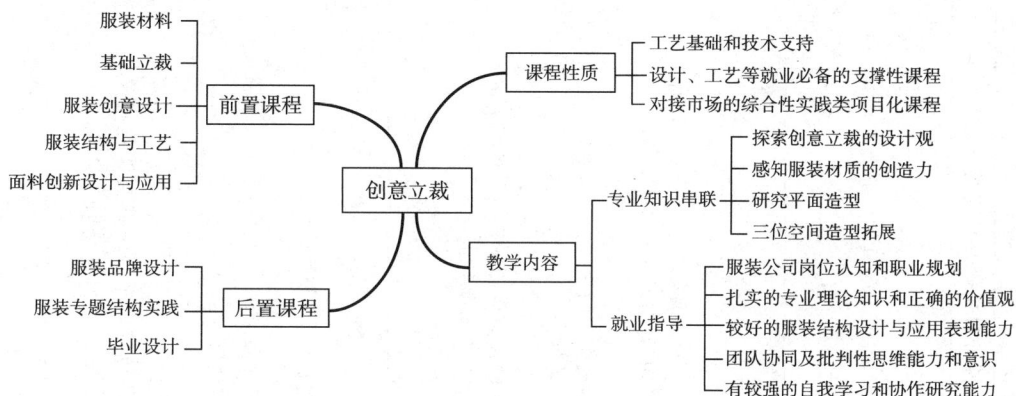

图 4-2　与前后续课程（市场岗位群需求）关系图

（4）课程建设情况

课程共计 48 学时（理论 12 学时、实操 36 学时），同时学生留有不低于 2 倍的课下自主学习时间。教学内容共计 7 章，21 个教学视频。为了有效地提升学生的创新结构设计能力，增强实践操作能力，教学团队把课程项目化教学内容划分为基础部分、提升部分和拓展部分，通过循序渐进的章节安排，系统地介绍了服装设计表达的造型流程及内容。并通过课程联盟、专业联盟等方式，共选共用，跨校整合优质资源，培养了学生批判性思维、科研创新和实践能力。在教学实施的过程中产生了较好效果，形成了良好的社会影响力。学生对课程的满意度评价高达五星。

该课程注重"知识传授"和"价值引领"，利用慕课的高效传播方式和丰富教学资源，按照反向设计原则构建课程体系。混合式教学强调"以项目为导向的学习情境构建"，紧密围绕岗位要求和岗位任务设计教学任务，并根据项目特点制定"赏、仿、创"三位一体的教学方法，通过阶段性任务的学习与实践，培养学生解决复杂综合问题的实践能力，促进学生在真实项目实践中实现"做成、做好"，从而达到服装设计、制版等岗位需求要求。

4. 教学设计

教学设计紧贴课程授课进度，在一对多的教学活动中，加强课程的精细化设计，以提高课堂的教学效果，从而引导学生循序渐进地达到教学目标和岗位目标需求。课程教学设计表如表 4-4 所示。

表 4-4 课程教学设计表

| 周次 | 课堂教学 | | | 课外自主研究与实践 | | 主要参考书（资料）名称 | 备注（注明课内的线上线下教学设计） |
|---|---|---|---|---|---|---|---|
| | 具体教学内容 | 使用项目和讲授地点（理论讲授/实操） | 计划学时 | 任务内容（对学生课下的具体任务要求） | 计划学生用时（按小时计） | | |
| 1 | **第1章 绪论**<br>1.1 课程介绍<br>1.2 立裁前的准备<br>**第2章 创意立裁的思维基础**<br>2.1 创意立裁的设计观<br>2.2 创意立裁的设计路径 | 使用项目:行业生产标准的采集<br>线下地点:艺北202(理论讲授4学时+研讨2学时)<br>线上学习:2学时 | 8 | **课下任务一:**<br>准备创意立裁的所有工具,完成人台标志线,原型、省道转移的练习,计划用时16小时<br>要求:<br>(1)必须是立体裁剪专门用具;<br>(2)标志线贴示规范<br>**课下任务二:**<br>黄河科技学院翻转校园平台下载与课程相关的所有资源并进行学习,计划用时2小时 | 16 | 1. 刘咏梅.服装立体裁剪[M].上海:东华大学出版社,2016<br>2. 邱佩娜.创意立裁[M].北京:中国纺织出版社,2014 | 项目+研讨 |
| 2 | **第3章 面料体验与造型手法——披挂**<br>3.1 披挂手法<br>3.2 一片式披挂<br>3.3 多片式披挂 | 使用项目:裙装的立体裁剪<br>线下地点:艺北202(理论讲授2学时+实操2学时+研讨2学时)<br>线上学习:4学时 | 10 | **课下任务一:**<br>披挂造型手法的训练,计划用时18小时<br>要求:<br>(1)结合面料物理性能;<br>(2)遵循形式式美法则;<br>(3)注意针法<br>**课下任务二:**<br>黄河科技学院翻转校园平台下载与课程相关的所有资源并进行学习,计划用时2小时 | 20 | 邱佩娜.创意立裁[M].北京:中国纺织出版社,2014 | 项目+研讨 |

续表

| 周次 | 课堂教学 | | | 课外自主研究与实践 | | 主要参考书(资料)名称 | 备注(注明课内线上的教学设计和课内线下教学设计) |
|---|---|---|---|---|---|---|---|
| | 具体教学内容 | 使用项目和讲授地点(理论讲授/实操) | 计划学时 | 任务内容(对学生课下的具体任务要求) | 计划学生用时(按小时计) | | |
| 3 | 第4章 面料体验设计——分割<br>4.1 直线分割<br>4.2 曲线分割<br>4.3 几何分割<br>4.4 加量分割<br>第5章 面料体验设计——穿插<br>5.1 线性穿插<br>5.2 面性穿插<br>5.3 体性穿插 | 使用项目:衬衣的立体裁剪 线下地点:艺北202(理论讲授2学时+实操6学时+研讨2学时) 线上网址:6学时 | 16 | 课下任务一:<br>完成分割、穿插造型手法的训练,计划用时30小时<br>要求:<br>(1)结合面料物理性能;<br>(2)遵循形式美法则;<br>(3)注意针法<br>课下任务二:<br>黄河科技学院翻转校园平台下载与课程相关的所有资源并进行学习,计划用时2小时 | 32 | 邱佩娜·创意立裁[M].北京:中国纺织出版社,2014 | 项目+研讨 |
| 4 | 第6章 创意设计思维实现<br>6.1 以设计元素为导向的单品设计<br>6.2 以设计主题为导向的系列设计 | 使用项目:时尚礼服的立体裁剪 线下地点:艺北202(理论讲授4学时+实操10学时+研讨10) 线上网址:4学时 | 14 | 课下任务一:<br>小组为单位,完成设计主题为导向的系列设计(3~4套)计划用时64小时<br>要求:<br>(1)主题气氛强;<br>(2)结合面料物理性能;<br>(3)遵循形式美法则;<br>(4)注意针法<br>课下任务二:<br>黄河科技学院翻转校园平台下载与课程相关的所有资源并进行学习,计划用时4小时 | 28 | 杨妍、唐甜甜、吴艳·创意·服装设计系列:成衣制作规范、系列服装裁剪与设计[M].北京:化学工业出版社,2021 | 项目+研讨 |
| | 合计(课内) | | 48 | 合计(课外) | 96 | — | 课内线上:0 课内线下:48 |

5. 实施过程

课程以项目为依托,采用理论讲解与实践相结合、系统学习与分类练习相结合的形式,突出沉浸式教学——虚拟仿真＋实验课。将部分实验课从二维训练转化为三维立体式,让学生置身于真实项目中,便于剖析问题、解决问题。通过反复练习和经验总结,培养学生的"匠人精神",帮助学生深度理解知识,增强学生行业竞争能力。实现了"课堂教学＋研究性教学＋实践教学"三位一体的教学模式。

(1) 课程目标

根据学校培养具有高素质应用型人才的目标,团队秉承 OBE 教育理念,积极开展研究性教与学的改革,通过"知识传授"和"价值引领"有效结合,注重创意立裁课程内容与复合型实用人才培养目标的衔接,全面开展课程核心知识应用能力培养、工程素质培养和学术能力培养,并制定了三阶制的教学目标。

知识目标:清楚表述进入创意立裁的路径、创意立裁的思维基础、造型训练的几种基本手法。

能力目标:能够根据制订款式特点选择适合的造型思维和造型手法,并完成相应的实操练习。

素质目标:提升文献查阅、独立设计、协作研究能力,以及辩论、质疑等批判性思维能力和意识;建立健康的目标追求与正确的价值观,提升适应社会的能力。

(2) 教学方法与策略

课程教学以立德树人为目标,形成"明暗"两条教学设计线,明线以课程本身的知识点内容串联,用以传道授业解惑,暗线润物无声地传递社会主义核心价值理念。明暗交织、互相推进,实现知识传授与价值引领的有机结合。

6. 教学方法

我们针对各学习情境制定了详尽的教学内容、学习要求、活动设计以及参考学时,采用线上线下相结合的混合式教学模式,旨在提高学生的自主学习能力和效率,增强课堂教学的互动性,同时引导学生建立乐观与坚韧的品格。

(1) 体验式教学法,任务驱动岗位认知

借助 CLO3D 软件,让学生体验快速且完整的复杂服装立体裁剪的过程,激发学生兴趣,提升教学效果。在项目化实践环节中,确保学生能够了解到该学科在理论和实践应用方面的最新动态,促使他们在实践中做到与时俱进,实现创新与发展。

(2) 案例分析教学法,探索研究性培养模式

根据课程的教学内容,结合中国历史服饰的典型案例以及与教学内容关联度较高的时事新闻,通过生动的教学案例分析,师生共同讨论和总结中国古代工艺设计的精

巧之处,突出源远流长的中华文化与社会文明,引导学生增强文化自信。

(3)专题讨论教学法,实施研究性课堂教学

将学生分成不同学习小组,开展"经典服装与文化再设计"项目,要求学生分析历史与现代社会发展规律,以文化要素的传承发展为目标,进行服装创新结构设计。同时,依托大学生挑战杯、"互联网+"、创新创业大赛等学科竞赛,进一步培养学生的团结协作能力和传承创新的精神。

7. 教学手段和载体途径

(1)课程联盟搭建信息共享平台

利用自建精品在线开放课程和翻转校园平台建立研究性教学课程共享资源库,引导学生开展自主学习,强化自主需求。按照反向设计原则设计课程,开展探究性的翻转教学活动,改变传统课程中对服装结构设计知识体系的单一呈现,培养学生的思维能力和意识,提高其自主学习能力和效率。

(2)任务驱动强化研究性教学

以辨析性分析为抓手,开展知识的运用与创新实践,提升学生的参与需求与担当需求,实现师生共创科研成果;围绕研究性教学理念,通过反复练习和经验总结,培养学生的"匠人精神",帮助学生深度理解知识,增强学生行业竞争能力。

(3)智能技术赋能教学评价创新

将研究性教学纳入课程评价和学生评价的重要内容,通过建立信息化考试管理平台,与智能教学系统数据互通和共享,利用技术采集、识别、跟踪教与学全过程,完成智能出题和个性化试卷生成等功能,实现千人千卷和智能化评分。

8. 教学评价

以学生成果为导向制定完善的研究性教学评价指标,将学生需掌握的知识模块和基础技能条目化、可评价化。采用多形式、多渠道、多参与人员的"三多"评价方式,搭建起多角度、多形式的综合性考核评价体系。有力保障课程过程性与全面化的评价,提高评价的科学性、专业性和客观性。重点考核学生的创新实践能力和可持续发展能力,关注和考查学生是否达到了之前预定的期望目标。引导学生树立正确的价值观。

课程进行的整个过程均采用"一课四省"的课程评价体系,分别从学生、教师、课程和行业四个方面对课程教学效果进行评价。学生:在整个课程教学中,采用平时考核和期末考核相结合的方式对学生的学习情况进行科学合理的考核评价。平时考核主要有学生线上线下的互动参与度、学习情况、小组合作状态、课堂练习等;期末考核主要有测试、作业、综合设计项目等。并且在课程结束后要求学生进行自我学习总结和学习效果的反馈,最终由授课教师团队进行总结反思。教师:授课教师在整个授课过程中要对每堂课进行课堂笔记记录和分析,如遇平行班授课,要做到各项考核对比分

析,总结经验教训,查漏补缺,时刻铭记学生和行业发展的真正需求。课程结束后要对课程目标达成度进行分析总结,进行教学总结,最终形成研究报告。课程:课程内容的安排要适应专业领域的发展需求,紧扣人才培养方案和培养目标,做到依纲教学,扩展在线资源,以满足混合式教学,教学内容做到知识框架完整合理,通过每个章节的作业练习来巩固知识点。课程结束后,通过综合项目进行考核,采用科学合理的考核评价方式,最终形成课程汇报。行业:课程中会将行业人才引进课堂,参与课堂教学,授课过程中也会将学生带出校门,参与实际项目,将校企合作的意义最大化。通过分析行业最前沿的发展态势,对行业人才进行调查问卷,形成专业的分析报告,再根据反馈的信息,进行教学总结,适时优化课程教学相关事宜。

**9. 特色创新之处**

(1)划分教学模块,助力素质教育有效突破

根据技法的难易程度和混合式课程特点,设计基础、提升、拓展的不同教学模块和课程互动环节;将学科的传统内容与前沿技术、知识传授与动手实践有效结合到模块化教学中,以学生为中心、成果导向进行教学设计,侧重培养学生造型表达的创新与实践能力。

(2)立德树人理念引领课程建设与创新发展

从逻辑建构、资源建构、互动建构和师资建构开发创意立裁立德树人的创新路径;通过打造文化承载载体,借助一切可为教学服务的场所、教具、资料等,采用练习法、任务驱动、参观教学、自主学习等多种教学方法,形成较完整的实践教学模式;加强学生职业竞争力与社会责任感,从而实现专业学习与艺术教育的并行。

(3)研究成果及时引入教学过程,促进科研与教学的良性互动

将学科前沿、最新研究成果和实践经验融入课堂教学,设置研究性学习内容,以育人、育才为中心,以"三全育人"为指导,以成果交流为切入,建设形成"课程—教师—学生—教师—课程"的多元一体的闭环建设机制,推动课程正向的建设发展。

(4)真正促进产教融合,完成学生无缝就业

课程设计与服装行业要求和岗位要求结合,在强化学生的创新创业实践能力的同时,加强对学生职业生涯的规划引领;围绕服装设计与造型手法的共生与依赖,探索快速、高效表达的方法,使课程内容与社会需求结合更紧密,快速明确课程体系改革目标,完成无缝就业。

**10. 已取得成果**

近年来,本课程借助精品在线开放课程的建设,通过线上线下混合式教学,为学生自主学习提供了一个相对完善的学习平台,课程组教师归纳总结出本课程能够融合的核心思想政治理论,并结合教学内容,进行了设计与规划,重新构建了新型的师生关系,取得较好成效。

（1）相关教学资源储备情况

① 在中国大学 MOOC 网搭建线上自主学习数字化平台，为学生提供了开放、多样化且丰富的学习资源，通过设计师座谈、"企业服装设计"等内容设置，引导学生从基础造型能力的表达，逐步过渡到对行业需求的实际应用和无缝对接。

② 项目化教学课程改革实现岗位相关知识储备，完成课程设计和教学流程标准化、规范化，形成一套可复制、可推广的创新实践教学文本资料。

③ 围绕目标达成、教学内容、组织实施和多元评价需求进行创意立裁课程教学整体规划设计；建设课程资源库，践行课程育人的双重功能。

（2）学生成果

学生结合项目资源库，独立完成 3～5 款创意结构的设计和服装制作，部分设计方案被企业采纳。立项国家级创新创业项目 2 项，省级创新创业项目 7 项，市级创新创业项目 1 项，省级互联网＋大赛 1 项，入围"新人奖""新创设计师大赛""创意河南"等省部级以上专业赛事多项。

（3）教师成果

课程全面开展课程核心知识应用能力培养、工程素质培养和学术能力培养，构建了一套以创意服装设计为主导，以创意思维、面料创新设计、服装工艺知识相匹配的"一专多元"式项目化教学课程体系。课程团队主持和参与立项校级以上相关教学改革 10 余项，省级以上获奖 3 项，完成论文 10 余篇，其中公开发表 8 篇，录用 2 篇，待发表 1 篇。并且一直以校级高年级研讨课形式开展项目化教学课程改革，在 2018 年，被评为校级在线精品课程；2019 年课程评估中被评为 A 级课程，教案被评为校级优秀教案一等奖；2021 年立项校级课程思政示范课，被评为河南省线上线下混合式一流本科课程和河南省对外开放课程；2022 年立项了校级项目化教学课程改革，被评为河南省线上一流课程和省级课程思政样板课；2023 年立项了河南省高校研究型教学示范课。

## 4.3　专业基础课程教学设计实例

### 4.3.1　设计概论课程教学设计实例

1. 设计概论课程简介

（1）设计概论在课程体系中的地位作用

设计概论课程是服装与服饰设计专业的一门学科专业核心课程，开设时间为大一上学期（第 1 学期），在专业基础课程链中占据重要的地位。设计概论是本专业新生的第一门专业理论课程，也是其全面了解本专业的基本概念、基本规律、历史发展、实践过程等核心内容的入门课程。它为学生后续的专业实践学习奠定重要的认知基础与理论基础。此外，这门课程也是设计专业考研的必修科目之一。

（2）具体支撑的项目化教学课程情况

通过设计概论课程的教学实践使学生能够明确"艺术设计"的基本含义与发展规律、熟悉设计实践活动的组织过程、初步学会社会调研及信息处理、进行理论研读及问题探索、开展团队合作等。这些内容的学习与实践锻炼能够为后续多门项目化教学课程任务开展奠定理论、实践与思维基础。

同时，设计概论在进行课程设计时会适当引入较复杂的研讨主题，以此培养学生学会应用科学的思维方法解决复杂问题的能力与意识。这一能力的培养为后期升学方向学生的学业准备奠定重要的基础。

① 支撑课程对象。作为理论与实践兼具的课程，设计概论支撑的专业理论课程主要包括中外服装史、服装史论（升学类专业课）等；其支撑的项目化教学课程包括服装品牌设计、服饰品设计、服装专题设计、服装市场传播、专业考察等后续综合设计实践的专业课程。

② 主要支撑点。第一，为专业理论课程与升学方向的理论课程奠定研究范畴的基础。第二，奠定项目化教学中前期的社会调研、问题探究与思维方法等方面的实践基础。第三，促进学生理性思维能力的构建。通过理论内容的讲授、小组研讨与理论著作研读，初步形成学生理性探索现实问题的意识。

2. 设计概论课程大纲

设计概论课程大纲如表 4-5 所示。

表 4-5　设计概论课程大纲

| 一、课程大纲 | | | | | | |
|---|---|---|---|---|---|---|
| 课程代码 | kg20231jc079 | | 课程名称 | | 设计概论 | |
| 授课教师 | 梁富新 | | | | | |
| 课程性质 | 选修 | 学时 | 32 | 学分 | 2 | 授课对象 | 视觉传达一年级 环境设计一年级 服装设计一年级 |
| 课程目标 | 知识目标：深入理解并理性把握设计的本质、特征，以及中西方设计历史的流变；掌握开展设计问题社会调查的一般方法和流程；深刻理解设计师社会角色的特征、职责、职业道德；懂得设计批评的含义、原则及视角；<br>能力目标：经过课程内容的讲授、课题讨论、论文写作等形式促进学生理论探究能力的提高；将理论规律应用于现象分析的能力；通过相关研究主题的探究任务的训练，帮助学生形成较为全面且系统地解决问题的能力与意识；在小组协作的社会实践活动中，提高学生的团队协作能力和组织协调能力；<br>素质目标：培养和塑造学生积极地学习态度；培养团队素养和问题思维意识；增强学生设计中的人文关怀价值理念；培养学生具有认真细致、一丝不苟的学习作风，促进学生良好的职业素养的养成 | | | | | | |

| | |
|---|---|
| 学习成果 | (1) 学生自主形成 1 套课程体系内容的文本(课程任务与课堂笔记报告书);<br>(2) 基本完成对 1 本著作的深度阅读(选定章节内容的阅读报告);<br>(3) 小组完成 1 套社会调研任务册(小组调研报告);<br>(4) 独立完成 3 个主题的论文写作任务;<br>(5) 小组协作完成设计问题调研与解决方案的实施与分享展示 |
| 教学方法 | ☑讲授　☑小组讨论　☑答疑　□实验　□实训　☑自主学习<br>□其他(请填写)社会调研 |
| 先修课程 | 专业基础课程:无<br>项目化教学课程:无 |
| 后衔接课程 | 设计心理学、人机工程学 |
| 课程资源 | 自主设计(选择相应选项即可,如有补充请填写内容):<br>☑教材　☑教辅用书　☑拓展书目　□教具　□实验室　☑网络平台<br>☑图片　□音频　☑视频　□软件　□学科专家、科学家、企业家等社会人士<br>☑实地/现场　☑图书馆、博物馆等社会场所　□报纸杂志<br>☑教学过程中生成性资源　□其他(请填写)＿＿＿＿＿<br><br>现成资源(选择相应选项即可,如有补充请填写内容):<br>☑教材　☑教辅用书　☑拓展书目　□教具　□实验室　☑图片　□音频<br>☑视频　□软件　□学科专家、科学家、企业家等社会人士　□实地/现场<br>☑图书馆、博物馆等场所　□报纸杂志　☑教学过程中生成性资源<br>□其他(请填写)＿＿＿＿＿ |

| | 评价方式主要包括:翻转校园测验、课堂互动、课前、课中教学活动任务参与及完成情况评价;经典著作阅读报告质量评价;论文写作及设计产品批评调研成果评价;社会实践调查成果与展示评价等<br>具体评价的客观标准如下表所示 |
|---|---|

| 考核内容 | 成绩占比 | 评价等级(对应完成的任务量) | | | | 说明(成绩计算方法) |
|---|---|---|---|---|---|---|
| | | 优 | 良 | 中 | 合格 | |
| 课堂笔记与课堂任务 | 10% | 90%～100% | 80%～89% | 70%～79% | 60%～69% | 记录内容与课程内容总量的比值×100,即本任务的成绩 |
| 经典阅读报告 | 10% | ≥10 张 A4 纸 | ≥8 张 A4 纸 | ≥7 张 A4 纸 | ≥6 张 A4 纸 | 每周要达到1000字的阅读笔记量,大约1张A4纸的内容,课程周期为10周,共计10张A4纸的内容,以此为基准,统计学生完成的任务量,最后折算最终成绩 |

注:左侧纵栏标题为"课程评价方式"

续表
续表

| 考核内容 | 成绩占比 | 评价等级(对应完成的任务量) | | | | 说明(成绩计算方法) |
|---|---|---|---|---|---|---|
| | | 优 | 良 | 中 | 合格 | |
| 社会实践调查报告(小组) | 20% | 90%~100% | 80%~89% | 70%~79% | 60%~69% | 实际完成任务量与要求任务量的比值×100,即本任务的成绩(兼顾任务量合理性,错误的不计算在完成任务量中) |
| 论文写作 | 30% | 90%~100% | 80%~89% | 70%~79% | 60%~69% | 论述基本字数500~800字,达到此数量即可获得60%的分值,剩余分值则与论文的写作质量密切相关,它们包括独立思考与表达、逻辑思维清晰度、观点的深度以及与现实联系的紧密程度等 |
| 翻转校园课堂测验 | 10% | 90%~100% | 80%~89% | 70%~79% | 60%~69% | 正确的题量与总题量之比(正确率)×100,即本任务的成绩 |
| 课堂互动,课前、课中教学活动任务参与及完成情况 | 10% | 参与频次总量排名前10% | 参与频次总量排名前11%~20% | 参与频次总量排名前21%~30% | 参与频次总量排名前31%~40% | 以参与频次为标准,同时兼顾问答互动质量;参与总量与提问总量的比值,即参与频次 |
| 调研成果展示(小组互评) | 10% | 90%~100% | 80%~89% | 70%~79% | 60%~69% | 在PPT制作总量达标的情况下,以展示质量作为成绩评定的标准;教师评价与小组互评相结合 |

(行首:课程评价方式)

补充说明:关于课程成绩评定,本课程尝试开展由学生、项目组教师及主讲教师共同参与评定的模式,各部分的成绩权重为:学生自主评价占10%;项目组教师评价占30%;主讲教师评价占60%

续表

二、课程教学进度表

| 周次 | 课　上 | | | 课　下 | | 备注 |
|---|---|---|---|---|---|---|
| | 课程<br>主题内容 | 教学场所 | 计划学时 | 学习<br>主题内容 | 学生用时 | |
| 1 | **第一章　课程概述**<br>(1) 设计的概念、设计学的研究对象、范畴、意义；<br>(2) 设计的审美特征——设计美学；<br>(3) 设计的时代发展及未来趋势；<br>(4) 经典书目阅读及其内容的PPT准备 | 教室 | 4 | **课下任务一：**<br>经典理论书籍的阅读与相关内容的PPT准备（每周2000字左右的笔记记录，约2张A4纸容量）<br>计划每周2小时，8周共计16小时<br>**课下任务二：**<br>对当下的设计热点现象、理论新观点进行评述（写作，不少于500字）<br>计划用时4小时 | 20 | |
| 2、3 | **第二章　设计的本质与特征**<br>(1) 现代设计的本质探讨；<br>(2) 设计的古代与现代之别；<br>(3) 现代设计的特征分析；<br>(4) 设计学科的现代性发展 | 教室 | 8 | **课下任务三：**<br>设计现象调研与解决方案（确立设计问题讨论2小时，小组调查6小时，并提供系统解决方案，包括设计设想，共4小时）<br>共计12小时<br>**课下任务四：**<br>设计塑造的世界对自己的影响（主题写作，不少于500字），约4小时 | 16 | |
| 4 | **第三章　复杂的设计系统**<br>(1) 设计与文化；<br>(2) 设计与科技；<br>(3) 设计与伦理；<br>(4) 设计与心理 | 教室 | 4 | **课下任务五：**<br>中日欧园林艺术设计的比较研究；<br>个人全面搜集并整理关于中日欧所选园林的信息（形成个人信息整理文本），并完成对研讨主题的研讨（微信研讨记录）<br>计划用时约6小时 | 6 | |
| 5 | **第四章　设计批评系统**<br>(1) 设计评价的概念、特征、作用；<br>(2) 设计评价的关键要素；<br>(3) 设计美与艺术美的异同 | 教室 | 4 | **课下任务六：**<br>第一阶段：设计产品的初步批评任务；<br>第二阶段：设计产品的深度批评（包括手绘表现分析）<br>计划用时8小时 | 8 | |
| 6 | **第五章　中国古代设计史概述**<br>(1) 石器设计；<br>(2) 彩陶艺术设计；<br>(3) 商周青铜器；<br>(4) 汉代青铜灯具与漆器；<br>(5) 佛教与设计沿革；<br>(6) 唐代织物设计；<br>(7) 宋元瓷器；<br>(8) 明清园林与家具设计 | 教室 | 4 | **课下任务七：**<br>研究中国古代设计史中自己最感兴趣的类型，对其进行综合的研究（论述字数不少于800字）<br>计划用时6小时 | 6 | |

续表

| 周次 | 课上 | | | 课下 | | 备注 |
|---|---|---|---|---|---|---|
| | 课程主题内容 | 教学场所 | 计划学时 | 学习主题内容 | 学生用时 | |
| 7 | **第六章　西方现代设计史概述**<br>(1) 现代设计的诸多流派；<br>(2) 现代设计与现代艺术；<br>(3) 现代主义设计与包豪斯；<br>(4) 现代主义设计的后现代发展 | 教室 | 4 | **课下任务八：**<br>西方现代设计流派研究（论述字数不少于800字）<br>计划用时6小时 | 6 | |
| 8 | 小组社会调研成果展示 | 教室 | 4 | **课下任务九：**<br>完成整个课程学习成果材料的整理汇总<br>计划用时2小时 | 2 | |
| | 合　计 | | 32 | 合　计 | 64 | |

3. 教学设计

（1）教学内容知识点支撑项目化教学情况

① 设计概论阐述了设计实践活动的一般流程，为后续复杂且真实的专业设计实践活动提供了通用的操作参考，例如服装品牌设计、服饰品设计、服装专题设计等课程的实际设计实践过程。

② 设计现象调研与实践。通过设定真实社会情景中设计问题的调研实践与设计方案探索，让学生初步了解从发现问题、分析问题、探索解决方案到现实尝试等整个设计流程。

③ 小组团队协作与组织协调。设计实践本身就是高度集体化的组织活动，课程通过设定小组互助学习模式，推进小组集体活动的组织实施，锻炼与构建小组成员的组织协调能力，为上述项目化教学的实践阶段储备经验与理论知识。

上述这些支撑内容包含于课程基本概念的讲述与社会实践任务的完成过程之中，具体的教学资源包括参考教材、课件以及设定的具体的社会实践任务与小组任务。

（2）教学设计与方法

① 教学模式。本课程采用线上线下混合式教学的模式，将信息技术与传统教学深度融合，以促进学生学习，提高学习效果。线上线下混合式教学不是简单的教学内容叠加，而是线上线下教学内容和教学方法的有机融合，能够深度挖掘教师和学生"教与学"的潜能。

设计概论课程部分基础知识采用MOOC及其他高校在线课程资源作为基础知识的学习单元，由学生课前自主完成学习。核心知识单元则采用教师讲授结合小组互助学习与探讨、社会实践调查、小组调研成果制作与PPT汇报等学习方式予以完成。

② 教学内容与设计。具体教学内容与设计如表 4-6 所示。

表 4-6　教学内容与设计

| 章　节 | 章节主题 | 学 习 内 容 | 任务、教学方式、授课教师 | 教 学 模 式 |
|---|---|---|---|---|
| 第一章 | 课程概述（引论） | （1）设计的概念、设计学的研究对象、范畴、意义；<br>（2）设计的审美特征——设计美学；<br>（3）设计的时代发展及未来趋势；<br>（4）经典书目阅读及其内容的 PPT 准备，课题写作 | 任务一：<br>经典理论书籍的阅读与相关内容的 PPT 准备<br>教学方式：教学演示＋学生阅读＋演讲<br>任务二：<br>对当下的设计热点现象、理论新观点进行评述（专题讨论、写作）<br>教学方式：社会调研＋学生协作 | 线上 MOOC 课下学习与课上教授相结合；小组协作与社会调研实践；自主阅读与信息处理；PPT 演讲 |
| 第二章 | 设计的本质与特征 | （1）现代设计的本质探讨；<br>（2）设计的古代与现代之别；<br>（3）现代设计的特征分析；<br>（4）设计学科的现代性发展 | 任务三：<br>设计现象调研与解决方案<br>教学方式：社会调研＋小组协作＋PPT 汇报<br>任务四：<br>对当下的设计热点现象、理论观点进行评述<br>教学方式：教师案例分析＋社会调研＋信息分析＋小组讨论＋写作 | 线上 MOOC 课程讲授；小组协作与社会调研实践；PPT 演讲；范例教学＋现象分析＋合作学习 |
| 第三章 | 复杂的设计系统 | （1）设计与文化；<br>（2）设计与科技；<br>（3）设计与伦理；<br>（4）设计与心理；<br>（5）设计与艺术 | 任务五：<br>选择其中一个主题并结合相关真实案例或观点展开设计与其他元素的复杂关系<br>教学方式：教师讲授＋案例分析＋指导写作 | 现象分析＋示范教学＋探究式学习 |
| 第四章 | 设计的评价系统 | （1）设计评价的概念、特征、作用；<br>（2）设计评价的关键要素：功能、审美、情感等；<br>（3）设计美与艺术美的异同；<br>（4）对当下设计案例或现象的评价阐述 | 任务六：<br>设计产品批评，包括调查拍摄、手绘表现、评价分析与展示<br>教学方式：教师讲授＋案例分析＋社会调研＋自主评价 | 现象分析＋示范教学＋探究式学习 |

续表

| 章 节 | 章节主题 | 学 习 内 容 | 任务、教学方式、授课教师 | 教 学 模 式 |
|---|---|---|---|---|
| 第五章 | 中国古代设计史概述 | (1) 石器设计；<br>(2) 彩陶艺术设计；<br>(3) 商周青铜器；<br>(4) 汉代青铜灯具与漆器；<br>(5) 佛教与设计沿革；<br>(6) 唐代织物设计；<br>(7) 宋元瓷器；<br>(8) 明清园林与家具设计 | **任务七：**<br>研究中国古代设计史中自己最感兴趣的类型，对其进行综合的研究<br>教学方式：教师讲授＋案例分析＋自主研究 | 示范教学＋探究式学习 |
| 第六章 | 西方现当代设计史概述 | (1) 现代设计的诸多流派；<br>(2) 现代设计与现代艺术；<br>(3) 现代主义设计与包豪斯；<br>(4) 现代主义设计的后现代发展 | **任务八：**<br>西方现代设计流派研究<br>教学方式：教师讲授＋案例分析＋社会调研＋自主评价 | 示范教学＋探究式学习 |

4. 实施过程

（1）课程资料储备包括课程大纲、教学设计、教学计划、电子教案、PPT 等，同时还包括经典阅读的相关电子文本资料、课外补充学习视频（教师录制）如图 4-3、图 4-4 所示。

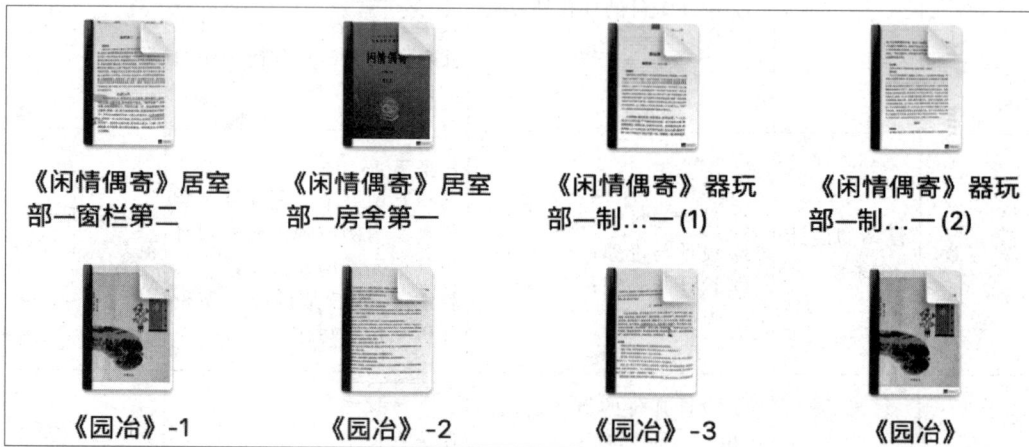

《闲情偶寄》居室部—窗栏第二　　《闲情偶寄》居室部—房舍第一　　《闲情偶寄》器玩部—制…—(1)　　《闲情偶寄》器玩部—制…—(2)

《园冶》-1　　《园冶》-2　　《园冶》-3　　《园冶》

图 4-3　经典理论著作资料

（2）课前任务预习与预习任务测验，如图 4-5 所示。

（3）课堂问题思考与表达如图 4-6 所示；课堂问题分析如图 4-7 所示。

（4）课程内容测验，如图 4-8 所示。

（5）小组组建与小组任务，如图 4-9 所示。

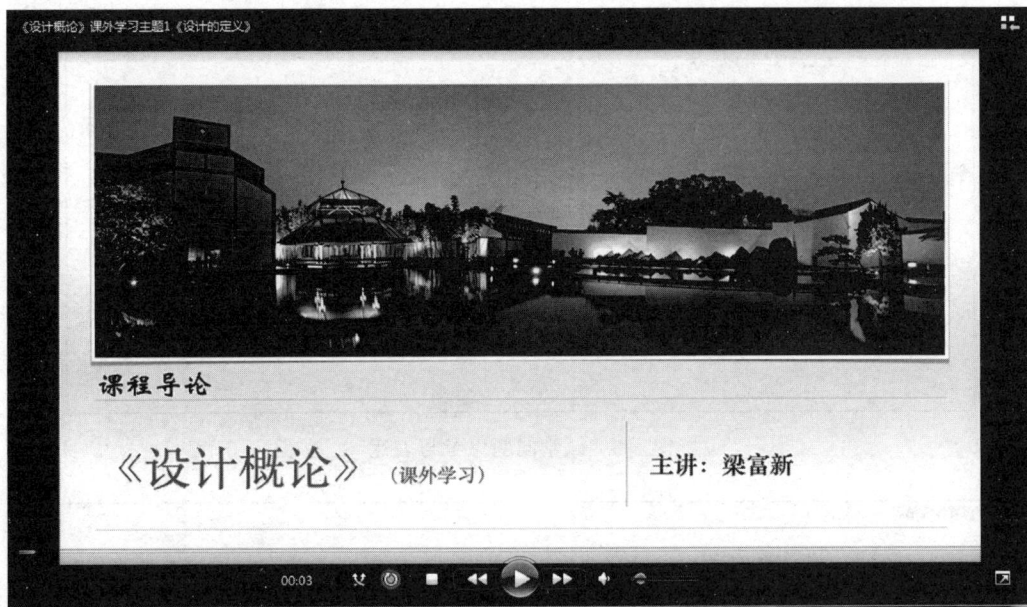

图 4-4　课外学习视频

图 4-5　课前任务预习与预习任务测验

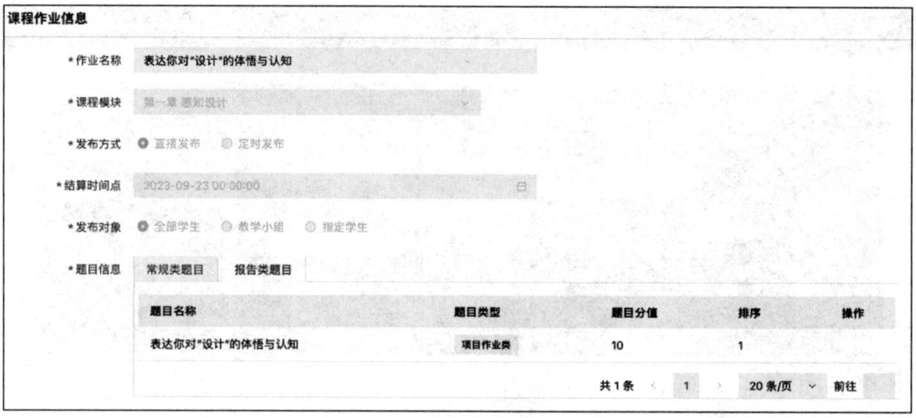


图 4-6　课堂问题思考与表达

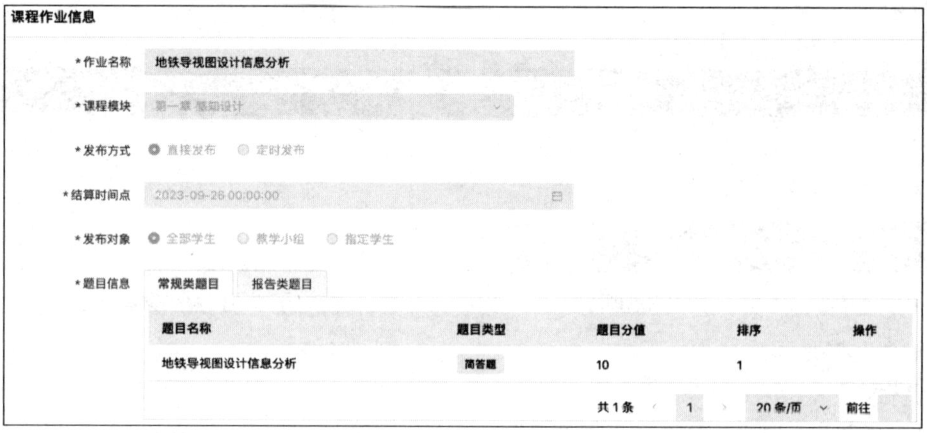


图 4-7　课堂问题分析

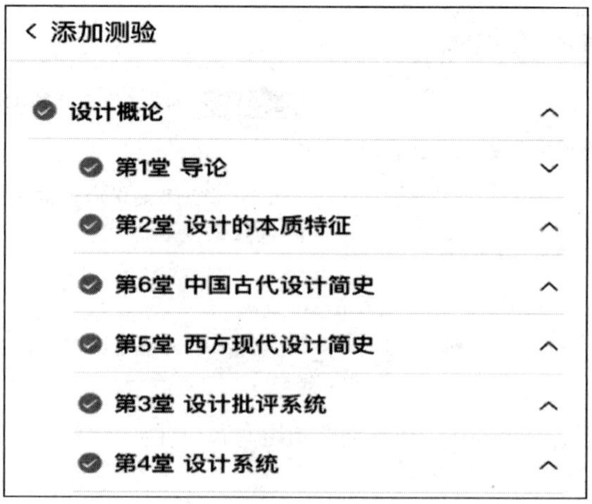


图 4-8　课程内容测验

## 设计概论B234小组

今天 傍晚5:43　未分类 ▼

1组: 陈艺博 刘宗原 康嘉宁
2组: 吴梦瑶 鲁梦玲 王芊芊
3组: 王梦元 刘天然 杨易儒
4组: 陈香雨 左兆宸 赵雨冰
5组: 王科研 冯博 冯冬冬
6组: 赵涵 魏丽丽 喻尚丽
7组: 邢梦雨 梁苗苗 田子岩
8组: 仝家欢 谭文卓 盖洁洁
9组: 骆晞瑒 武文杰 刘俊雯
10组: 宣莹 王子依
11组: 李奕潇 陈斐
12组: 雷梦琪 兰嘉怡

---

‹　**环境设计B233班小组.docx**

**环境设计B233班小组**

第一组: 杨俊涛, 邹孜羽
第二组: 赵静, 邱艺敏
第三组: 许雅琪, 党雅轩, 杜昕宸
第四组: 李佳琪, 孟美旗
第五组: 袁秀茹, 许家怡
第六组: 尚文玥, 岳旭丹
第七组: 张辰赫, 宋浩诚
第六组: 李佳诚, 裴钧婕
第七组: 曾智和, 张鑫磊, 过仕举
第八组: 曹康冉, 张卓杨
第九组: 余璐, 耿思安, 孟伊美
第十组: 王国平, 胡朝阳, 仝云博
第十一组: 褚桂延, 李星瑶

---

‹ ①　　**服设 B23级——设计概论(3)**　　···

服设B231学委 蔡思媛

1. 霍思媛, 方嘉怡, 易冉
2. 辛希贝, 刘畅
3. 刘姝含, 狄艺萱
4. 王乐怡, 李丹苹, 洪姿璇
5. 晁晶, 梁若冰, 姬雨彤
6. 郭新月, 宋雨萌, 吴佳音
7. 张成果, 钱琳琳
8. 董海龙, 秦娅浩, 赵博韬
9. 任璐涵, 王艺涵, 齐昱涵
10. 刘心语, 尤怡菲, 宋雪莹

---

**任务信息**

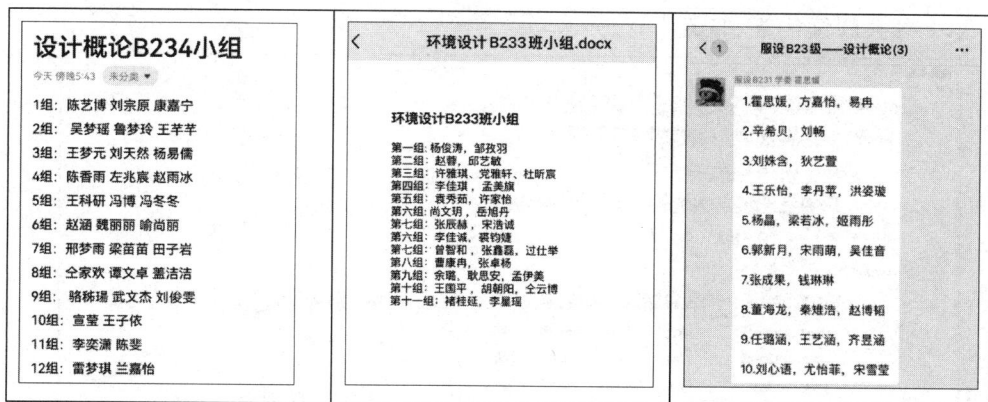

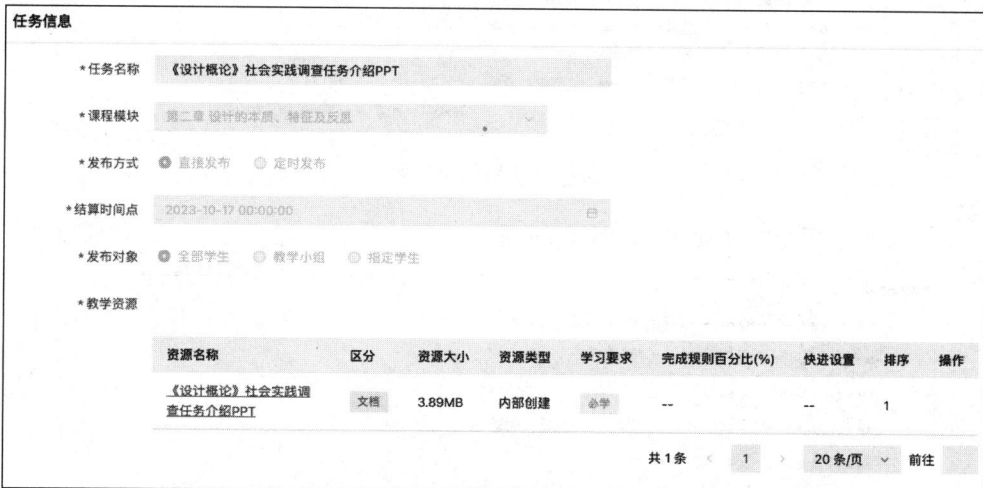

* 任务名称　《设计概论》社会实践调查任务介绍PPT

* 课程模块　第二章 设计的本质、特征及反思

* 发布方式　◉ 直接发布　　○ 定时发布

* 结算时间点　2023-10-17 00:00:00

* 发布对象　◉ 全部学生　　○ 教学小组　　○ 指定学生

* 教学资源

| 资源名称 | 区分 | 资源大小 | 资源类型 | 学习要求 | 完成规则百分比(%) | 快进设置 | 排序 | 操作 |
|---|---|---|---|---|---|---|---|---|
| 《设计概论》社会实践调查任务介绍PPT | 文档 | 3.89MB | 内部创建 | 必学 | -- | -- | 1 | |

共 1 条　‹　1　›　20 条/页　前往

---

## 《设计概论》 (社会实践调查)

❖ **具体实施**

❖ 1.小组讨论制订计划（系统的时间安排、目标/对象、目的、具体实施计划）；

❖ 2.小组开展社会调查（现实、互联网、个人媒体）；

❖ 3.小组确定问题，并展开深度社会调查（观察分析、走访调研、调查问卷等）；形成客观的数据支撑；深入分析产生问题的主要原因；

❖ 4.小组对成因形成的深层次原因展开深度剖析，找到产生问题的关键症结；

❖ 5.小组探讨解决问题症结的系统性方案，并确定设计表现的呈现方式（手绘、立体、视觉影像……）

图 4-9　教学班级学生组建小组与小组社会调研任务安排

（6）经典阅读任务，如图 4-10 所示。

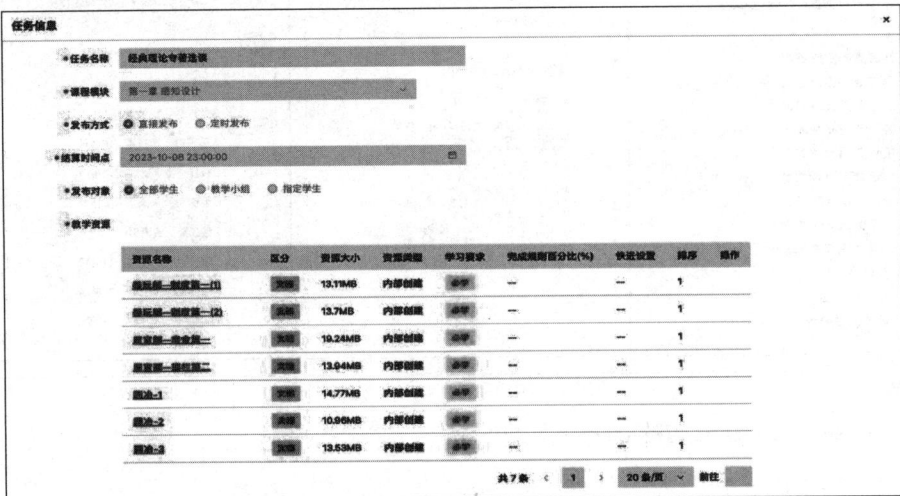

图 4-10　经典阅读任务

（7）写作主题及写作要求，如图 4-11 所示。

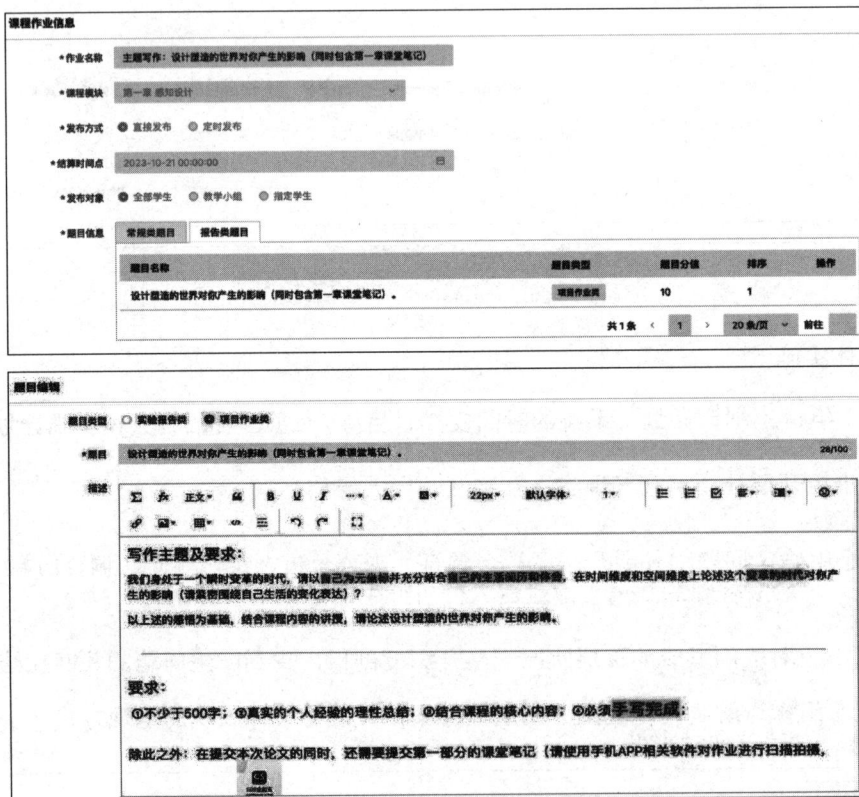

图 4-11　写作主题及写作要求

（8）小组理论专著研讨成果视频展示，如图 4-12 所示。

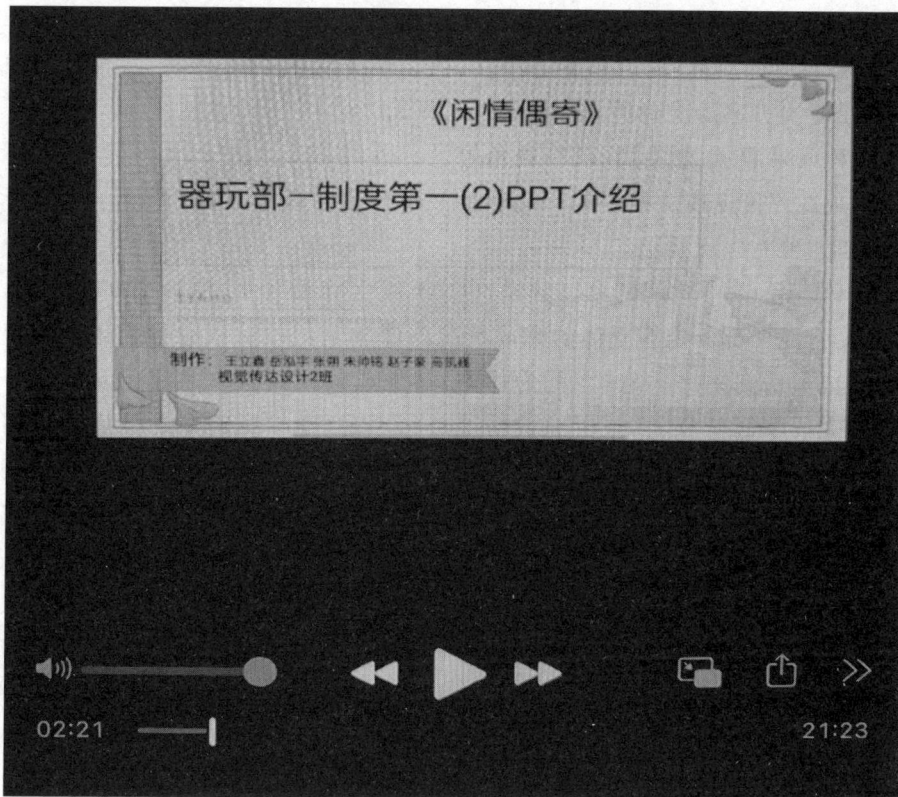

图 4-12　小组理论专著研讨成果视频展示

5. 教学评价

（1）教学活动与客观性评价标准（课内课外）

本课程教学活动主要分为以下几种类型。

① 教师讲授与引导环节（课内）。

② 现象、案例分析与评价环节（课内＋课外）。

③ 小组研讨与社会调研（课内＋课外）。

④ 论文写作与调研成果 PPT 展示（课内＋课外）。

⑤ 理论著作阅读与整理（课外）。

⑥ MOOC 自主学习＋知识测验（课内＋课外）。

（2）教学活动客观评价标准

① 评价内容及成绩权重如下。

a. 学习态度：出勤、学习态度、课堂互动参与频次、翻转校园课堂测验的成绩等（20%）。

　　b. 基本理论的理解、掌握及灵活应用：在课程讨论、实践作业以及小组任务完成的过程中，观测学生在这一层面总体的水平（40%）。

　　c. 任务完成的质量：理论研读的深度、社会调查实践的广泛度，以及对问题进行分析并提出解决方案的准确性、合理性等（30%）。

　　d. 课程成果展示：概括力、创新视角等（10%）。

　　② 客观性评价标准。根据课程总体的教学内容与任务设定，评价学生学习成效的客观标准主要有以下几项。

　　a. 课堂笔记、读书笔记的总体数量：以 A4 纸为标准纸张，课程周期为 8 周，适时查阅学生对上述两部分内容整体的完成情况。课堂笔记以课程总体讲述内容量为参考，届时完成量达到 90%～100% 的为优秀，其他成绩按照学生完成记录的百分比换算成绩，若完成率低于 60%，或者完成情况严重不足，学生则需要在课后进行回顾复习并重新完成；读书笔记按照每周 2000 字（约 2 张 A4 纸的内容量）为基线，达到这一标准的学生，即可获得成绩评定的 80% 的分值，高于这一标准的可得到优秀成绩等级，低于这一标准的不给予成绩评定，需要学生补充完成达到基线标准，最终成绩根据学生读书笔记的总体质量，在 60%～80% 的成绩区间给予评定。

　　b. 社会实践调查任务：完成调查评价的设计产品的数量不少于 10 个，且需要完成 5 件设计产品的手绘稿表达。手绘稿体量以 A4 纸为标准，其大小不得小于 A4 纸的 3/4 页面。本项任务最终成绩评定中，完成 10 个案例分析即为优秀等级，后面成绩依此类推。若完成的案例分析少于 6 项的需要补足至 10 项，最终成绩依据两次成绩的平均值计算，但不得高于总成绩的 80%。

　　对于手绘稿的成绩评定标准，依据上述标准执行，绘制总量低于 60% 的需要补足，最终成绩亦不得高于总成绩的 80%。此外，绘制稿体量小于 A4 纸页面的 3/4 时，作业判定为不合格，需要重新完成。

　　c. 论文成果评定标准：基本标准必须达到最低字数要求（500～800 字），字数不足的需要丰富完善，内容不符合要求的需要重新完成。达到这一基本标准的即可获得总成绩 60% 的分值。剩余分值则与论文的写作质量密切相关，它们包括独立思考与表达、逻辑思维清晰度、观点的深度，以及与现实联系的紧密程度等。

　　d. 课堂互动表达、翻转校园课堂测验、小组参与教学活动频次：这三部分都可以进行数据的统计与量化，最终都可以转化成具体的成绩。翻转校园课堂测验完成后，即可给出成绩，这一部分占总成绩的 10%；小组参与与个人参与教学互动以频次累计计算，这一部分占总成绩的 10%。以参与频次为标准，参与频次总量排名前 20% 的成绩为优秀等级（90～100 分），参与频次总量排名在前 21%～30% 的为良好等级（80～89 分），总量排名在前 31%～40% 的为中等（79～70 分），其他频次依此类推评定最终成绩。

### 4.3.2　立体裁剪课程教学设计实例

**1. 立体裁剪课程简介**

立体裁剪作为服装与服饰设计专业的核心基础课程,通过在人体模型上直接进行三维立体设计,有效解决了平面设计中的复杂造型难题。本课程融合了服装设计、面料应用、裁剪制作及审美、技术、应用等多方面内容,旨在培养设计师的专业实践能力,使其能够将构思全面、生动地展现于服装造型中。学习本课程,学生将掌握立体思维与手法,将空间感、创新感与板型结合,以工匠、艺术和探索精神,将设计理念和创新融入作品,提升创作和设计能力。

**2. 立体裁剪课程大纲**

立体裁剪课程大纲如表 4-7 所示。

**表 4-7　立体裁剪课程大纲**

| 课程代码 | kg2023zj063 | | 课程名称 | | | 立体裁剪 | |
|---|---|---|---|---|---|---|---|
| 授课教师 | 张庆 | | | | | | |
| 课程性质 | 必修 | 学时 | 48 | 学分 | 3 | 授课对象 | 服装 22 级 |
| 课程目标 | 通过本课程的学习,旨在培养学生运用立体的思维与手法制作服装板型的能力,培养学生将立体裁剪的空间感、创新感与板型相结合,在制作的过程中做到"由技入道,别出心裁",体现工匠精神、艺术精神和探索精神。同时,将设计的内涵融入技法当中,将创新融入作品中,培养学生具备创作和设计的能力 | | | | | | |
| 学习成果 | (1) 衣身与裙原型立体裁剪胚样;<br>(2) 时装款裙立体裁剪胚样;<br>(3) 女上装变化款式的立体裁剪;<br>(4) 合体连衣裙立体裁剪;<br>(5) 创意连衣裙立体裁剪与制作 | | | | | | |
| 教学方法<br>(或学习方法) | ☑讲授　☑小组讨论　☑答疑　□实验　☑实训　☑自主学习<br>□其他(请填写)＿＿＿＿＿ | | | | | | |
| 先修课程 | 专业基础课程:形式基础<br>项目化教学课程:无 | | | | | | |
| 后衔接课程 | 服装专题结构实践、创意立裁 | | | | | | |
| 课程资源 | 自主设计(选择相应选项即可,如有补充请填写内容):<br>☑教材　☑教辅用书　□拓展书目　□教具　☑实验室　☑网络平台　□图片<br>□音频　☑视频　□软件　□学科专家、科学家、企业家等社会人士<br>□实地/现场　□图书馆、博物馆等社会场所　□报纸杂志<br>□教学过程中生成性资源(如教学活动中提出的问题、学生的作品/作业、课堂实录等)　□其他(请填写)＿＿＿＿＿ | | | | | | |

续表

| 课程资源 | 现成资源(选择相应选项即可,如有补充请填写内容):<br>☑教材　□教辅用书　□拓展书目　□教具　□实验室　☑图片　□音频<br>☑视频　☑软件　□学科专家、科学家、企业家等社会人士　□实地/现场<br>□图书馆、博物馆等场所　□报纸杂志　□教学过程中生成性资源<br>□其他(请填写)＿＿＿＿＿＿＿ |
|---|---|

课程评价方式

构建多维度、多主体立体化评价体系。依托翻转校园平台,实现线上、线下评价相结合,课前、课中、课后评价相结合,生、师、企三方评价相结合。该体系综合考量了课堂和学生表现的过程性评价(占比 60%)和整体项目成果的结果性评价(占比 40%)

| 评价项目 | 评价指标 | 评 价 内 容 | 评价主体 | 得分 |
|---|---|---|---|---|
| 过程考核<br>(60%) | 考勤(10%) | 根据课程安排,按时出勤,完成学习任务 | 主讲教师 | |
| | 课堂作业<br>(50%) | 考核服装基础款式立体裁剪过程、纸样和样衣是否符合行业标准 | 教师评价(40%)<br>企业评价(20%)<br>小组互评(20%)<br>组内评价(10%)<br>学生自评(10%) | |
| 成果考核<br>(40%) | 成果考核<br>(30%) | 四个原创款式立体裁剪过程、纸样、样衣、实物作品考核,是否具有市场价值和创意度,立裁操作是否符合行业标准 | 主讲教师(50%)<br>企业导师(50%) | |
| | 市场价值<br>(10%) | 参加职业技能大赛中取得名次或作品被企业使用 | 大赛组委会、企业负责人 | |

### 3. 课程建设基础

(1)课程目标与人才需求对接

立体裁剪课程的目标不仅是让学生掌握基本的裁剪技能,还要培养其符合服装企业设计师与制版师岗位要求的职业能力。该课程设计立足于本地区服装企业的实际需求,以满足服装设计与工艺领域的职业技能考核标准为核心。同时,通过结合职业技能大赛中的竞赛内容,使课程内容将更加贴合行业发展和实际工作需求,帮助学生在未来的职业生涯中更好地应用立体裁剪技术。

(2)课程内容与教学项目的设计

课程内容围绕四个主要教学项目展开,这四个项目从单一到综合逐步提升难度,确保学生逐步掌握从基础到高级的立体裁剪技术。

**时装裙**:作为入门级项目,学生通过裁剪和制作时装裙,掌握立体裁剪的基础技巧,如平面设计转化为立体效果、布料的造型感等。

**夏季女上衣**:进一步增加设计难度,学生需要掌握如何根据人体结构调整纸样,掌握上衣的立体结构设计和合身性处理。

**合体连衣裙**:在前两项的基础上,课程进入中级项目,学生需掌握连衣裙的复杂立体剪裁技术,处理更复杂的版型设计和结构调整。

**创意礼服**:作为最高级项目,学生通过创意礼服的制作,结合立体裁剪技术的创新性应用,提升设计能力,掌握复杂设计与高级定制技法。

（3）职业能力与素养要求的融合

课程的设计不仅注重技术能力的培养,还特别强调学生的职业素养。通过结合实际项目,课程中将融入团队协作、沟通能力、职业道德等元素,培养学生适应现代服装行业要求的综合能力。特别是在创意礼服和合体连衣裙的项目中,学生将需要独立思考和创新,同时强化对市场趋势和消费者需求的敏感度。

（4）项目式教学与实践结合

课程内容通过教学项目的再凝练设计,将理论与实践紧密结合。在每个项目的教学中,教师将示范立体裁剪的具体操作步骤,并引导学生通过实际操作逐步掌握技术。学生不仅要完成每个项目的裁剪与制作,还需进行项目展示和评估,进一步提升其综合应用能力。在实际操作过程中,学生将与同行进行项目合作,提升其沟通与协作能力。

4．教学设计

立体裁剪课程教学任务活动设计表如表 4-8 所示。

5．实施过程

（1）时装裙立体裁剪

① 原型裙立体裁剪的基本操作方法如下。

a. 布料准备情况:布料熨烫平整、辅助线准确清晰。

b. 立裁质量:前、后中线竖直向下,与人台中线对齐;臀围线对准人台臀围线;侧缝线对准人台侧缝线;松量适当(前、后腰围线各留有 0.6cm 松量,前、后臀围线各留有 1cm 松量);造型合体(布面平整,丝缕顺直,无余皱、斜皱);省道大小及间距合适、省尖平伏。

c. 完成线标识质量:布料上所有完成线准确、清晰、圆顺;有必要的对位记号。

d. 大头针别合质量:大头针别法正确、间距均匀。

e. 整体效果:布面整洁、造型美观,裙子有立体感,如图 4-13 所示。

表4-8　立体裁剪课程教学任务活动设计表

| 课程模块 | 支撑的项目化任务 | 类型 | 课内教学 教学内容 | 计划学时 | 讲授地点(理论讲授/实操) | 课外自主研究与实践 任务内容(对学生课下的具体任务要求) | 计划学生用时(小时) | 标准要求 | 测试方法 |
|---|---|---|---|---|---|---|---|---|---|
| Z28立体裁剪基础 | 项目X15:探索创意立裁的设计观 | 知识 | **Z28.1 立体裁剪引入** | | | | | 能够掌握立体裁剪基本概念,完成针法、标志线粘贴、布纹丝缕线的操作 | 课堂测试40%+课堂练习60%；课堂测试:翻转校园课堂测试题；课堂练习:教师按照行业标准检查针法、标志线粘贴、布纹丝缕线的操作练习并进行评分 |
| | | | (1)立体裁剪历史与概述 | 1 | 艺北202(理论讲授与示范) | 课下任务:分小组调研立体裁剪历史与现状,形成调研报告 计划用时8小时 | 8 | | |
| | | | (2)立体裁剪针法讲述与练习 | 1 | | | | | |
| | | | (3)标志线粘贴手法与练习 | 1 | | | | | |
| | | | (4)布纹丝缕线确定与练习 | 1 | | | | | |
| | | | **Z28.2 半身裙的立体裁剪** | | | | | 能够灵活运用立裁手法完成时装裙立体裁剪操作 | 作品评价100%；半身裙的坯布样衣40%+时装裙坯布样衣60%；(制作1:1样衣:按照职业技能大赛标准) |
| | | | (1)直身裙立体裁剪 | 2 | 艺北202(理论讲授与示范) | 课下任务:时装裙立体裁剪 计划用时12小时 | 12 | | |
| | | | a.直身裙后片立体裁剪实训 | 2 | | | | | |
| | | | b.直身裙前片立体裁剪实训 | 2 | | | | | |
| | | | (2)波浪裙立体裁剪 | 2 | | | | | |
| | | | a.半波浪裙 | 2 | | | | | |
| | | | b.波浪裙 | 2 | | | | | |
| | | | (3)拼片裙立体裁剪 | 2 | | | | | |
| | | | (4)育克分割褶裥裙立体裁剪 | 2 | | | | | |
| | | | **Z28.3 衣身的立体裁剪** | | | | | 能够结合女上装款式的设计,完成女上装立体裁剪的操作 | 作品评价100%；衣身原型的坯布样衣40%、女上装的坯布样衣60%；(制作1:1样衣:按照职业技能大赛标准) |
| | | | (1)衣身原型立体裁剪——款式分析 | 2 | 艺北202(理论讲授与示范) | 课下任务:衣身原型立裁平面制版与样衣制作 计划用时12小时 | 12 | | |
| | | | a.衣身原型后片立体裁剪实训 | 2 | | | | | |
| | | | b.衣身原型前片立体裁剪实训 | 2 | | | | | |
| | | | (2)衣身省的立体裁剪 | 2 | | 课下任务:春秋女上衣的立体裁剪 计划用时24小时 | 24 | | |
| | | | a.胸省变化练习——肩省 | 2 | | | | | |
| | | | b.胸省变化练习——侧缝省 | 1 | | | | | |
| | | | c.胸省变化练习——腰省 | 1 | | | | | |
| | | | d.胸省变化练习——袖窿省 | 1 | | | | | |
| | | | e.胸省变化练习——中心省 | 1 | | | | | |
| | | | f.胸省变化练习——领口省 | 1 | | | | | |
| | | | (3)衣领立体裁剪 | 1 | | | | | |
| | | | (4)衣袖立体裁剪 | 1 | | | | | |

续表

| 课程模块 | 支撑的项目化任务 | 课内教学 | | | | 课外自主研究与实践 | | 标准要求 | 测试方法 |
|---|---|---|---|---|---|---|---|---|---|
| | | 类型 | 教学内容 | 计划学时 | 讲授地点（理论讲授/实操） | 任务内容（对学生课下的具体任务要求） | 计划学生用时（小时） | | |
| Z28 立体裁剪基础 | 项目X15：探索创意立裁的设计 | 知识 | **Z28.4　连衣裙的立体裁剪**<br>（1）纵向分割连衣裙的立体裁剪<br>a. 高腰分割连衣裙示范 | 2 | 艺北202（理论讲授与示范） | **课下任务一**：合体连衣裙的立体裁剪 计划用时20小时<br>**课下任务二**：创意礼服的立体裁剪 计划用时20小时 | 40 | 能够灵活运用立裁手法完成连衣裙和创意礼服的立体裁剪的操作 | 作品评价100%连衣裙40%的坯布样衣、创意礼服样衣与成衣60%（制作1：1样衣，按照职业技能大赛标准） |
| | | | b. 高腰分割连衣裙实训 | 2 | | | | | |
| | | | c. 变化款式纵向分割连衣裙款式设计 | 2 | | | | | |
| | | | d. 变化款式纵向分割连衣裙立裁实训 | 2 | | | | | |
| | | | （2）横向分割连衣裙的立体裁剪<br>a. 公主线分割连衣裙示范 | 2 | | | | | |
| | | | b. 公主线分割连衣裙实训 | 2 | | | | | |
| | | | c. 变化款式横向分割连衣裙款式设计 | 2 | | | | | |
| | | | d. 变化款式横向分割连衣裙立裁实训 | 2 | | | | | |
| | | 素质 | 具备审美观和艺术造型的专业素养 | | | | | 能够关注服装行业市场发展动向，辩证地分析服装创意设计的结构与发展趋势 | |
| | | 能力 | 能对女装进行款式分析的能力和对典型女装单品进行立体裁剪的操作能力 | | | | | 能够独立完成基础款女装的设计与裁剪 | 规范完成基础服装的立体裁剪及纸样拓版 |

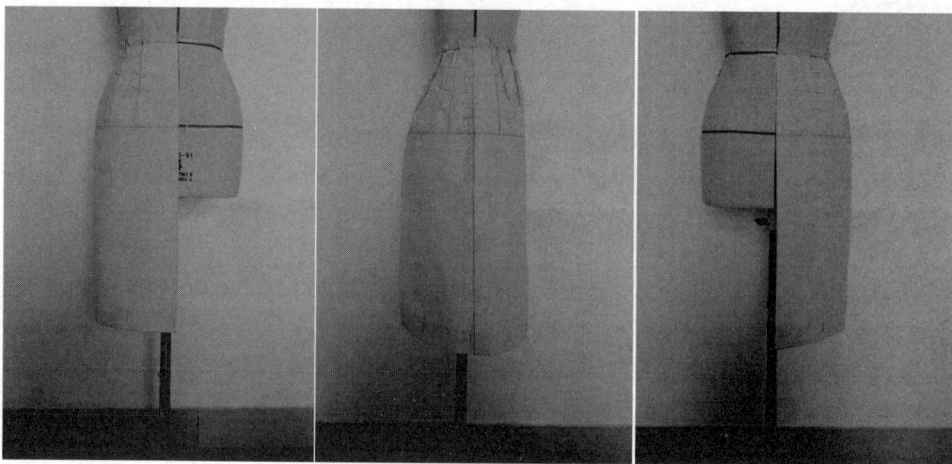

图 4-13　立体裁剪示例 1

② 结合时装秀场时装裙款式，进行变化款式立体裁剪训练。

a. 布料准备情况：布料熨烫平整、辅助线准确清晰。

b. 立裁质量：立裁手法准确、松量适当（腰口线、育克款式线上需各留出 0.6cm 松量）；具有良好的外观造型（裙子波浪自然、美观）；造型合体（布面平整，丝缕顺直，无余皱、斜皱）；侧缝平衡，侧缝线落在波浪的波底或波峰处。

c. 完成线标识质量：布料上所有完成线准确、清晰、圆顺；有必要的对位记号。

d. 大头针别合质量：大头针别法正确、间距均匀。

e. 整体效果：布面整洁、造型美观，如图 4-14 所示。

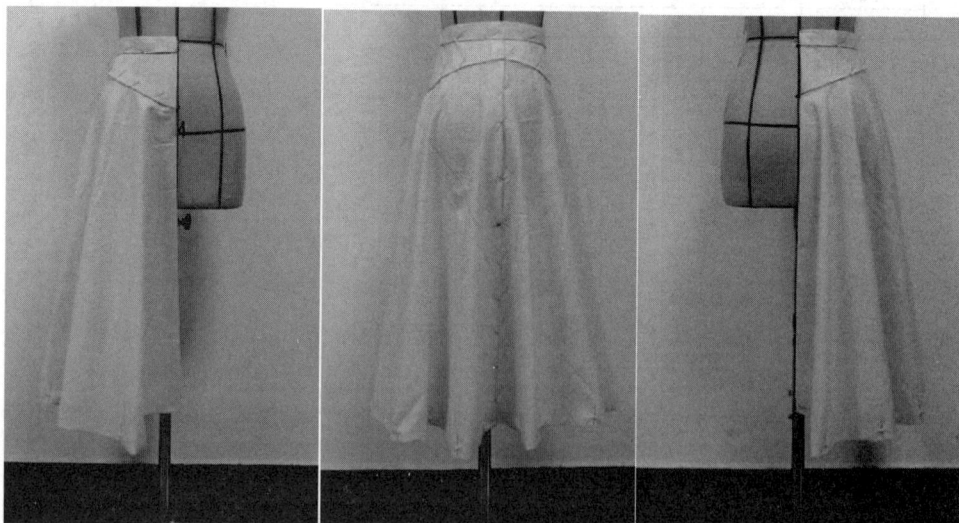

图 4-14　立体裁剪示例 2

（2）春秋女上衣立体裁剪

① 掌握衣身原型立体裁剪方法，具体如下。

a. 布料准备情况：布料熨烫平整、辅助线准确清晰。

b. 立裁质量：立裁手法准确、松量适当、具有良好的外观造型、合体度、平衡度。

c. 标识质量：布料上所有完成线准确、清晰、圆顺；有必要的对位记号。

d. 大头针别合质量：大头针别法正确、间距均匀。

e. 整体效果：布面整洁、造型美观。

② 评分标准。具体评分标准如表 4-9 所示。

表 4-9　评分标准

| 序　号 | 评 价 内 容 | 评分 |
|---|---|---|
| 评分指导 1 | 准备工作质量(5 分)：布料熨烫平整；画线清晰<br>好(5 分)；较好(4 分)；一般(3 分)；较差(2 分)；差(1 分) | |
| 评分指导 2 | 合体度(10 分)：松量合适；各部位平整服帖，无余皱，绷紧皱<br>好(9~10 分)；较好(7~8 分)；一般(5~6 分)；较差(3~4 分)；差(1~2 分) | |
| 评分指导 3 | 美观度(10 分)：造型均衡；大头针别合均匀美观<br>好(9~10 分)；较好(7~8 分)；一般(5~6 分)；较差(3~4 分)；差(1~2 分) | |
| 总　　分 | | |

（3）合体连衣裙立体裁剪

① 横向分割连衣裙立体裁剪实训。操作步骤：款式分析、布料准备、前后衣片立体裁剪、群片立体裁剪、纸样复制与修正、内贴样板制作、连衣裙制作。

② 纵向分割连衣裙立体裁剪实训。连衣裙(dress)是上衣下裙连为一体的服装，分无腰线剪接和有腰线剪接两种基本结构，其款式变化丰富，选料多样，适合不同场合穿着，能充分展示女性柔美的体态，是深受女性喜爱的一类服饰。连衣裙在面料选用上没有特别限制，通常需要考虑的是与设计的协调搭配，如加入碎褶、波浪褶边，追求轻盈感的连衣裙类通常会选用棉纱罗、乔其、雪纺类轻薄柔软面料。

传统的公主线连衣裙(the princess dress)用纵向分割线达到收腰效果，并具有喇叭裙外观造型。公主线连衣裙作为一种重要的经典款式，能够很好地展现女性的修长与苗条身姿。公主分割线可以从领圈、肩或袖窿的某一点开始，过胸高点附近，一直延伸至底摆位置。通过公主分割线可以使连衣裙呈现修身型、A 型或 X 型等不同造型效果。

（4）创意礼服立体裁剪

综合上述三个模块的立体裁剪训练，要求学生完成原创礼服设计，由款式设计开始，结合立体裁剪的方法得到纸样，并采用真实面料，完成服装制作。这个实训是对课程学习技能的综合运用，通过成衣的制作，让学生深入了解面料性能与服装款式之间的关系变化。

6. 教学方法

实践导向教学:学生通过实际操作来学习立体裁剪技术,通过手工制作模型、样板等方式,让学生亲身体验裁剪过程,加深对技术原理的理解。设计一系列具体的裁剪项目,要求学生在课堂上完成,如裁剪简单的服装构造、设计基础的服装样板等,以提升学生的动手能力和实践能力。

项目驱动教学:以项目为载体,设计立体裁剪项目,要求学生在项目中运用所学的立体裁剪技术,完成特定的设计任务。每个项目都设立明确的目标和要求,学生需要在团队合作中完成,并在最终展示中展示他们的设计成果。

案例分析教学:通过分析经典的立体裁剪案例,向学生展示不同的设计思路和技术应用,激发学生的设计灵感,并引导他们理解设计背后的原理和逻辑。鼓励学生对案例进行深入分析和讨论,培养学生的批判性思维和解决问题的能力。

辅助工具和技术支持:利用计算机辅助设计软件(CAD)、Style 3D虚拟仿真软件工具辅助教学,让学生熟练掌握现代立体裁剪的数字化设计方法。提供相关的文献资料、网络资源和视频教程,让学生可以在课堂之外进行自主学习和深入探索。

7. 教学手段和载体途径

实物示范和演示:教师通过实物示范和演示,向学生展示立体裁剪技术的具体操作步骤和技巧,让学生直观地理解裁剪过程。可以利用投影仪或实物模型等手段,向全班学生展示裁剪的实际过程,以便学生更清晰地了解每个步骤的细节。

个性化指导和辅导:针对学生不同的学习能力和水平,提供个性化的指导和辅导,帮助他们克服学习中的困难和挑战。定期安排个别辅导时间,让学生可以与老师面对面交流,解决自己在学习立体裁剪过程中遇到的问题。

小组合作和协作:将学生分成小组,让他们在团队中合作完成立体裁剪项目,培养他们的团队合作和沟通能力。每个小组成员可以负责不同的任务,如设计、裁剪、装配等,通过相互配合完成整个项目。

学生展示和评价:定期组织学生展示会,让学生有机会展示自己的立体裁剪作品,并接受同学和老师的评价和反馈。通过展示和评价,激励学生不断进步,同时也促进他们之间的交流和学习。

8. 教学评价

(1)项目式考核驱动,激发学生潜能

课程考核将紧密结合学生、企业和社会的实际需求,采取项目式的方式进行设计。通过将课程作业与企业产品开发、大学生创新创业项目、设计大赛等实际项目结合,能够有效激发学生的学习动机。一方面,学生在面对实际项目时,会主动构建知识体系,提升作业质量;另一方面,项目式考核能够培养学生解决实际问题的能力,并促进其应用能力的提高。通过"做中学"的方式,学生不仅能更好地掌握理论知识,还能够将其应用到实践中,从而完成高质量的作品,进一步提高学习效果。

（2）强化多样化考核,促进学生全面能力提升

课程考核将注重过程性评价的实施,强调阶段性学习过程中的反馈和指导。过程性评价将成为考核的核心部分,通过及时发现学生在学习过程中的不足,并提供针对性的帮助,确保学生能够在各个阶段持续进步。

（3）多元化评价主体,确保评价的公正与客观

立体裁剪课程的评价将采用多元化的评价主体结构,确保评价的全面性与公正性。评价主体包括专业教师、企业人士以及学生自己。教师作为课程的主要决策者,了解学生的学习全过程,因此在过程性考核中起到核心作用,能够有效激励学生并给予适当的引导。学生既是学习的主体,也是评价的对象,承担双重角色,这种设计有助于培养学生的自我评估能力与责任感。同时,企业人士作为外部评价主体,凭借其丰富的实践经验和行业视角,将从用人单位的角度对学生的专业技能和职业素养进行评价,并提供针对性的改进建议,进一步帮助学生提升职业竞争力。

9. 特色创新之处

在教学内容中融入社会主义核心价值观,引导学生树立正确的世界观、人生观和价值观。引导学生在立体裁剪设计中融入中国传统文化元素,传承和弘扬优秀的民族文化和传统工艺。通过介绍优秀的服装设计师、工匠和企业家等典型人物,向学生展示他们的先进事迹和崇高精神,激励学生树立正确的人生目标和追求。引入可持续发展理念,教育学生在立体裁剪设计中考虑环保材料和生产工艺,提倡循环利用和资源节约,培养学生的社会责任感和可持续发展意识。鼓励学生在设计中思考如何减少废料、降低能源消耗等问题,提高他们的设计作品的环保性和可持续性。

引入 CAD、Style 3D 虚拟仿真软件数字化设计技术,使学生能够在计算机上进行立体裁剪设计和模拟制作,提高设计效率和精度。

加强与相关产业的对接和合作,组织学生参与真实的立体裁剪设计项目,让他们在实践中了解行业需求和市场趋势。通过与企业、设计师、制造商等合作,为学生提供更多的就业机会和实践机会,促进学校与社会的深度融合。

注重学生的个性化学习和自主创新能力培养,鼓励学生在立体裁剪设计中展现自己的独特风格和创意。为学生提供丰富多样的学习资源和创意空间,激发学生的创新潜能,并培养他们独立思考和解决问题的能力。

10. 已取得成果

（1）统一教学模式,提高综合实践能力

立体裁剪课程经过了最初的基础化教学阶段,目前正逐步向专业应用化阶段发展。课程加大了实践教学比重,强调实训实习的重要性,旨在巩固学生的专业基础知

识,并培养他们在实际应用中的服装款式造型设计能力、版型设计能力以及解决问题的能力。

（2）以赛促练,强化学生专业能力

课程通过深入研讨和教学实践,将原来单一的立体造型设计,拓展为创意与结构功能结合的立体造型设计,鼓励学生运用新理念和不同类型材料,丰富服装的立体造型设计,同时结合国内各类服装设计比赛进行实战训练,促进教学模式由封闭式向开放式转变。

### 4.3.3　民族服饰设计课程教学设计实例

1. 民族服饰设计课程简介

民族服饰设计课程旨在探索传统民族服饰与现代时尚的融合,培养学生创新设计能力,促使其在尊重传统文化的基础上,发展出具有时代特色和市场竞争力的民族服饰设计作品。课程将深入研究不同民族的服饰文化、历史背景以及工艺技法,引导学生理解民族服饰的独特之美。

课程内容涵盖传统民族服饰的结构、图案、颜色和面料等方面知识,同时引入时尚设计、面料创新、可持续发展等现代设计理念。学生将学习使用设计软件进行服装设计、掌握手工制作技巧,了解可持续材料的选择与运用,以及服装生产的流程和标准。此外,课程还将包括实地考察、民族工艺体验等实践活动,加深学生对传统文化的体验和理解。

在课程的实践项目中,学生将有机会选择特定民族文化作为灵感来源,进行创新设计,提出服装设计方案,并制作样品进行展示。通过项目实践,学生将培养扎实的设计技能、团队协作精神和市场分析能力,为他们未来从事时装设计、民族服装品牌经营等相关职业奠定坚实基础。本课程将鼓励学生尊重传统、创新发展,培养他们对民族文化的热爱和责任感,成为具有社会责任感的优秀设计师。

2. 民族服饰设计课程大纲

民族服饰设计课程大纲如表 4-10 所示。

表 4-10　民族服饰设计课程大纲

| 课程代码 | 2322813112 | | 课程名称 | | 民族服饰设计 | | |
|---|---|---|---|---|---|---|---|
| 授课教师 | 王梦倩 | | | | | | |
| 课程性质 | 必修 | 学时 | 48 | 学分 | 3 | 授课对象 | 本科 22 级 |
| 课程目标 | 理解认识各民族服饰文化特点,能简单设计现代民族文化服饰 | | | | | | |
| 学习成果 | 民族服饰创新设计作品集 | | | | | | |

| 教学方法<br>（或学习方法） | ☑讲授　☑小组讨论　□答疑　□实验　□实训　☑自主学习<br>□其他（请填写）＿＿＿＿＿＿ |||||
|---|---|---|---|---|---|
| 先修课程 | 专业基础课程：服装设计基础 |||||
| 后衔接课程 | 系列服装设计、创意服装设计 |||||
| 课程资源 | 自主设计（选择相应选项即可，如有补充请填写内容）：<br>□教材　□教辅用书　□拓展书目　☑教具　□实验室　□网络平台<br>☑图片　☑音频　☑视频　□软件　□学科专家、科学家、企业家等社会人士<br>□实地/现场　☑图书馆、博物馆等社会场所　□报纸杂志<br>□教学过程中生成性资源（如教学活动中提出的问题、学生的作品/作业、课堂实录等）　□其他（请填写）＿＿＿＿＿＿<br><br>现成资源（选择相应选项即可，如有补充请填写内容）：<br>☑教材　□教辅用书　□拓展书目　□教具　□实验室　□图片　☑音频<br>☑视频　□软件　□学科专家、科学家、企业家等社会人士　□实地/现场<br>☑图书馆、博物馆等场所　☑报纸杂志　□教学过程中生成性资源<br>□其他（请填写）＿＿＿＿＿＿ |||||

| 课程评价<br>方式 | 构建多维度、多主体立体化评价体系。依托翻转校园平台，实现线上、线下评价相结合，课前、课中、课后评价相结合，生、师、企三方评价相结合。该体系综合考量了课堂和学生表现的过程性评价（占比 50%）和整体项目成果的考核性评价（占比 50%）。 |||||
|---|---|---|---|---|---|
| | 考 核 项 目 || 标　　准 | 所占权重 | 分值 |
| | 过程性评价<br>（50%） | 课堂出勤 | 共 20 分，旷课每次扣 2 分，请假、迟到、早退每次扣 1 分 | 10% | 20 |
| | | 课堂测试 | 共 10 分，按照翻转校园测试统计结果评分 | 5% | 10 |
| | | 设计企划 | 能够独立完成设计调研；确定设计主题，设计元素等内容 | 10% | 15 |
| | | 设计过程 | 共 20 分，包含传统服饰风格、有效设计元素、创意表达 | 10% | 20 |
| | | 作品制作 | 共 35 分，对传统服饰面料、结构细节的分析；规范完成服装制版与制作 | 15% | 35 |
| | 考核性评价<br>（50%） | 期末考核 | 作品集、传统服饰文化宣传视频 | 40% | 100 |
| | | 成果考核 | 根据学生参加设计比赛、公益活动、企业服务等情况进行评价，以活动组织方及活动效果评价为主 | 10% | 100 |

续表

| | | | 民族服饰文化设计课程作业评价 | | | | |
|---|---|---|---|---|---|---|---|
| 评价项 | 评价内容 | 评价要点 | 评 价 等 级 | | | | |
| | | | 优<br>(90分以上) | 良<br>(80~89分) | 中<br>(70~79分) | 合格<br>(60~69分) | 不合格<br>(60分以下) |
| 课程评价方式 | 知识与理解 | 知识应用 | 通过对相应民族服饰文化的背景了解,能准确表达该文化细节 | | | | |
| | | | 充分利用该民族文化特点深入调研,归类总结同一民族中不同文化的象征符号 | | | | |
| | | 综合知识 | 在应用和综合学科知识方面展示创造力和好奇心 | | | | |
| | | | 批判性地反思个人知识和技能基础,完成相应民族文化设计要点 | | | | |

### 3. 教学设计总体思路

我们以成果导向进行教学设计,根据技法的难易程度和线上课程的特点,设计了课程的基础、提升、拓展的不同模块和课程互动环节;将学科的传统内容与前沿技术、知识传授与动手实践有效结合到在线课程里;以学生为中心,突出模块化教学特点,并侧重培养学生造型表达的创新与实践能力。

（1）课程内容和结构设计

理论与历史知识:开始阶段将介绍各个民族的传统服饰的历史、文化背景,理解其独特之处,为创新设计奠定基础。

时尚与市场需求:探讨时尚趋势、市场需求和消费者心理,帮助学生了解现代时尚与传统文化的关联,培养他们洞察市场的能力。

设计工具与技能:教授服装设计软件的使用、手工制作技巧,让学生能够将创意转化为实际设计,并了解面料特性和选择,提高实际操作能力。

（2）实践设计

文化研究与灵感汲取:学生从众多民族文化中选择一个作为研究对象,深入了解其服饰特色、工艺和象征意义,汲取设计灵感。

设计方案制定:学生根据文化研究,制定创新设计方案,包括服装结构、面料选择、图案设计等,注重保留传统元素的同时融入现代时尚元素。

样品制作与展示:学生将设计方案转化为实际样品,可通过手工制作或合作厂商制作完成,并进行课程内展示或参与校内时装秀,以此提高学生的实际操作和展示能力。

（3）评估和反馈机制设计

设计方案评审:定期进行设计方案的评审,学生相互交流并接受教师和同学的评价,鼓励创新思维,提供改进意见。

样品展示评估:对学生制作的样品进行评估,考察设计理念的实际呈现,包括工艺、面料选择、创新性等方面,给予详细反馈。

个人总结与成长反思:每位学生在项目结束后进行个人总结与成长反思,包括在设计过程中的收获、困难及解决方法,鼓励自我反思和提高。

通过以上教学设计,学生将在深入了解传统文化的基础上,培养创新设计能力、实际操作技能,并具备团队合作与市场洞察能力,为未来从事服装设计和相关行业奠定坚实基础。

4．实施过程

**第一阶段:深入文化探索**

课程的第一阶段注重深入研究各个民族的传统服饰文化。学生在课堂中学习民族服饰的历史、特色、面料与工艺等基本知识,同时进行一手资料和二手资料的调研整合。线上对话手工艺人,学习传统制作技艺,深入了解服饰背后所蕴含的文化内涵。

**第二阶段:创新设计方案制订**

在第一阶段的基础上,学生开始制订创新设计方案。他们运用学到的软件技能,绘制服装设计图,选择合适的面料,并设计图案。团队成员相互讨论,提出建议,不断改进设计方案。这一阶段的互动不仅锻炼了学生的团队协作,也提升了他们的沟通能力。

**第三阶段:样品制作与展示**

设计方案确定后,学生团队着手制作实际样品。他们使用各种传统手工艺技巧,将设计方案转化为具体服饰。图 4-15 是学生在课上的作品展示,展览吸引了校内外师生前来参观,学生们借此机会向观众讲解设计灵感、制作过程和文化内涵,这一过程极大地锻炼了他们的表达能力。

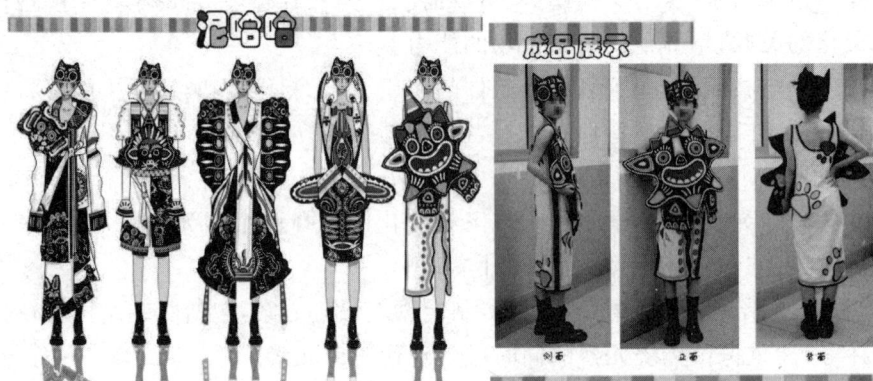

图 4-15 实物设计制作

**第四阶段：评估与反馈**

课程的最后阶段是评估与反馈。学生团队进行设计方案和样品的评估，教师提供详细的反馈意见，包括设计创意的独特性、面料和工艺的选择、实际制作质量等方面。学生们进行同行评审，互相交流经验，提供改进建议。

**第五阶段：个人总结与成长反思**

每位学生在课程结束后进行个人总结与成长反思。他们回顾整个设计过程，分析团队合作中的挑战和收获，思考在面对实际问题时的解决方法。个人总结与成长反思是课程的收官，也是学生自我提高的机会。

通过以上实施过程，学生不仅获得了传统服饰文化的深入理解和创新设计的实际经验，还培养了团队协作、沟通表达、问题解决等综合能力。这种图文并茂的实施过程不仅让人了解课程的内容和活动，更展现了学生们的创意和努力。这门课程的成功实施不仅仅是知识的传递，更是一次关于文化传承与创新的深刻体验。

5. 教学评价

民族服饰设计课程采用"过程考核＋期末考核"的形式评价学生的学习成效。通过搭建多角度、多形式的综合性考核评价体系，从而获得较为全面的教学评价结果。课程考试内容与评价标准如表 4-11 所示。

表 4-11　课程考试内容与评价标准

| 项　目 | 占比 | 评　价　标　准 | 说　　明 |
|---|---|---|---|
| 课堂考勤 | 10% | 翻转校园点名 | 无故缺课 3 次，记录为 0 分 |
| 设计企划 | 15% | 能够根据设计任务书独立完成设计调研，确定设计主题、设计元素等内容，完成趋势企划 | 对传统服饰运用的准确性进行评价 |
| 设计过程 | 25% | 准确表达传统服饰风格，有效提取设计元素进行系列创意设计 | 对学生的汇报、课堂研讨、设计过程进行评价 |

续表

| 项　目 | 占比 | 评 价 标 准 | 说　　明 |
|---|---|---|---|
| 作品制作 | 25% | 能够查阅相关文献资料,对传统服饰进行面辅料分析,并结合行业标准,规范完成服装的制版与制作 | 参照行业标准进行评价 |
| 期末展览 | 25% | 完成作品册和制作小视频 | 对学生的自主延伸学习能力进行评价 |

### 4.3.4　服饰工艺基础课程教学设计实例

**1. 服饰工艺基础课程简介**

服装工艺基础课程是服装与服饰设计专业的必修课程,也是融合审美、设计与实践的综合表现课程。通过本课程的学习,学生能初步掌握将手工技艺和工业缝纫机相结合进行抱枕、收纳袋等多种布艺饰品的制作,为进一步学习服装设计与制作打下坚实的基础。

服装工艺基础教学主要包括以下几个方面。

(1) 基础知识:布艺饰品色彩搭配、图案设计、面料选择、款式设计等。

(2) 制作技巧:裁剪、缝纫、熨烫、装饰等。

(3) 服装设备使用:缝纫机、熨斗、裁剪工具等的使用和维护。

(4) 服装质量检查:对成品的尺寸、颜色、款式、缝制质量等进行检查。

(5) 服装市场分析:对市场的流行趋势、消费者需求等进行分析。

(6) 服装生产管理:生产计划、生产过程控制、生产成本控制等。

**2. 服饰工艺基础课程大纲**

服饰工艺基础课程大纲如表 4-12 所示。

**表 4-12　服饰工艺基础课程大纲**

| 课程代码 | kg2022jc55 | | 课程名称 | | | 服装工艺基础 | |
|---|---|---|---|---|---|---|---|
| 授课教师 | | | | 安静 | | | |
| 课程性质 | 必修 | 学时 | 48 | 学分 | 3 | 授课对象 | 服装与服饰设计<br>普本 2023 级 |
| 课程目标 | 服装工艺基础课程是服装与服饰设计专业的基础课程,也是融合审美、设计与实践的综合表现课程。通过本课程的学习,学生能初步掌握手工技艺和工业缝纫机相结合进行多种布艺饰品的制作,为进一步学习服装设计与制作打下坚实的基础 | | | | | | |
| 学习成果 | 通过学习实践,学生能够独立设计和完成四大类布艺饰品(抱枕、布艺包、收纳袋、创新布艺饰品)的制作,从而掌握工业平缝机的操作要领,为进一步学习服装设计与制作打下基础 | | | | | | |

续表

| 教学方法 | ☑讲授　□小组讨论　☑答疑　□实验　☑实训　☑自主学习<br>□其他(请填写)　案例展示 |
|---|---|
| 先修课程 | 专业基础课程:形式基础、服装设计基础 |
| 后衔接课程 | 专业基础课程:服装结构与工艺、立体裁剪;<br>项目化教学课程:服饰品设计、创意立裁、服装专题结构实践 |
| 课程资源 | 自主设计(选择相应选项即可,如有补充请填写内容):<br>☑教材　☑教辅用书　☑拓展书目　□教具　☑实验室　☑网络平台　☑图片<br>□音频　☑视频　□软件　□学科专家、科学家、企业家等社会人士　☑实地/现场<br>☑图书馆、博物馆等社会场所　☑报纸杂志　☑教学过程中生成性资源(如教学活动中提出的问题、学生的作品/作业、课堂实录等)<br>☑其他(请填写)　案例展示<br><br>现成资源(选择相应选项即可,如有补充请填写内容):<br>☑教材　☑教辅用书　☑拓展书目　□教具　☑实验室　☑图片　□音频<br>☑视频　□软件　□学科专家、科学家、企业家等社会人士　☑实地/现场<br>☑图书馆、博物馆等场所　☑报纸杂志　☑教学过程中生成性资源<br>☑其他(请填写)　案例展示 |

课程评价方式

服装工艺基础课程满分为100分,课程成绩以过程性评价和设计综合表现为主。
(1)平时成绩:平时考勤、学习平台测试等环节,共占20分;
(2)作品考核:综合考评作品完成度和创新度,共占80分。

| 考核内容 | | 成绩占比 | 评价等级 | | | | 评价主体 |
|---|---|---|---|---|---|---|---|
| | | | 优秀<br>(20%) | 良好<br>(40%) | 中等<br>(30%) | 合格<br>(10%) | |
| 平时成绩 | 平时考勤 | 10% | 按时出勤,上课积极发言,工具材料准备充分 | 按时出勤,上课发言较积极,工具材料准备充分 | 能按时出勤,上课发言较积极,工具材料准备较充分 | 有迟到现象,工具材料准备不够充分 | 主讲教师<br>(100%) |
| | 学习平台测试 | 10% | 全程参与,答题全部正确 | 全程参与,答题正确率高 | 全程参与,答题正确率较高 | 部分参与,答题正确率欠佳 | 数据统计<br>(100%) |
| 作品考核 | 作品完成度 | 60% | 按要求设计和制作,结构合理,工艺规范 | 按要求完成,结构较合理,工艺较规范 | 基本按要求完成各单品的设计与制作 | 未能按要求完成各单品的设计与制作 | 主讲教师<br>(80%)<br>小组评价<br>(20%) |

续表

| 课程评价方式 | 考核内容 | | 成绩占比 | 评价等级 | | | | 评价主体 |
|---|---|---|---|---|---|---|---|---|
| | | | | 优秀（20%） | 良好（40%） | 中等（30%） | 合格（10%） | |
| | 作品考核 | 作品创新度 | 20% | 作品创新度和应用价值高 | 作品创新度和应用价值较高 | 作品创新度和应用价值一般 | 作品创新度和应用价值有待提升 | 主讲教师（80%）小组评价（20%） |

**3. 课程建设基础**

本课程是服装与服饰设计专业学生的第一门专业性非常强的课程,学生首次认识和掌握工业缝纫机的操作技能,并设计制作完成抱枕、包袋等服饰工艺品。目前服装专业配有标准化服装缝制实验室 2 个、服饰印染实验室 1 个、服装设计研发工作室 1 个,学生可以根据课程需求,在老师的指导下灵活运用各种教学设备,以满足他们的学习与实践需求。

**4. 教学设计与过程**

服装工艺基础课程教学改革,拟引入项目式教学模式,旨在引导学生自我探知学习,打破传统授课方式,完成对问题的探究、项目任务的实施、项目成果的创建、学生核心素养的培养。

通过教师示范讲解工业缝纫机的基本操作技术和常用缝制工艺手法,以及重点讲授多种布艺饰品的缝制工艺和手工工艺,学生能结合面料和不同的缝制工艺要求,独立完成布艺饰品的设计与制作。

结合课程教学大纲内容,我们将各知识点分化为以下几项任务,并组织学生深入探究,以确保他们能够有效掌握。

**项目一:抱枕结构设计与工艺(12 学时)**

教学内容:工业平缝机基本操作、明拉链抱枕的结构设计与工艺和隐形拉链抱枕的结构设计与工艺。

通过对两款抱枕工艺的示范讲解,学生能掌握工业缝纫机的操作要领;同时通过明拉链和隐形拉链两种结构抱枕工艺的练习,为今后进行裤装、连衣裙等拉链结构工艺制作打下基础。图 4-16 展示的是学生的抱枕作品。

完成地点:服装缝制工艺实验室。

完成方式:教师案例示范制作与讲解,学生实践练习与总结。

图 4-16　学生的抱枕作品

**项目二：布艺包结构设计与工艺（12 学时）**

教学内容：帆布包结构设计与工艺、抽绳包结构设计与工艺和手提包结构设计与工艺。

通过对三款布艺包工艺的示范讲解，学生能掌握里子、抽绳、织带等多种辅料与布艺包的缝制工艺，为今后制作加里子的外套和礼服工艺打下基础。图 4-17 展示的是学生的包袋作品。

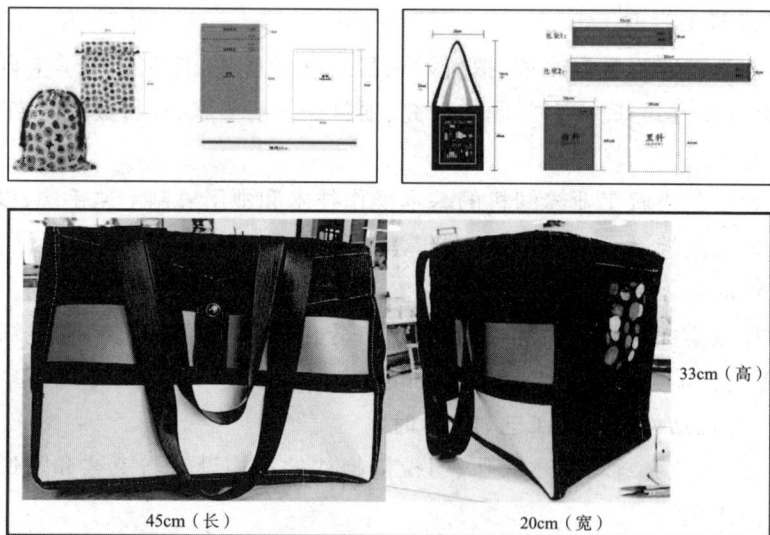

33cm（高）

45cm（长）　　　20cm（宽）

图 4-17　学生的包袋作品

完成地点：服装缝制工艺实验室。

完成方式：教师案例示范制作与讲解，学生实践练习与总结。

**项目三：收纳袋结构设计与工艺（12 学时）**

教学内容：壁挂式收纳袋结构设计与工艺、自由式收纳盒结构设计与工艺。

通过对两款收纳袋工艺的示范讲解,学生能掌握口袋与花边等多种辅料缝制工艺,为今后制作箱包和工装结构设计与工艺打下基础。图 4-18 展示的是学生的收纳袋作品。

图 4-18　学生的收纳袋作品

**项目四:布艺饰品创新设计与应用(12 学时)**

教学内容:当下实用经典布艺饰品的调研、原创作品系列设计与制作。

根据制定的项目内容,学生分组完成原创系列主题作品的创作与研发,如图 4-19 所示。

图 4-19　学生作品创作实践

完成地点：校内外。

完成方式：资源调研，系列作品展示，教师评价和公开展出与评价。

在教学设计中，聘请行业服饰手工艺老师走进课堂，将流行时尚与市场需求带到课堂中。通过组织学生前往完美手工生活馆开展第二课堂，让学生体验不同的教学方式，从而开发出更具市场潜力的服饰品。

5. 教学方法

教学方法主要包括理论教学、实践操作、案例分析、小组讨论、实地考察等。同时，组织学生参与郑州如一文化发展有限公司的丝巾设计与制作，扩大学生的专业视野和市场认知，如图 4-20、图 4-21 所示。通过这些教学方法，学生可以全面掌握服装工艺的基础知识和技能，为将来从事服装设计、制作、销售等工作打下坚实的基础。

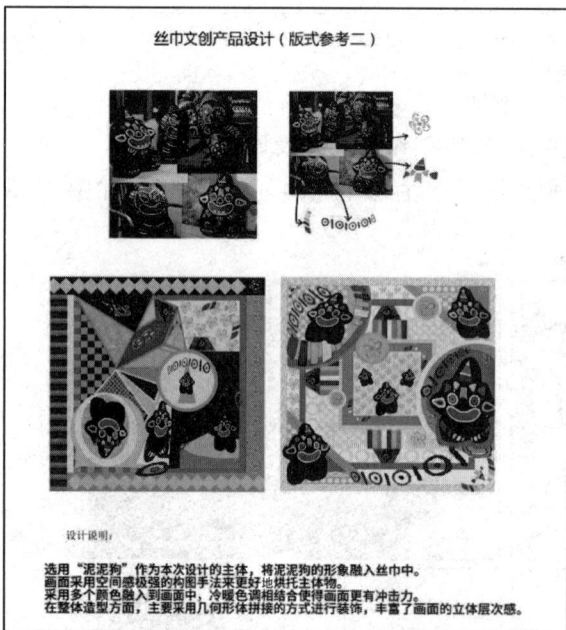

图 4-20　校企合作成果

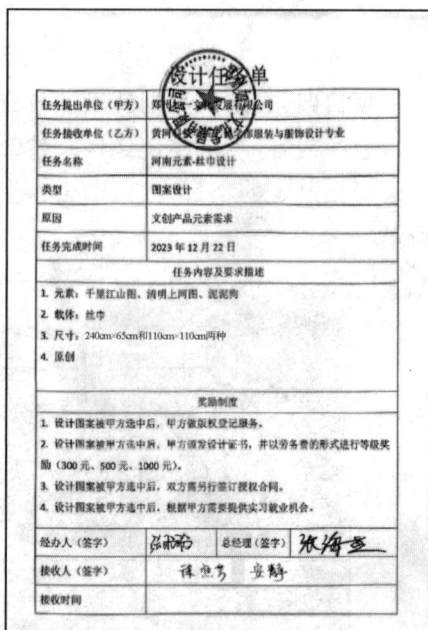

图 4-21　校企合作协议

6. 教学评价

服装工艺基础课程实现以"教师"为中心向以"学生"为中心的转变，通过课程教学，提升学生的艺术素养，提高动手能力和创造能力，并进一步加深专业认识，增强专业情感，为今后专业学习和职业规划做好准备。

服装工艺基础课程满分为 100 分，课程成绩以过程性评价和设计综合表现为主，详情见表 4-11。

7. 已取得成果

通过该项目式课程学习，已完成以下成果。

（1）组织学生参与郑州如一文化发展有限公司丝巾设计与加工。

（2）教师和同学共同完成抱枕、收纳袋等多种布艺饰品的制作与展示,已持续更新,极大地丰富了智慧黄科资料库。

（3）学生在进行抱枕、布艺包和收纳袋等多种布艺饰品的设计与制作过程中,分界点录制创作视频,进行总结与宣传交流。

（4）完成抱枕、布艺包和收纳袋等多种布艺饰品的成品制作,并进行了展销活动。

# 结　　语

　　应用本科服装与服饰设计类产教融合课程体系改革是目前服装类教育发展的重中之重,基于校企合作、产教融合的课程体系改革实现课程内容与职业标准、教学过程与生产过程的对接。教学做一体化的教学改革措施使学生毕业之后可以直接适应就业岗位,能够为社会缩短人才的培养时间并降低人才培养费用,最终实现学院教学与企业需求间的无缝对接。

　　应用型人才培养模式的关键一环就是课程的整合与重组。这一过程既要注意培养学生专业动手能力,又要培养学生的动脑能力,拓宽学生的视野和发展的空间,建立服装设计岗位能力与服装专业核心课程之间的映射关系。要用系统的观念和方法,对应用型人才培养过程中的课程进行分析,从培养学生中深化素质的高度,重新审视原有课程体系问题,进行综合重组。

　　以服装行业用人标准和产业要求为切入点,以实践教学运行与管理平台为依托,以学生专业能力(基本实践能力、综合实践能力)培养为目标,将技术知识、专业案例以及职业兴趣有机地联系起来,在通识、专业、互联网与大数据等不同类型课程中,构建一个相对独立的实践教学体系。该体系确保实践教学各环节之间能够相互衔接,由低到高、由单一到综合、由弱到强地逐步提升学生的实践能力。实践教学体系与理论教学体系紧密结合,二者相互融合、交替进行。实践教学中,我们采取"教一学一做"实践教学模式,着眼于提升专业学生的实践能力,通过利用校企合作特殊的教学环境,进一步加强学生的专业实践能力。

　　服装企业发展的日新月异,要求高校要不断深化产教融合应用型人才培养模式的探索、实践与改革,培养更多的适应行业企业的高级应用型人才,这也是地方本科院校要积极探索的发展之路。

　　对服装与服饰设计专业课程体系的改革,能够实现专业教学计划与企业岗位、课程目标与岗位标准、实训项目与企业工作任务的"三个零距离对接",使学生毕业之后可以直接适应就业岗位,使服装类人才培养定位于面向社会市场需求,兼顾设计能力与制作能力,拓宽学生就业面;培养学生成为具有综合素质的应用型人才,最终达到服装类应用本科教育适合人才市场的需求。

# 参 考 文 献

[1] 杨开城,陈洁,张慧慧.能力建模:课程能力目标表征的新方法[J].现代远程教育研究,2022,34(2):57-63,84.

[2] 杨开城,孙双.一项基于知识建模的课程分析个案研究[J].现代教育技术,2010,20(12):20-25.

[3] 杨保成.数字化转型背景下地方应用型本科高校的教育创新与实践[J].高等教育研究,2020,41(4):40-45.

[4] 杨文凯,李丽."新文科"建设导向下产教融合困境与实践探索[J].山东青年政治学院学报,2022(6):47-51.

[5] 杨睿佳."元宇宙"视域下服装设计专业专创融合人才培养模式的实践——评《纺织服装创新创业实践》.皮革科学与工程,2023(3):114.

[6] 刘丽.新文科背景下服装设计专业跨界融合人才培养模式探索[J].艺术教育,2024(6):209-212.

[7] 熊清华.跨界与融合——新文科语境下设计学科教育模式探索[J].美术教育研究,2022(14):140-142.

[8] 张楠."新文科"背景下应用型高校艺术设计"艺科融合"人才培养模式研究[J].湖南包装,湖南包装,2021,36(5):164-166.

[9] 金科,李浪浪,周宝松.基于艺科融合视角的艺术院校创新创业教育路径研究[J].美术教育研究,2021(17):1115-117.

[10] 程诚,杨洋.新文科建设下应用型服装设计人才培养路径探究[J].纺织报告,2023,42(10):90-92.

[11] 王永刚.新文科背景下服装与服饰设计专业人才培养模式研究[J].纺织服装教育,2023,38(2):9-13.

[12] 叶清珠,石琼,李晶,等."新文科"背景下服装与服饰设计专业课程建设[J].纺织服装教育,2022(6):568-572.

[13] 孙志芹,顾晓卉,施敏敏.基于实践平台搭建促进服装与服饰设计专业创新人才培养的探讨[J].设计,2022(17):109-111.

[14] 李霄鹏.基于产教融合的服装设计应用型人才"双闭环"培养框架探索[J].纺织服装教育,2022(3):214-218.

[15] 别敦荣,易梦春.高等教育普及化发展标准、进程预测与路径选择[J].教育研究,2021(2):63-79.

［16］高巍. 新文科背景下高校服装设计专业在行业发展趋势中的人才培养途径研究［J］. 纺织报告,2021(2):111-112.

［17］周星,贾荣林. 新文科建设:创设时尚和艺术"艺工融合"的优势［J］. 艺术设计研究,2021(1):119-126.

［18］吴岩. 积势蓄势谋势 识变应变求变［J］. 中国高等教育,2021(1):4-7.

［19］李超德,孙梦婕. 服装设计教学的困惑与变革［J］. 美术观察,2020(7):9-12.

# 附录　知识建模法

## 一、知识建模法简介

### （一）概念及应用

知识建模法应用非常广泛，是一个复杂的过程，涉及多个步骤和方法。它旨在创建一个专业知识建模图，为培养新型人才搭建坚实的知识体系基础。

知识建模法将知识域可视化或映射为地图。通过可视化技术，理解知识与知识之间的关系。知识建模法是以图的形式表示知识，其中节点代表实体，如人物、地点或事物；线则代表实体之间的关系。知识建模法在操作中通常需要借助 Microsoft Visio 软件。

### （二）作用

知识建模法可以将传统的学科知识体系和企业的实践知识体系用一个逻辑联系起来，形成统一的人才培养的知识点数据库；可实时动态更新"有用"的教学知识、企业任务知识等。知识建模法不仅在技术领域发挥着重要的作用，而且在教育教学领域也带来了革命性的变化，其主要作用体现在以下三个方面。

第一，帮助教师进行课程先后序列的排布。

第二，帮助教师进行每课教学任务的分解。

第三，检查专业的人才培养目标与课程结构之间的对应性，以及课程目标与其知识结构的对应性是否清晰、合理。

## 二、准备工作

在进行知识建模前，教师需提前做好以下准备工作。

（1）每个专业以一门项目化教学课程及其对应的专业基础课程为分析单位。

（2）本专业参与项目化教学课程及其对应的专业基础课程的所有教师。

（3）项目化教学课程相关的所有资料：教材、企业任务说明书、企业任务工单、视频学习资料、其他资料等。

（4）所有教师携带笔记本电脑，提前安装好 Microsoft Visio 软件。

（5）以 2～3 位教师为一组，合作一个模块的知识建模，可以按照模块内容或者章节内容进行分工。

### 三、方法与规则

#### （一）罗列知识点

罗列专业基础课程中要讲授的所有专业知识点，要注意以下事项。

（1）知识点应该是某种学习的结果。

（2）列出不属于教学资料的先决知识。

（3）有些知识点不在教学材料中，但需要学生掌握。

（4）对于无法确定的知识点，只要团队达成共识，就可以罗列进去。

（5）有可能不能完全将知识点罗列出来，后续还可以进一步补充。

以"中国近代史"课程中的"鸦片战争"章节为例，提取出的知识点包括鸦片战争、半殖民地半封建社会、鸦片战争前的中国、马嘎尔尼使团礼仪之争、林则徐虎门销烟、《南京条约》。

#### （二）确定知识的类型

知识的类型包括：陈述性知识、事实范例、程序性知识和认知策略。

（1）陈述性知识，又称描述性知识，是关于"是什么""为什么""怎么样"的知识，用字母"DK"表示，在知识建模图中用 ▭ 表示。

（2）从本质上讲，事实范例也是一种陈述性知识，如方案、产品、现象、事实、问题、案例、例子，以及命题的推导过程和论证过程，这类知识代表着特定的现实及知识的运用，用字母"FC"表示，在知识建模图中用 ▭ 表示。

（3）程序性知识，又称操作性知识，是关于"怎么做"的知识，这种知识表达的是实物的运动过程或者某种操作的步骤序列，用字母"PK"表示，在知识建模图中用 ⬭ 表示。

（4）从本质上讲，认知策略也是一种程序性知识，但由于其非常特殊，因此单独归类，包括问题解决策略、学习方法、信息加工策略等，用字母"CS"表示，在知识建模图中用 ⬭ 表示。仍以"鸦片战争"章节为例，陈述性知识是近代中国、半殖民地半封建社会、鸦片战争前的中国；事实范例是鸦片战争、马嘎尔尼使团礼仪之争、林则徐虎门销烟、《南京条约》。

#### （三）绘制知识建模图

使用上述不同类型知识的图例，在 Microsoft Visio 软件中按照知识建模法绘制知识建模图。绘图时，必须标出所有知识点之间的关系，即九种语义关系：各类包含；组成或构成；是一种；具有属性；具有特征；定义；并列；是前提；支持。

绘制知识建模图时，需注意以下事项。

（1）"具有属性""组成或构成"两种关系必须标在最上位概念节点上；"是一种"关

系不能跨越概念层级。

（2）原则上禁止出现孤立节点。

（3）最终的知识建模图是共创和共识的结果。

（4）对知识建模图进行优化与定稿。

每位教师绘制好知识建模图后，交由另外 1～2 位教师进行检查，直到达成共识。该课程的知识建模图绘制完毕后，汇总并输出文档。

# 郑 重 声 明